中南大学社区民生保障研究书系

谷中原　主编

社区
生计保障

COMMUNITY
LIVELIHOOD SECURITY

谷中原　著

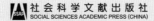
社会科学文献出版社
SOCIAL SCIENCES ACADEMIC PRESS (CHINA)

中南大学社区民生保障研究书系
编 委 会

编委会主任

许源源

编委会副主任

谷中原

主编

谷中原

编委会成员

许源源 谷中原 刘春湘 丁瑞莲 刘 媛 严惠麒

何 雷 伍如昕

总　序

　　生活保障，随人而来，与时俱进，是人类永恒的追求。自 2000 年以来，党和国家愈发关心百姓生活。随之，民生保障成为我国学界特别关注的话题。深入全面地研究民生保障问题，是回应新时代民生要求的学术选择。

　　在解决国民生活保障责任主体问题上，学界一直存在两种学术研究思维。一种是政府与家庭的二分思维，即一些学者主张百姓生活应由政府承担保障责任，而另一些学者则认为百姓生活应由家庭来尽保障责任。这种国民生活保障责任思维，由于责任边界比较模糊，容易造成家庭与政府在实际操作过程中相互推诿，可能最终导致国民生活保障责任的落空。另一种是政府与市场的二分思维，即一些学者主张通过政府干预解决百姓面临的生活问题，而另一些学者主张利用市场机制解决百姓面临的生活问题。这种国民生活保障责任思维，在解决国民生活保障问题过程中，政府和市场都存在失灵现象。正如吉登斯所说，政府与市场同样也是问题产生的根源。为了克服这两种国民生活保障责任主体二分思维之缺陷，社会学家在政府与家庭之外寻找能弥补政府与家庭之不足的第三种力量；社会政策学家在政府与市场之外寻找能弥补政府与市场之不足的第三种力量。

　　20 世纪 90 年代以来，主张社区承担更多的社会责任和分担政府的一些社会压力，成为西方社会学和社会保障学的学术研究思潮。1990 年，美国社会学家埃米泰·埃兹奥尼发起社区主义运动，强调真正的社区应具有回应其居民需求的能力，而且呼吁社区提高这种回应能力，尽可能满足其居民和社会的需要。1996 年，德国社会政策学家伊瓦斯发表《福利多元主义：从社会福利到国家福利》，提出社会福利应来源于市场、国家、社区和民间社会，福利开支不应完全由政府来买单。埃兹奥尼和伊瓦斯的主张引导了社区承担国民生活保障责任的学术潮流，为社区开展生活保障事业指明了发展方向。

事实上，政府的国民生活保障供给能力的有限性和国民生活保障需求的无限性之间的矛盾，越来越证明社区承担其居民生活保障的一些责任是十分必要的。我国人口多、国家财力有限的现实情况，以及西方的福利国家制度转变为福利多元制度，都说明一个国家发展生活保障事业，的确需要社会力量参与。社区作为特定地域的生活共同体、国家的最基层单元和草根社会、老百姓的生活家园，也说明发展国民生活保障事业是社区分内之事，不宜置身事外。

综合国内外社区发展生活保障事业的实践来看，作为一种社会化的国民生活保障机制，社区保障与家庭保障、单位保障、民间互助保障等非正式制度保障形式共同发挥着弥补政府基本社会保障制度之不足的作用。不仅增加政府保障没有涉及的但对于社区居民而言又是十分需要的生活保障项目，而且在政府保障水平基础上根据自身能力不断提高其居民生活保障水平。社区利用自身资源开展生活保障事业，反映社区具有特殊的生活保障品质，说明社区自觉承担了保障居民生活的社会责任，有力地回应了居民的生活需求，帮助居民应对生活的不幸、获得更多生活机会和发展机会。社区开展生活保障事业主要体现在力所能及地利用拥有的自然资源和社会资源，帮助居民提高谋生能力、为居民提供更多优质生态产品、开展社区服务业和社区教育、保障居民的生活安全、营造良好的精神生活环境等。

为了促进社区生活保障事业的健康发展，使城乡社区在我国民生保障事业中更好地发挥作用，中南大学公共管理学科以广义社区居民基本生活需要结构为依据，以满足社区居民基本生活需要为出发点，对社区开展生活保障事业的实践进行理论总结和理论反思，与社会科学文献出版社合作出版由《社区生计保障》《社区生态保障》《社区服务保障》《社区教育保障》《社区生活安全保障》《社区精神生活保障》等书目构成的社区民生保障研究书系。分析每类社区生活保障的必要性、探索其理论渊源、阐释其结构与功能、总结其发展范型、提出发展策略，以期对社区民生保障事业的进一步发展产生启发作用和应用价值。

2019 年 7 月 30 日

前　言

　　本书的写作，意在说明社区发展生计保障事业是必要的，也是完全可行的。

　　进入 21 世纪后，我国进入民生保障的新时代。生计成为老百姓的重要谋生话题；生计保障成为国家的重要民生保障形式。国人都认识到可靠的生计来源和生计保障是个人和家庭得以生存和发展的基本条件，国家应该重视生计保障的建设。从中国的现实情况来看，日常地、持续地对居民个人施以生计保障的主体主要是政府、社区和家庭。相对而言，社区开展生计保障，既可克服政府的生计保障失灵现象，又可克服家庭的生计保障不力现象。当今中国城乡社区，之所以还存在不少贫困人口，致因之一，就是许多家庭的谋生能力不强和政府的生计保障能力有限。所以，客观上需要社区承担其居民的生计保障责任，分担政府和家庭的生计保障压力。作为特定地域的生活共同体，社区利用自身的近民优势、地缘优势、区位优势、生活优势以及集体主义基因，开展生计保障，是天经地义的事业。这是研究社区生计保障问题的思维逻辑。

　　以社区主义和福利多元主义为理论依据，利用比较研究方法和案例分析方法，对城乡社区的生计保障实践经验进行理论总结和反思，是社区生计保障问题研究的基本构思。其目的在于为社区居民开辟更多的谋生途径、提升社区劳动者的谋生能力、建构一个贴近中国实际的社区生计保障体系，将社区建设成为有生计保障的真正的生活共同体，为社区居民过上安定的幸福生活创造一个生计环境。社区生计保障研究以社区居民的谋生困难和面临的生活风险两大生活问题为逻辑起点，剖析了社区生计保障的特质，描画了社区生计保障的历史谱系，重点阐述了营生保障、就业保障、生活救助、生活福利、土地保障等社区生计保障途径，不仅勾勒了每类社区生计保障的发展线索和发展范型，而且提出了每类社区生计保障的发展策略，同时建构了社区生计保障的建设要求、建设原则、建设模式，以期形成系统性的、理论化的社区生计保障知识体系。

通过对社区生计保障问题的研究，我们发现，社区比政府更易动员民众发展生计保障事业、比政府更易用治理方式建立生计保障体系，而且社区拥有建立生计保障体系的生活支撑资源和建构与维持生计保障网络的空间。社区生计保障研究，首次剖析了社区生计保障的生活性、权利与义务非对等性、克险性、根基性、本土性、补充性；创新性地对社区生计保障进行了历史分期，将社区生计保障分为园艺社会部族社区形态、农业社会宗族社区形态、工业社会业缘社区形态、信息社会厚生社区形态，并根据国内外的社区生计保障实践经验，探索性地建构了社区生计保障体系。

从理论角度看，社区生计保障研究，不仅丰富了民生保障和社区建设与管理的研究内容，而且探索性地建构了社区生计保障的理论框架和知识体系。从实践角度看，社区生计保障研究，利于政府将国家的民生保障政策落实到社区，利于政府开展社区建设，利于社区消除贫困现象，利于社区发展可持续生计。

我国目前有60多万个农村社区、10多万个城市社区，都需要建设社区生计保障体系。因此，社区生计保障研究成果具有广阔的应用前景。

目　录

第一章　问题的提出…………………………………………… 1

一　两大生活问题………………………………………… 1

二　满足居民生活需要是社区运行的本质任务……………… 3

三　分担政府的民生保障压力……………………………… 7

四　社区具有开展生计保障的特殊优势……………………… 9

五　对民生保障的特殊作用………………………………… 14

六　基本结论……………………………………………… 19

第二章　社区生计保障的特质………………………………… 21

一　社区生计保障的生活性………………………………… 22

二　社区生计保障的权利与义务非对等性…………………… 27

三　社区生计保障的克险性………………………………… 31

四　社区生计保障的根基性………………………………… 36

五　社区生计保障的本土性………………………………… 38

六　社区生计保障的补充性………………………………… 42

七　基本结论……………………………………………… 43

第三章　社区生计保障的历史维度…………………………… 45

一　园艺社会的部族社区生计保障………………………… 45

二　农业社会的宗族社区生计保障 …………………………… 53

三　工业社会的业缘社区生计保障 …………………………… 66

四　信息社会的厚生社区生计保障 …………………………… 84

五　基本结论 ………………………………………………… 109

第四章　社区营生保障 …………………………………… 110

一　社区营生保障的特质 …………………………………… 110

二　社区发展营生保障的缘由 ……………………………… 116

三　社区营生保障经济的发展范型 ………………………… 122

四　社区营生保障经济之不足与促进策略 ………………… 137

五　基本结论 ………………………………………………… 141

第五章　社区就业保障 …………………………………… 143

一　社区就业保障的特质 …………………………………… 143

二　社区发展就业保障之缘由 ……………………………… 153

三　社区就业保障的发展范型 ……………………………… 158

四　社区就业保障之不足与促进策略 ……………………… 172

五　基本结论 ………………………………………………… 177

第六章　社区生活救助 …………………………………… 179

一　社区生活救助的特质 …………………………………… 179

二　社区生活救助的发展及其缘由 ………………………… 187

三　社区生活救助的发展范型 ……………………………… 194

四　社区生活救助之不足与促进策略 ……………………… 202

五　基本结论 ………………………………………………… 208

第七章　社区生活福利 …………………………………… 210

一　社区生活福利的特质 …………………………………… 210

二　社区生活福利的发展及其缘由 ……………………………… 220

三　社区生活福利的发展范型 …………………………………… 228

四　社区生活福利之不足与促进策略 …………………………… 243

五　基本结论 ……………………………………………………… 252

第八章　社区土地保障 …………………………………………… 254

一　社区土地保障的特质 ………………………………………… 254

二　社区土地保障的发展及其缘由 ……………………………… 260

三　社区土地保障的发展范型 …………………………………… 276

四　社区土地保障之不足与促进策略 …………………………… 287

五　基本结论 ……………………………………………………… 301

第九章　社区生计保障体系的建设 ……………………………… 303

一　社区生计问题的防治 ………………………………………… 303

二　社区生计保障建设要求与建设原则 ………………………… 308

三　社区生计保障的建设模式 …………………………………… 319

四　基本结论 ……………………………………………………… 328

参考文献 …………………………………………………………… 330

后　记 ……………………………………………………………… 334

第一章 问题的提出

社区是特定地域的生活共同体，为其居民提供生活保障是社区的天赋使命和无可推卸的责任。社区生计保障就是社区利用自有资源，通过发展社区经济、创造就业机会、提供生活救助、提高生活福利、实施土地保障等途径，满足居民对衣、食、住、行、用等生活资料的消费需求并不断提高其消费水平的生活保障形式。在"村改区"和"居改区"工作尚未完成，社区尚未普遍建立起来，社区运行机制尚未完善的时代，讨论社区为其居民营造生计保障体系问题，看起来似乎是一个不合时宜的话题。但深入细致分析起来，实则不然。

一 两大生活问题

生活是民众最基本的追求，也是民众从事实践活动的基础和条件。民众生活不仅离不开新鲜空气、洁净饮水、天然食物等天然生活资料，也离不开衣、食、住、行、用等人工生活资料。民众获取人工生活资料的办法和途径就是生计。没有生计保障就没有持续获得人工生活资料的可能，也就意味着一个人难以生活下去。

表面看来，个人生活，个人负责，这话一点都不假。但是，深究起来，并非无懈可击。第一，这种观点忽略了部分国民缺乏获得人工生活资料能力的事实。一个国家的少儿、高龄老人、重度残疾人、重症病人等特殊的社会成员，因缺乏谋生能力而无法直接获得人工生活资料，需要他人帮助，才有获得人工生活资料的可能，才有生活下去的机会。因而，从生活主体角度判断，只有具备谋生能力的国民，才有对个人生活负责的可能。还有部分国民，虽然具有谋生能力，但是在竞争社会和在供过于求的就业市场，因竞争实力不够，或处于失业困境，或生意失败，暂时丧失谋取人工生活资料的机会。这类人也需要他人的帮助，才能渡过生活难关。缺乏获得人工生活资料能力的国民和丧失谋得人工生活资料机会的国民都属于国家的生活困难群体和生活弱势群体。这两类社区群体的谋生困难是当今社会的一大生活问题。这需要社区建立具有助人功能的生计保障体系，消除生活弱势群体的生活之忧。因为他们都生活在具体而微的社区里。第二，这种观点忽视了当今风险社会的生活风险概率在增大的事实。从 20 世纪 80 年代开始，西方发达国家由工业社会转入风险社会，[①] 进入21 世纪以后，中国也进入风险社会。[②] 即便是具有谋生能力的健康的成年人，在充满生活风险的当今社会，也无法摆脱谋生过程中的种种不确定性。风险社会的风险分配逻辑会破坏既有财富分配逻辑的运作，[③] 有可能将具有强大人工生活资料购买力的富裕居民变成无法应对生活风险的生活弱者。在风险社会，人人都难以避免生活风险，生活强者也有变成生活弱者的可能。这也是当代社会的一大生活问题。风险社会出现的生活风险问题，是社会问题，治理难度较大，非政府出面不可。因而，政府应建构包容性生活援助体系，重塑社区的生活容纳力，力所能及地为其成员建构一个可靠的有效的生计保障体系。社区应该在政府保障国民生活遇到困难的情形下，挺身而出，敢于担当，为居民建立生计保障体系，分担政府的民生保障压力。

---

① 乌尔里希·贝克：《风险社会》，译林出版社，2004。

② 李友梅：《从财富分配到风险分配：中国社会结构重组的一种新路径》，《社会》2008 年第 6 期。

③ 方芗、陈小燕：《"他者化"的空气污染——风险社会理论框架下的风险感知研究》，《中国矿业大学学报》（社会科学版）2019 年第 2 期。

一国民众，不属于这个社区，就会属于另外一个社区。社区的生活困难群体和生活弱势群体的谋生困难、风险社会的生活风险等两大生活问题，决定社区应承担为其居民营造生计保障体系的责任。这就是当代社区克服生活问题的客观逻辑。

二　满足居民生活需要是社区运行的本质任务

汉语里的"社区"概念源自英文"Community"; [1] 英文"Community"源自德文"Gemeinschaft"。1887 年，德国社会学家斐迪南·滕尼斯出版《共同体与社会》（*Gemeinschaft und Gensellschaft*）一书，将"Gemeinschaft"界定为具有共同的价值取向和强烈的归属感、彼此亲密无间的生活共同体，并指出这类群体产生于对亲属联结的依赖以及血缘关系的延伸，是超乎人们的选择，是自然形成的，它必向社会发展。因英文 Community 一词源于拉丁语 communitas，有"团体""共同性""联合""社会生活"的意思，所以，20 世纪 20 年代的美国社会学家 C. P. 罗密斯将德文 Gemeinschaft 英译为 Community。此后，美国社会学家 R. E. 帕克[2]和他的

---

[1] 1932 年底，美国社会学家帕克应燕京大学之邀，来校讲学，随之将 Community 一词引入中国。该校社会学专业师生始将 Community 一词译为"社区"。其过程，据费孝通回忆：当帕克教授结束讲学时，燕京大学社会学系学生准备翻译帕克的社会学论文集，以此来纪念他在燕大的工作。然而，在翻译他的"A Society is not a Community"一句话时，卡壳了。因为在以往的汉语里，只有村落、社稷一类的词，到近代引入"社会"一词后，Society 和 Community 都被译为社会。但此处按旧译，意思不通。于是，他们只好揣摩帕克老师的人文区位学的含义，取社会的"社"字以示人群之意；取区位的"区"字作为群体的空间坐落，创造"社区"这个新词来解释 Community。这样一来，帕克老师的原话就可译为"一个社会并非一个社区"，也算通顺。此后，国内有了"社区"概念，其意指特定地域里的生活共同体。对于燕大社会学专业学生翻译社区概念，吴文藻在当年的讲演中有所解释。他说："'社区'一词是英文 Community 的译名，这是和'社会'相对而称的"，"这个译名，在中国词汇里尚未见过，故需要较详细的解释"。

[2] 帕克与当时与自己齐名的重视归纳和统计分析的哥伦比亚学派领军人物吉丁斯不同，属于认识方法上的唯实论者，认为只有从实施入手才能获得真正的知识，主张通过体验了解社会事实，提倡社区研究方法。

芝加哥大学社会学系的同事将 Community 确立为美国社会学的中心概念，并在《人文生态学》一文中将 Community 界定为：①以区域组织起来的人群；②他们程度不同地深深扎根于居住的地盘；③生活在多种多样的依赖关系之中，这种相互依存关系与其说是社会的，不如说是共生的。① 1935 年，吴文藻在《现代社区实地研究的意义和功用》一文中将"社区"界定为"某地人民的实际生活"，认为人民、地域、人民的生活方式是社区的三个要素。② 1946 年，乔启明在《中国农村经济学》一书中提出社区的基本特征是"共同的地理区域"和"共同的生活活动"。③ 自滕尼斯提出"社区"概念以来，国内外社会学家都提出了个人对社区的理解。有的从社会群体、社会过程的角度界定社区，有的从社会系统、社会功能的角度界定社区，有的从地理区划的角度界定社区，有的从归属感、认同感及社区参与的角度界定社区，④ 致使社区概念多达百余种。但有两个内质是各代社会学家对"社区"界定的共同趋向：一是社区具有主体性特质，认为社区是生活共同体；二是社区具有地域性特质，认为没有特定的地理空间就没有具象的社区。因为只有特定的地理空间才能为由亲情、血缘等礼俗性纽带联系在一起的生活成员提供物质条件和物质环境。显然，从词源考察，社区最易接受的解释就是特定地理空间里的生活共同体。这是社区的本质，是社区承担生计保障责任的充分理由。

为了增强其生活功能，更好地为其居民提供生活服务，尽可能地、最大限度地满足其居民的生活需要，社区的各种主体应牢固树立社区的生活本质观，把生活服务、生活保障作为社区的本职工作和社区运行的根本；把帮助居民建构生计保障体系作为社区建设的根本任务和持续发展的基本策略。当然，不可否认，社区不可能不开展政治活动、文化活动、社会活

---

① 转引自冯刚、史及伟《社区：整合与发展》，中央文献出版社，2003，第 18 页。

② 吴文藻：《现代社区实地研究的意义和功用》，《社会研究》1935 年第 66 期。

③ 乔启明：《中国农村经济学》，商务印书馆，1946。

④ Borgatta, Edgar F., Rhonda J. V. Montgomeng (eds), *Encyclopedia of Sociology*, New York: Macmillan Reference USA, 5 vols. 2nd edition, 2000.

动，但是，所有的这些社区活动都应围绕生活保障的项目和生计保障体系的营造而展开；都应为其居民的生计着想，为生活保障服务着想。这才是社区应有的实践价值观。社区的各种主体只能以促使居民的生活利益最大化、生活资源配置最优化为自己参与社区政治活动、文化活动、社交活动的行动目的；只能以此目的参与建立社区的生活性政治体系、生活性文化体系、生活性社会体系。不可将社区变成一个政治共同体、文化共同体、特殊关系体；不可将社区变成名利场、表演舞台，应将社区建设成生计有保障、生活有秩序、生活更富足的幸福乐园。

就服务对象而论，社区应该营建生计保障体系。社区是由特定地理空间里的同质人口组成的生活共同体。人们为了生存，居住在一起，逐渐形成生活上互帮互助的团体。安居乐业、追求美好和安稳的生活，是社区居民的根本追求，尤其是生活弱势群体的唯一追求和最高追求。为了一家人的生活或为了一家人的更好生活，有劳动能力的农村社区居民不辞辛劳地耕作、"打工"、创业，从事能养家糊口的各种营生；有劳动能力的城市社区居民天天掐着表去上班、起早贪黑地开店、冒着风险做生意。即便如此，还是有不少家庭缺吃少穿，住不起房、买不起车，生活总是捉襟见肘。按现行国家农村贫困标准测算，[①] 截至 2018 年底，我国还有 1660 万人农村贫困人口；如果按照世界银行制定的每人每天 1.9 美元生活费的国际贫困线标准测算，我国农村的贫困人口会更多。相对而言，当前，我国城市社区的贫困状况更严峻。据白永秀等估算，我国城镇贫困发生率在 7.5% ~ 8.5% 区间，城镇贫困人口至少有 5000 万人。[②] 另外，作为贫困从农村向城市转移的主体因素，农民工的贫困发生率更高。据郭君平等以人均 3.1 美元/天的绝对贫困线测算，进城民工家庭的收入贫困发生率和消费贫困发生率分别为 2.07%、12.33%；以相对

---

① 2018 年，我国贫困标准为年人均纯收入低于 3535 元。

② 白永秀、刘盼：《全面建成小康社会后我国城乡反贫困的特点、难点与重点》，《改革》2019 年第 5 期。

贫困线测算,① 进城民工家庭的收入贫困发生率和消费贫困发生率分别为26.33%、65.61%。② 而且城市的生活成本和市场化水平远高于农村,消费的货币化程度高,但城市贫困人口和进城生活的农民工的人力资本水平与城市劳动力市场需求不匹配,致使他们难以获得足够的货币收入来支撑其在城市生存和发展,可以说,城市居民和农民工陷入贫困的可能性更大。③ 况且,一个国家在风险社会总会难免发生自然灾害、经济下滑、失业等现象;总有国民遭受生意失败、罹患疾病、家庭变故以及工伤与交通致残等意外事故。这都极易导致一些家庭出现返贫现象。老百姓期盼社区,想己之所想,急己之所急,集群体之力,挖掘生活资源,建立社区生计保障体系,解除自己的生活后顾之忧。

从法律要求来看,社区也应该为居民建立生计保障体系。2010 年10 月 28 日修订公布并实施的《中华人民共和国村民委员会组织法》第八条要求:村民委员会支持和组织村民依法发展各种形式的合作经济和其他经济,承担本村生产的服务和协调工作,促进农村生产建设和经济发展。还要求村民委员会尊重并支持集体经济组织依法独立进行经济活动的自主权,维护以家庭承包经营为基础、统分结合的双层经营体制,保障集体经济组织和村民、承包经营户、联户或者合伙的合法财产权与其他合法权益。1990 年 1 月 1 日起公布并施行的《中华人民共和国城市居民委员会组织法》第四条要求:城市居民委员会开展便民利民的社区服务活动,兴办服务业。这两部关于社区的法规,彰显了社区为民谋生的社会责任,为城乡社区发展生计体系,尤其发展社区集体经济,提供了法律依据。因此说,为居民建立生计保障体系是社区无可推卸的责任。

---

① 相对贫困线为城镇居民人均可支配收入的中位数的一半。
② 郭君平、谭清香、曲颂:《进城农民工家庭贫困的测量与分析——基于"收入—消费—多维"视角》,《中国农村经济》2018 年第 9 期。
③ 白永秀、刘盼:《全面建成小康社会后我国城乡反贫困的特点、难点与重点》,《改革》2019 年第 5 期。

三 分担政府的民生保障压力

按供给主体分，民生保障可分为政府保障、单位保障、家庭保障、社区保障、自我保障等类型。政府的生活保障供给能力的有限性和国民的生活保障需求的无限性越来越证明：有效地保障国民生活水平和提高生活质量，需要其他生活保障类型发挥补充作用。实际上，从 20 世纪 80 年代兴起的福利多元主义理论，也主张各类社会主体承担相应的生活保障责任。根据福利多元主义理论，国民生活福利是全社会的产物，政府不是国民生活福利的唯一提供者，社区、民间、家庭、企业等主体都应分担国民生活保障责任。[1] 福利多元主义代表人物罗斯认为市场、政府、家庭三类主体在为国民提供生活福利方面，都存在"失灵"现象，由此提出福利多元组合理论。要求政府、家庭、市场三个部门共同提供生活福利，以便克服市场失灵、政府失灵、家庭失灵现象。后来，德国社会政策学家伊瓦思（Evers）对罗斯的三元福利进行了修正和完善，提出社会福利来自市场、国家、社区和民间等四大主体的四元福利理论，奠定了社区分担政府民生保障责任的理论依据。

目前，我国拥有的 13.9 亿人口。假设政府改善国民的生活状况，给国民每人每天 10 元钱的生活补贴，政府每天就要支付 139 亿元，1 个月就要为此支出 4170 亿元，1 年就要为此支出 50735 亿元。虽然每人每天 10 元的生活补贴，对改善国民的生活福利，于事无补，但对于政府而言，可是一笔巨大的开支，会给政府带来沉重的财政负担。如果按《2018 年国民经济和社会发展统计公报》所公布的全年全国居民人均消费支出 19853 元的标准计算，每人每天的生活消费支出是 54.39 元。假设政府按此标准给每个国民发放生活补贴，政府 1 年就要为此支出 27.5957 万亿

---

[1] 彭华民、黄叶青：《福利多元主义：福利提供从国家到多元部门的转型》，《南开学报》（哲学社会科学版）2006 年第 6 期。

元。但是，2018 年，我国 GDP 为 90.0309 万亿元，纯收入只有 39.2369 万亿元（按年人均纯收入 28228 元计算）。① 若按每人每天 54.39 元的标准，政府替国民支付生活消费，会将国家 1 年纯收入的 70% 用于国民生活消费支出。显然，这是不现实的做法，因为政府还要承担其他许多方面的公共事业开支，维护整个社会和国家的日常运转。有关资料显示，我国政府因财力有限，用于社会保障的财政开支不及发达国家的 1/3～1/2。现在发达国家的政府社会保障支出占政府财政支出的 20%～30%，而我国尚不到 10%。② 但这也是我国政府尽力而为了。可见，就目前我国政府的财政状况而言，要提高老百姓的生活水平，的确需要各种社会力量分担政府民生保障的压力，企业、社会团体、社会组织、慈善家、社区、家庭、民众个人都应替国分忧，都应承担国民生活保障责任，尤其是社区、家庭、劳动者更是责无旁贷。

实际上，国家的民生保障水平不可能超越国家的生产力发展水平和经济发展水平，国家也只能根据自己的财力开展国民生活保障事业。就我国的民生保障事业发展历程而言，改革开放前，国家经济落后，政府财力较弱，只能开展救济性民生保障项目。直至 20 世纪 80 年代，国家才开始实施社会保险项目。2000 年，国家宣布进入民生保障时代，政府才将实施民生工程作为治国重要领域。我国民生保障事业发展经验告诉我们，在国家经济不发达和财力有限的情况下，社区、家庭和每个劳动者都应为国分忧。事实上，自新中国成立到改革开放以前，我国农业劳动者通过缴农业税、交征购粮、工农业价格剪刀差等途径，广大城镇职工通过低工资制度，都为国家财政积累做出了较大贡献。改革开放以后，我国广大城乡家庭承担了一些民生保障项目，如中国 4 亿多城乡非贫困家庭一直承担着儿童生活保障的责任，涉及衣着、三餐、营养品、治病、零食、通勤、外出

---

① 风云：《2018 年中国人均收入 2.8 万元》，东方财富网，http://finance.eastmoney.com/a/201902011039841214.html。

② 童星、张海波：《社区保障：现阶段农村社会保障的主体》，《淮阴师范学院学报》（哲学社会科学版）2005 年第 2 期。

旅行、购买玩具等生活开销以及幼儿园、高中、大学等教育阶段的各种开销和小学、初中两个义务教育阶段的生活费。农村家庭，自国家实行农村土地家庭联产承包责任制以来，一直承担着土地生活保障责任，每个农村家庭都承包了村集体所有的耕地，并以此为生，解决了家庭成员的吃饭穿衣问题，甚至有的家庭还因此而富裕。城市家庭，自国家实行商品房制度以来，一直承担了住房保障责任，多数家庭，或存钱或借钱，不仅为本代家庭购买了商品房，还为子代家庭购买了商品房，解决了被视为家庭生活最大难题的住房消费问题。就劳动主体而言，我国 8 亿多劳动者在劳力市场自谋生路，通过就业或创业，解决了家庭的生计问题。有的农村劳动者为兄弟姐妹提供了读书期间的生活费；还有的农村劳动者为家庭盖起了楼房、购买了私家车。相对而言，社区在解决国民生计问题方面，还需要努力。目前，中国至少有 60 多万个农村社区（或行政村）、10 多万个城市社区。但是，目前像"中国经济百强村"那样建立完整的生计保障体系的农村社区还很少，一些贫困村需要外援，才有摆脱生计困难的可能，凭借内源力量建立生计体系，还是一个遥不可及的事情。我国城市社区，因缺乏农村社区发展集体经济的自然资源，无法建立社区集体经济体系，难以为其居民提供充足的就业岗位和股金分红。我国的城市社区一般只能通过募捐为困难家庭筹措生活补助、通过创造灵活就业岗位为失业者提供谋生渠道，在发展社区集体经济和提高社区福利水平方面难以发挥作用。

四　社区具有开展生计保障的特殊优势

社区开展生计保障事业，不仅是必要的，也是完全可能的。因为，社区相对政府来说，具有开展生计保障的特殊优势。

（一）社区比政府更易动员民众发展生计保障事业

政府是管理共同体，是国家为提高公共事业运转效率、优化配置社会资源、促使社会利益最大化而设置的管理机关。政府不仅追求辖区公共利益，而且会受自身意志的左右。辖区老百姓的生活只是政府管理的一个方面，此外，还有其他领域的公共事务需要政府进行管理。社区就不同了，社区是生活共同体，是特定地域的人口为了生活而形成的相互依存、互帮互助的生活群体。社区必将建构生计保障体系、满足居民生活需要、提高居民生活水平，作为运行的最高追求和终极目标。老百姓具有追求生活利益最大化的本性，在生活追求上，社区与老百姓的生活目标是一致的。在地缘上，老百姓深植于社区。在心灵上，社区与居民是相通的。这使社区比政府更容易获得民众的认可和支持。因此，社区在开展生计保障上，比政府更有群众基础，更容易将生计保障事业发展起来。

（二）社区比政府更易用治理方式建立生计保障体系

治理是一种由共同目标支持的处理公共事务的一种方式。参与治理的主体不仅仅是政府，也无须依靠国家的强制力来推动，治理的主体是全体公民，是各种社会主体。公共治理理论认为公民和社会组织都可以合法地参与公共事务管理。《中华人民共和国村民委员会组织法》规定农村社区是农村社会的自治单位、《中华人民共和国城市居民委员会组织法》规定城市社区是城市社会的自治单位。这是城乡社区采用治理模式处理社区公共事务的法律依据。而且，从社区运行机制来看，社区内部没有复杂的科层制管理结构，没有行政权力，没有权威中心，无须用行政手段操控社区运行，只能用协商、合作、共享方式处理社区公共事务。相对而言，在用治理模式营造社区生计保障体系方面，社区比政府更有优势。第一，政府习惯采用行政管理模式处理民生保障事务，往往居高临下地发布行政命令，强制管理对象无条件服从行政安排；而社区习惯采用治理模式处理民生保障事务，动员社区各种主体参与生计保障体系营建工作，平等地就社区生计保障建设问题进行协商、谈判、合作，最终达成协议，社区可以通过这些治理措施，激发各种涉事主体的参与主动性、积极性，更能提高社区生计保障体系的建设效率。第二，政府的行政管理是一种纵向的垂直的处理公共事务的命令模式，政府与管理对象是一种上下级的领导与服从关系；社区治理是一种横向的处理公共事务的合作模式，各种主体通过频繁的沟通互动、互相支持、彼此信任，建构平等的伙伴关系，共同解决生计保障体系的建设问题。

（三）社区拥有建立生计保障体系的生活资源

生活资源指能创造物质财富的、对满足国民生活需要具有一定支撑作用的各种物质要素的总称。社区拥有的生活资源包括以下几类。①人力资源。这是一个社会具有智力劳动能力和体力劳动能力的用以制造产品和提供服务的人力总和。人力资源主要由人口的体质、智力、知识、技能等四个基本要素构成。人力资源是社区的第一生活资源。对生活具有较强支撑能力的社区人口主要包括具有劳动能力的社区劳动者和能带领大家致富的经济能人。劳动者在社区生活资源结构中发挥着创造劳动收入和为家庭成员提供生活资料消费资金的功能；经济能人在社区生活资源结构中发挥着创业和发展社区经济的功能，并具有创造劳动机会和提供股金分红的特殊功能。这类生活资源在农村社区发挥的生活功能是比较明显的。②就业资源。这是指能开展生产活动的、能创造物质财富和谋取生活资料的所有就业岗位。城市社区人口稠密、居民的消费欲望旺盛，商品和服务的购买能力较强，这就为社区开辟新的就业岗位提供了可能。原国家劳动和社会保障部和联合国开发署于 2001 年合作在我国进行了 4 个城市再就业调查，该研究对 8 种主要的社区就业服务项目进行测算，提出在全国 32 个人口在百万以上的特大城市，43 个人口在 50 万～100 万的大城市，可提供的社区就业岗位在 1500 万个以上。国家统计局根据城市居民对社区就业需求，在 7 个城市进行调查，提出全国大中城市可以提供的社区就业岗位为 2000 万个。目前在大城市和特大城市中实际的社区就业岗位供给只有 852 万个，社区就业在大中城市的差额有 1000 多万个。① 社区劳动者有就业岗位，就能立足工作岗位获得劳动收入，这意味着社区家庭就能正常地维

① 杨宜勇：《我国社区就业发展状况调查》，《经济理论与经济管理》2001 年第 6 期。

持生活。③创业资源。这是新创企业在创造价值的过程中所需要的、能带来效用的各种经济要素的总称。创业资源是新创企业创立和运营的必要条件。利用和管理创业资源，是创业成功的重要因素。创业资源分无形资源和有形资源两大类。就为创业者提供创业资源来说，城市社区的政策、区位、信息、资金、技术、销售、运输、人脉等条件较好；农村社区的空间、自然、文化、景观、生态、劳力等条件较优越。在城乡社区创业，各有利弊。相对而言，目前，城市社区能为具有劳动能力的社区居民提供创业需要的优惠政策、融资支持、场地资源，创业者也较容易获得生意信息、技术资源、销售渠道、人脉关系等。农村社区能为具有劳动能力的社区居民提供创业需要的优惠政策、空间资源，创业者能便利地利用农村社区的土地资源、文化资源、景观资源、生态资源、水资源进行创业。虽然创业有风险，但创业是生计保障最有发展空间和发展前途的渠道。④生活救助资源。这是指能为生活困难群体提供生活援助的各种资源。社区生活救助资源主要有由驻区单位、驻区企业、慈善家捐献出来的专门供给生活困难家庭的各种生活物资和善款；由社区志愿者和社区社会组织提供给社区生活弱势群体和生活困难群体的各种生活服务；以及由社区集体经济收益转化而来的专门援助社区生活困难家庭的生活公益资金等三大类。

这四类生活资源都是社区为生活弱势群体解决人工生活资料消费困难的主要措施。前三类属于为社区生活优势群体提供生计保障的生活资源，生活优势群体是可以凭借劳动技能谋生的群体，前三类生活资源实际上是劳动资源，是为社区劳动者搭建劳动平台、创建劳动机会、创造劳动收入的支持体系；后一类属于为社区生活弱势群体提供生计保障的生活资源。社区残疾人、高龄老人、失能老人、孤儿等生活弱势者，因丧失劳动能力或缺乏劳动能力，只能通过救助手段才能消解他们的生活困难。生活资源是为社区居民消费人工生活资料提供保证的基本措施。正因为社区拥有这些生活资源，才使社区具有建立生计保障体系的可能。

（四）社区拥有开展生计保障的社会网络

社会网络是社会成员因互动而形成的相对稳定的生活关系、朋友关系、同学关系、生意伙伴关系、信仰关系、交往关系等关系体系。社会网络的建构关系与维持关系的方式，不同于宗族、家庭、实验室、车间等边界明确的社会群体，也不同于性别、民族、种族等能区别个体的社会类别。社会网络独树一帜，采用网络化方式建构与维持社会关系。在建构和维持网络化关系中，每个人自己做主，不受群体约束，根据行动需要进行广泛联系。社会网络具有网络化个人主义、注重人际传播、实行一对一的交流、以朋友为基础建立关系、没有专属的约束规范、利用现代化的通信技术和信息社交平台建立关系、追求对外联系甚至建立全球化的网络关系等特点。社会网络的这些特点，对于社区开展生计保障非常有价值。

社会网络对社区建立生计保障体系的价值，主要体现在为社区建构生计保障体系，不能只挖掘内部资源和潜力，而应广泛地寻找外源，为社区争取更多外部援助开展生计保障，提供了理论依据。社区是由血缘、亲情、友情、地缘等纽带将特定地域的居民联系起来的生活共同体，具有利用血缘、亲情、友情、地缘关系与从本土走出去的外流成员保持沟通，动员他们为社区生计保障体系献策出力，并通过他们建构新的朋友关系，围绕社区生计保障建构新的社会网络。

在建立生计保障网络关系上，社区应采取一些特殊策略。第一，争取占据社会网络的中心位置，因为越靠近中心位置，其网络地位就越高；网络地位越高，就越能获得交往的主动权、决定权。只有获得交往的主动权、决定权，才能保证获得更多的优质网络资源；才能增强自身的摄取网络资源的能力。第二，通过弱关系获得生计保障的外援信息。这要求社区保持生计保障网络中的弱关系，让弱关系网络成员提供生计保障援助信息，充当社区生计保障外源信息桥的角色。因为弱关系比强关系更能跨越其社会界限去获得更多信息和其他资源。第三，通过强关系获取生计保障的外部资源。这要求社区寻找和建构生计保障网络中的强关系。因为社区获得生计保障外援，必须通过中间人建立关系，而中间人与社区和最终援助者必须都是强关系，只有通过关系强的决策人施加影响，社区才有可能获得生计保障方面的外部援助。第四，社区应利用生计保障网络中的社会关系获取生计保障所需要的社会资源，尤其重视比社区关键成员拥有更高地位的弱关系对象，因为这种弱关系往往比强关系给社区生计保障带来更多的社会资源。社区关键人物要增强在社会网络中的异质性，因为在社会网络中，个人的异质性越大，通过弱关系摄取社会资源的概率越高。

五　对民生保障的特殊作用

民生指民众的生计和生活。民生保障已成为政府工作的出发点和落脚点。2017 年 10 月 18 日，习总书记在党的十九大报告中指出，"我国社会主要矛盾已经转化为人民日益增长的美好生活需要和不平衡不充分的发展之间的矛盾""增进民生福祉是发展的根本目的"，国家"必须多谋民生之利、多解民生之忧，在发展中补齐民生短板"。① 近些年，政府不断加重民生保障工作的"权重"，民生举措，力度之大、财政投入之多，前所未有。关注民生、重视民生、保障民生、改善民生，是社区义不容辞的职责和社区发展的根本目标。

正如习总书记指出的，"保障和改善民生是一项系统工程"。② 事实上，民生保障绝不是单一的公共行为，是一个由许多要素构成的公益行动结构。但是，直至目前，对民生保障到底由哪些要素构成，学界并没有统一的看法；管理部门也没有统一的界定。由此造成公说公有理、婆说婆有理的现象。如在孙学玉看来，民生保障是由学有所教、劳有所得、病有所医、老有所养、住有所居、生产发展、生计维护、生活质量、生态环境等

---

① 习近平：《决胜全面建成小康社会夺取新时代中国特色社会主义伟大胜利》，《人民日报》2017 年 10 月 19 日。

② 《习近平参加辽宁代表团审议》，中国新闻网，http://www.chinanews.com/gn/2013/03 - 07/4621923.html。

要素构成的事业结构。① 而青连斌则认为民生保障应由公平教育、增加收入、养老保障、医疗保障、住房保障、社会救助、促进就业、公共服务等要素构成。② 国庆提出民生保障应包括社会救济、最低生活保障、社会保障、义务教育、公共卫生、住房等生存保障内容；充分就业、职业培训、消除歧视、流动渠道、权益保护等发展保障内容；生活质量提升的福利保障内容；经济、社会、环境、生态、人文等永续世代发展的代际民生保障内容。③ 国务院发展研究中心"中国民生调查"课题组于 2018 年开展发布的《中国民生调查 2018 综合研究报告——新时代的民生保障》，将民生保障归纳为"社会治安、食品安全、居住环境、就业、住房、社区服务、司法公正、交通、社会保障、政府服务、医疗、教育、生态文明"等领域。甚至有人将网民权益也看成是必不可少的民生要素，提出"保护网民权益就是保障民生"④ 的观点。

我们认为将满足国民生活需要的生活资料作为民生保障的构成要素，是比较恰当的做法。第一，民生保障的对象是国家的公民，尤其是政府社会保障尚未覆盖到的普通老百姓。老百姓最关心的事情是自己的物质生活是否有保障，即关心呼吸的空气是否有毒；喝的水是否干净；吃的食物是否安全；是否有衣穿；是否吃得饱；是否有房住；交通出行是否便利；用品价格是否便宜，等等。至于政府层面的工作，如司法公正、消除歧视、公共卫生、社会流动、权益保护、代际公平、政府服务等事业的开展，都尚未进入普通老百姓尤其生活弱势群体的"法眼"。因为这些要素对他们的现实物质生活，其价值不大，甚至无关紧要。第二，老百姓生活，需要两类生活资料：一类是天然生活资料，即大自然为人类提供的富氧空气、洁净饮水、天然食物等生活资料；另一类是人工生活资料，即俗话所说的衣、食、住、行、用等必须通过劳动才能生产出来的生活资料。保障民

---

① 孙学玉：《当代中国民生问题研究》，人民出版社，2010。
② 青连斌：《中国民生建设的路径》，中共中央党校出版社，2013。
③ 国庆：《完善民生保障机制的若干思考》，《技术与市场》2015 年第 10 期。
④ 余建斌：《保护网民权益就是保障民生》，《人民日报》2019 年 6 月 3 日。

生，首先就要保证为老百姓供给合格的或优质的富氧空气、洁净饮水、天然食物等，以及足以保暖的衣物、安全的农产品、舒适的住房、便利的交通、价廉物美的生活用品等。将富氧空气、洁净饮水、天然食物、保暖衣物、安全农品、舒适住房、便利交通、价廉物美的生活用品作为民生保障的构成要素，才是普通老百姓的直接生活需求，才能反映生活保障的本质、才能保障老百姓物质生活的实际需要。像司法公正、消除歧视、公共卫生、社会流动、权益保护、代际公平、政府服务等社会事业，虽然对老百姓的生活有一定的间接影响，但无论如何都不属于生活资料范畴。因而，不宜作为民生保障构成要素。第三，富氧空气、洁净饮水、天然食物、保暖衣物、安全农品、舒适住房、便利交通、价廉物美的生活用品，是任何一个民众都需要的物质生活品。不管是生活优势群体或是生活弱势群体和生活困难群体都需要天然生活资料和人工生活资料，缺少这些物质生活资料，任何人都活不了。所以，将富氧空气、洁净饮水、天然食物、保暖衣物、安全农品、舒适住房、便利交通、廉美用品作为民生保障结构要素，才能保证民生保障结构具有普世价值和广泛的用途。第四，将富氧空气、洁净饮水、天然食物、保暖衣物、安全农品、舒适住房、便利交通、廉美用品作为民生保障结构要素，才符合民生保障应为国民提供物质生活资料的归纳逻辑；才能增强民生保障工作的针对性、操作性以及受益的直接性和实效性；才利于提升老百姓对民生保障工作的获得感。鉴于富氧空气、洁净饮水、天然食物等天然生活资料的供给依赖于生态保障工作；保暖衣物、安全农品、舒适住房、便利交通、廉美用品等人工生活资料的供给有赖于生计保障工作，因此，生态保障与生计保障之和就是民生保障。本书专门研究社区如何开展社区生计保障问题，至于社区如何开展生态保障问题，将另撰篇章讨论。

作为国民生活保障的补充形式，社区生计保障相对政府生计保障而言，具有特殊作用。第一，发展社区经济，实现充分就业，保证社区劳动者获得稳定的劳动收入。如浙江省杭州市萧山区的航民村，1979年以6万元农业积累开始创办社区企业。1997年8月组建浙江航民实业集团有限公司。2012 年，总资产达 54 亿元，职工 1.2 万人。职工人均收入 39600 元/年，成为一个"充分就业＋按劳取酬"的农村社区。[①] 为社区劳动者获得稳定的劳动收入打造了牢固的就业基础。虽然，城市社区没有农村社区那样拥有发展社区经济的自然条件，但是，自 2007 年人力资源和社会保障部倡导社区就业以来，越来越多的城市社区挖掘资源，为社区失业人员创造了大量的灵活就业岗位，承担了为本区失业者创造就业机会的义务，避免许多社区家庭因无劳动收入而陷入生活难以为继的困境。一般而言，城市社区通过开辟就业岗位、提供创业条件、劳务派遣等途径，解决社区失业人员的就业问题。这不仅减轻了政府的就业压力而且起到安定社会秩序的作用，更重要的是为社区居民支付人工生活资料消费提供了劳动收入。第二，为社区居民提供稳定的资本收入。我国一些经济发达的行政村，特别是中国"经济百强村"，在社区经济能人带动下，发展社区股份合作经济，让社区居民人人拥有集体经济的股份，并得到股金分红，为社区居民尤其没有劳动能力的居民开辟了资本收入渠道，为他们消费人工生活资料提供了经济条件。上文提及的航民村，1999 年将村集体经济 49％的股权量化到村民、职工和经营管理骨干，构建共同富裕机制。2004 年 8 月，该村的浙江航民股份有限公司成功上市。2012 年，该村村民人均收入加上股金分红，达 45000 元。[②] 又如江苏省张家港市的长江村，在 2006 年，给每位村民发放了 2 万元的企业股金分红、10 万元的现金收入；2008 年，给每位村民发放了 1 万元的土地股金和 1 万元的现金收入。[③] 让社区居民拥有资本收入，这是政府开展民生保障事业难以企及的。第三，为社区特殊居民提供生活补助金。从收集到的媒体信息来看，我国有集体经济和集体收入的农村社区都建立了特殊居民生活补贴制度，为社区残疾

---

① http：//www. hangmin. com. cn/about/index. aspx? MenuID＝020108.

② http：//www. hangmin. com. cn/about/index. aspx? MenuID＝020108.

③ 《我国这个村名气小又低调，分别墅、送黄金，福利待遇都比华西村好》，新浪网，http：//k. sina. com. cn/article_ 5574475807_ 14c43c01f001002w9s. html? cre＝newspagepc&mod＝f&loc＝4&r＝9&doct＝0&rfunc＝100。

人、儿童、无劳动能力者提供生活津贴；为社区病人提供疾病照顾津贴；为社区工伤者提供工伤津贴，以保证这些特殊居民在人工生活资料消费上达到较高水平。特别是一些富裕起来的农村社区，大幅度提高社区老人的生活补贴标准，大大改善老人的生活状况。如山东兰陵县代村社区，① 近些年，大力发展社区经济，实现各业总产值7.2亿元、村集体收入3000万元、人均纯收入14000元。村里在中央政府每月发放的50元养老金的基础上，为本村60~69岁的老人每年另发600元的养老金；为70岁以上的老人每年另发1200元的养老金。又如，湖北省荆州市荆州区纪南镇的拍马村，发展集体经济，有了雄厚的集体收入之后，每年在中央政府每月发放的50元养老金的基础上，为本村老人每人另发放1500元养老金，使本村老人的日常生活消费更为宽裕。第四，直接为社区居民无偿提供人工生活资料。中国的"经济百强村"和一些有集体收入的比较富裕的农村社区，利用积累起来的公益基金和集体提留修建了大批别墅，建设社区交通设施、饮水设施、电力设施，并将电话、有线电视、宽带网接入居民家庭，然后，无偿地提供给社区居民使用。如民航村，2003年，按人均80m²的标准给社区家庭无偿分配别墅，并免费安装和使用家庭电话、有线电视、宽带网。② 长江村，2002年，建起818幢户均面积380m²的花园式别墅，无偿送给每户村民；2012年，开始免费给村民提供自来水、家庭用电、高档餐具等生活用品，并赠送消费卡等。③ 这种生活待遇让城市居民羡慕不已。第五，为社区贫困人口和生活困难家庭提供生活救助。如前文所言，我国城市至少有5000万贫困人口，若按每家3~4口人估算，

---

① 代村社区为化名，地处兰陵县城西南城乡接合部，下辖6个村庄，共有2716户，10015人，耕地面积1.3万亩，近年来，代村先后荣获"山东省先进基层党组织""山东省文明村镇""全国文明村镇创建工作先进村镇""全国生态家园富民行动示范村"等荣誉称号。

② http：//www. hangmin. com. cn/about/index. aspx？MenuID＝020108.

③ 《我国这个村名气小又低调，分别墅、送黄金，福利待遇都比华西村好》，新浪网，http：//k. sina. com. cn/article_5574475807＿14c43c01f001002w9s. html？cre＝newspagepc&mod＝f&loc＝4&r＝9&doct＝0&rfunc＝100。

那么，我国城市至少有 1250 万～1667 万个贫困家庭。为了消解贫困家庭的生活压力，我国不少城市社区建立社区生活救助服务中心，制定社区生活救助制度，开发和利用慈善资源，向驻区企业、单位、富裕家庭"化缘"，多方筹集社区生活救助资金。然后，定期向社区贫困家庭发放生活救助资金，提高社区贫困家庭的人工生活资料消费水平。

正是社区在民生保障上具有这些特殊作用，国内外一些研究社会保障的学者提出发展社区生计保障的观点。如美国宾夕法尼亚大学沃顿商学院的施耐德教授（1955）曾提出建立以社区为基础的保险计划的主张；我国北京大学的陈平教授（2000）也提出建立社区生活救助体系的主张。

六　基本结论

帮助生活弱势群体和生活困难群体克服谋生困难、帮助居民克服生活风险，是社区建构生计保障体系的两大实践逻辑。克服谋生困难的建构逻辑，源自社区生活弱势群体和生活困难群体的存在；克服生活风险的建构逻辑，源自风险社会的生活风险的存在。就克服谋生困难的建构逻辑而言，社区是特定地域的生活共同体，满足居民生活需要是社区运行的本质任务。社区总会存在生活困难群体和生活弱势群体，他们面临谋生困难，社区应该为这两类群体提供生计保障。这是社区生活弱势群体和生活困难群体获得持续性生活、包容性生活的必要前提。就克服生活风险的建构逻辑而言，自人类进入风险社会以来，社区居民都有遇到生活风险的可能。这需要政府出面动用全社会的力量，才有可能应对国民的生活风险。在政府克服国民生活风险能力有限的情况下，需要社区分担政府克服国民生活风险的压力。这是社区居民获得生活幸福感、安全感的重要保证。

两大建构逻辑之所以成为现实，得益于：社区比政府更易动员民众发展生计保障事业、社区比政府更易用治理方式建立生计保障体系、社区拥有建立生计保障体系的生活支撑资源、社区有建构与维持生计保障网络的空间等。这些特殊条件，才使社区在建构与维持生计保障方面产生实际效果，即为本区劳动者获得劳动收入；为本区居民提供资本收入、生活补助金和人工生活资料；为本区贫困人口和困难家庭提供生活救助金。由此使社区居民的生活变得更幸福、更美好。

由此看来，社区是居民生活的依靠，是居民生活的源泉，建立生计保障是社区的根本任务。

第二章　社区生计保障的特质

何谓生计（livelihood）？学界有多种解释。据苏芳等专家的统计，生计有四种定义，第一种将生计界定为穷人为了生存安全而采取的策略，比"工作"、"收入"和"职业"概念的内涵更丰富、外延更大；第二种将生计界定为资产（自然、物质、人力、金融和社会资本）、行动和获得这些资产的途径；第三种将生计界定为生活所需要的能力、资产（包括物资资源和社会资源）以及行动；第四种将生计界定为能力（capacities）、资产（assets）以及一种生活方式所需要的活动（activities）。① 我们认为生计就是满足生活需要必须具有的能力、资产、活动等要素的总和。社区生计保障就是社区采取的帮助其居民及其家庭提高生活能力、积累生活资产、获取更多谋生机会的行动策略及其措施。作为一种社会化的国民生活保障机制，在我国社区建设中不断兴盛起来的社区生计保障与政府社会保障共同发挥着保障国民生活的重要作用。随着社区生计保障在保障国民生活上的作用日益凸显，老百姓、政府越来越重视社区生计保障的生活价值。现在的政府、老百姓都希望社区为其居民建构一个有效的生计保障体系。为了避免社区在建构生计保障体系上走弯路，付出不必要的人为代价，我们主张在建构生计保障体系前或建设过程中，社区及其参与者应充分认识和把握生计保障的特质。

---

① 转引自苏芳、徐中民、尚海洋《可持续生计分析研究综述》，《地理科学进展》2009 年第 1 期。

一　社区生计保障的生活性

表面看来，社区生计保障，通过发展社区经济、创造就业机会、提供生活福利和生活援助、实施土地保障等途径，多渠道扩大社区居民的收益来源，以满足社区居民对衣食住行用等生活资料消费的需要以及提高衣食住行用等生活资料消费水平的需要。这说明社区生计保障具有生活性，社区生计保障属于生活保障范畴。

为了整体、全面、清晰、精确地认识社区生计保障的生活本质以及生活价值，我们根据政府社会保障的相关政策、制度和法规，全国城乡社区开展生计保障的实际情况，以及专家学者的相关研究成果，以保障途径、保障项目、保障目的、保障功能、保障程度、保障目标等为对比维度，归纳、整理、制作成社区生计保障与政府社会保障生活价值比较表。并以此为蓝本对政府社会保障体系和社区生计保障体系进行实证比较，以便准确把握社区生计保障的生活本质与生活价值（见表 2-1）。

从保障项目维度比较，可以看到，我国的政府基本保障制度，为保障对象提供了养老、医疗、失业、工伤等社会保险项目；生活救助、灾害救助等社会救助项目；儿童福利、老人福利、残疾人福利等社会福利项目。虽然政府保障项目的实施，对保障对象的生命延续和发展，具有实际作用，但政府提供的保障项目都是从维护国家经济与社会秩序正常运行需要和维护国家利益的角度而设立的，保障体系的社会性、经济性、政治性色彩比较重，其生活性特征不太明显。但社区生计保障的内容就不同了。社区生计保障体系为社区居民提供了劳动谋生、创业谋生、资本收入等营生保障项目；就业岗位、技能培训等就业保障项目；老人福利、生活补贴、住房与用品无偿供给等生活福利项目，以及对社区弱势群体、困难家庭提供生活援助项目；土地承包、土地经营权流转等土地保障项目。社区生计保障项目的手段多种多样，包括为社区劳动者及其家庭提供劳动收入、为社区居民提供衣食住行用等生活资料的消费现金、为社区居民无偿

表2-1　我国社区生计保障与政府社会保障生活价值比较

形式	保障途径	保障项目	保障目的	保障功能	保障程度	保障目标
政府社会保障	社会保险	养老保险	克服老年生活风险	社会稳定 经济运行 调节分配 身体健康 政治功能	参保率83% 替代率66%	提高城镇工薪劳动者养老、医疗、工伤、失业风险应对能力
		医疗保险	克服疾病风险		参保率95% 健康指标优于国际平均水平	
		失业保险	克服失业风险		参保率21% 领取率1.3%	
		工伤保险	克服工伤风险		参保率27.4% 享受率0.85%	
	社会救助	生活救助	解决国民临时生活困难	资源配置 社会稳定	城乡3969.7万户;7084万人享受低保	消除国家物质生活贫困现象
		灾害救助	解决灾民临时灾害困难	底线公平 恢复生产	灾民转移安置 紧急生活救助 援建受损房屋	帮灾民渡过生活难关,提高灾民抗灾能力
	社会福利	儿童福利	为特殊儿童提供成长条件	能力恢复 健全发展	残疾与流浪儿童,孤儿与弃婴100%收养供养	促使特殊儿童正常成长
		老人福利	提升孤寡老人生活质量	权益保护 福利增进	改善孤寡老人,高龄老人生活状况	老有所养所所乐
		残疾人福利	为残疾人提供生存与发展条件	维护权益 社会参与 共享成果	800多万人康复 900多万人就业 养老保险代缴97%	提高残疾人的生存与发展能力

续表

维度\形式	保障途径	保障项目	保障目的	保障功能	保障程度	保障目标
社区生计保障	营生保障	劳动谋生	营建劳动谋生平台	提供劳动收入	100%劳动者在社区企业上班	保证生活消费资金
		创业谋生	营造创业谋生环境	扩大生意收入	100%创业者享受创业政策支持	追求品质生活消费
		资本收入	为居民提供资本收入	增加股金分红比例	100%社区居民获得股份收入	增强居民生活消费能力
	就业保障	开发就业岗位	为失业者开发就业岗位	稳定就业收入	充分实现社区灵活就业	恢复生活消费状态
		技能培训	增强失业者就业能力	就业增收	100%转行就业者都能享受此项服务	增强生活消费能力
	生活福利	老人福利	增加老人生活消费收入	提高老人生活水平	社区100%老人同等享受	充分满足老人生活消费需求
		生活补贴	增加居民生活消费收入	提高居民生活水平	社区100%居民同等享受	增强居民生活消费能力
	生活援助	住房与用品无偿供给	使居民拥有住房和公共生活用品	住房保障公共生活用品供给	按家庭人口无偿平均分配	住房与用品消费均等化
		弱势群体生活援助	解决弱势群体的生活困难	消除弱势群体生活贫困	对社区所有残疾、孤寡、重疾者提供生活援助	满足弱势群体的基本生活消费需求
		困难家庭生活援助	解决困难家庭的生活困难	消除困难家庭生活贫困	对社区所有困难家庭提供生活援助	满足困难家庭的基本生活消费需求
	农村社区土地保障	家庭土地承包权	土地承包经营收入	食物保障与农产品销售收入	社区原籍家庭都有土地承包权	用土地经营方式保障农民的基本生活
		土地经营权流转	土地经营权转让收入	土地流转补偿	社区家庭都有转让土地经营权的自由	增加农户收入充分利用土地

提供衣食住行用等生活物资。

从保障目的维度分析，政府实施养老、医疗、失业、工伤等保险项目，其目的是克服保障对象的养老风险、疾病风险、就业风险、工伤风险，其目标是提高保障对象的应对养老、医疗、工伤、失业风险的能力。政府实施生活救助、灾害救助项目，其目的是解决老百姓面临的临时性生活困难和解决灾民的临时性灾害困难，其目标是消除城乡居民物质生活贫困现象、帮助灾民渡过生活难关和提高灾民抗灾能力。政府实施儿童福利项目，其目的是为残疾儿童、流浪儿童、孤儿、弃婴等特殊儿童提供成长所需的必要条件，其目标是促使残疾儿童、流浪儿童、孤儿、弃婴等特殊儿童健康成长；政府实施老人福利项目，其目的是提升孤寡老人的生活质量，其目标是促使孤寡老人像其他老人一样，老有所养、老有所医、老有所为、老有所乐；政府实施残疾人福利项目，其目的是为残疾人提供生存与发展条件，其目标是提高残疾人的生存与发展能力。可见，政府实施保障项目的目的和目标都不是克服国民的生活风险和提高国民的抵抗生活风险的能力。相对而言，社区发展社区经济，其目的是为社区劳动者营建劳动谋生平台、为创业者营造创业谋生环境、为居民提供资本收入，其目标是保证社区家庭及其成员拥有足够的日常生活消费资金，让创业者及其家庭获得追求品质生活的消费资金，增强所有居民的生活消费能力。社区实施就业保障，其目的是为社区失业者开发就业岗位、增强社区失业者的就业能力，其目标是能及时恢复社区失业者及其家庭的生活消费状态、增强社区失业者及其家庭的生活消费能力。社区开展生活福利项目，其目的是增加社区居民尤其是社区老人的生活消费收入，使社区居民及其家庭拥有自己的住房和公共生活用品，其目标是充分满足社区老人的生活消费需求和提升社区居民的生活消费能力，实现社区住房与用品消费均等化。社区实施生活援助项目，其目的是解决社区弱势群体和困难家庭的生活困难，其目标是满足社区弱势群体和困难家庭的基本生活消费需求。农村社区土地承包项目，其目的是让农民通过承包村集体土地获得农产品及其销售收益，其目标是用土地经营方式保障农民的基本生活。农村社区土地经营权流转项目，其目的是让农民获得土地经营权转让收入；其目标是增加农民收入并充分利用土地。这说明社区生计保障的目的和目标是围绕满足社区居民对衣食住行用等生活资料的消费需求以及提高衣食住行用等生活资料消费能力而设计的，社区生计保障的目的和目标都具有生活性。

从保障功能维度进行比较，亦可看到，在政府基本保障体系里，社会保险项目的主要功能是维护社会稳定、保证经济的正常运行、调节收入分配、保证国民身体健康以及政治价值；社会救助项目的主要功能是维护社会稳定、配置社会资源、实现社会保障底线公平、恢复灾区生产；儿童社会福利项目的主要功能是恢复残疾儿童、流浪儿童、孤儿、弃婴等特殊儿童的生活能力，健全特殊儿童的发展能力；老人社会福利项目的主要功能是保护孤寡老人的社会权益、增进孤寡老人的生活福利；残疾人社会福利项目的主要功能是维护残疾人的社会权益、增加残疾人的社会参与程度、保障残疾人共享社会发展成果等。其经济功能、社会功能、政治功能非常明显，其生活功能远逊于此。而社区生计保障的生活功能非常明显。在社区生计保障体系里，社区营生保障项目能产生提供劳动收入、扩大生意收入、增加股金分红比例等增加生活资料消费资金的保障功能；社区就业保障项目能产生为失业者提供就业岗位、增强失业者就业能力的谋取生活资料消费资金的保障功能；社区生活福利项目能产生提高社区居民尤其是老人的生活水平、无偿提供住房和公共生活用品的生活保障功能；社区生活援助项目能产生消除弱势群体以及困难家庭生活贫困的生活保障功能；农村社区土地承包项目能产生食物保障和农品销售收入的生活保障功能；农村社区土地经营权转让项目能产生土地转让补偿、增加农民收入的生活保障功能。

通过对社区生计保障与政府社会保障生活价值的比较的分析，我们可以看到，社区生计保障的生活性显得更明确、更突出、更一目了然。同时，也可以发现，在民生保障上，社区生计保障体系的覆盖面要比政府社会保障宽广一些。如目前政府失业保险的参保率只有21%，领取率只有

1.3%；政府工伤保险的参保率只有 27.4%，享受率只有 0.85%。但是，社区生计保障的各种项目的保障程度几乎是全覆盖、全享受。当然，这是社区保障对象少而政府保障对象多使然。一言以蔽之，社区生计保障属于实实在在的生活保障范畴，具有生活性和生活价值。

二　社区生计保障的权利与义务非对等性

社会保障权利指保障对象拥有的享受社会保障待遇的权利与利益；社会保障义务指保障对象应该承担的缴纳社会保障税费的责任。社会保障的权利与义务非对等性指只享受社会保障待遇而不承担社会保障缴费义务的现象。在社会保障领域，有的社会保障形式的权利与义务对等，有的社会保障形式的权利与义务不对等；有的社会保障项目的权利与义务对等，有的社会保障项目的权利与义务不对等。社区生计保障形式属于权利与义务不对等的生活保障形式，其保障项目也具有权利与义务的不对等性。

为便于了解社区生计保障的权利与义务的非对等性，同样，我们根据政府社会保障的相关政策、制度和法规，全国城乡社区开展生计保障的实际情况，以及专家学者的相关研究成果，以保障途径、保障项目、供给主体、供给手段、受益对象、供给要求等为对比维度，归纳、整理、制作成社区生计保障与政府社会保障的权利与义务非对等性比较表。并以此为蓝本对社区生计保障体系和政府社会保障体系进行实证比较，以便充分认识社区生计保障与政府社会保障的权利与义务非对等性（见表 2 - 2）。

从表 2 - 2 可看到，政府社会保障体系在养老保险、医疗保险、失业保险等保障项目上，具有权利与义务对等特征。具体来讲，就是只有保障对象按规定比例和规定年限缴纳保险费之后，才有资格享受相应的保障待遇。为此，政府规定养老保险、医疗保险、失业保险项目实行收支两条线

社区生计保障

表2-2 我国社区生计保障与政府社会保障的权利与义务非对等性比较

形式 维度	保障途径	保障项目	供给主体	供给手段	受益对象	供给要求
政府社会保障	社会保险	养老保险	个人、单位、政府	资金	城镇工薪劳动者	间接供给、收支分离、达到缴费年限
		医疗保险	同上	同上	同上	间接供给、收支分离、达到缴费年限
		失业保险	同上	同上	同上	间接供给、收支分离、达到缴费年限
		工伤保险	用人单位	同上	同上	间接供给收支分离
	社会救助	生活救助	民政部门	财物	困难家庭	直接供给
		灾害救助	民政部门、社会力量	财物	受灾群众	直接供给
	社会福利	儿童福利	民政部门	财物服务	残疾、孤弃、流浪儿童	直接供给
		老人福利	民政部门	财物服务	孤寡老人、高龄老人	直接供给
		残疾人福利	中国残疾人联合会	财物、就业、服务	成年残疾人	直接供给
社区生计保障		劳动谋生	社区集体企业	劳动收入	社区劳动者	直接提供劳动岗位
		创业谋生	社区创业者	生意收入	社区创业者	直接提供创业优惠措施
		资本收入	社区	股金分红	社区股民	直接分派

续表

维度 形式	保障途径	保障项目	供给主体	供给手段	受益对象	供给要求
社区生计保障	就业保障	开发就业岗位	社区	就业机会	社区失业者	直接提供就业机会
		技能培训	社区	劳动技术	社区转行者	直接提供培训
	生活福利	老人福利	社区	福利金	社区老人	直接发放
		生活补贴	社区	补贴金	社区居民	直接发放
		住房与用品无偿 供给	社区	住房 生活用品	社区居民	直接无偿分配
	生活援助	弱势群体生活援助	社区	生活资料、现金	社区生活弱势群体	直接供给
		困难家庭生活援助	社区	生活资料现金	社区生活困难家庭	直接供给
	农村社区 土地保障	家庭土地承包权	社区	土地承包权	社区农户	直接确定
		土地经营权流转	社区 承包户	土地流转收入	社区农户	直接转让

管理制度，即由税务局征收保险费，由养老保险局、医保局、失业保险局发放保险待遇。只有政府的工伤保险制度具有保障权利与义务非对等性特征，保障对象个人不需要承担工伤保险缴费义务，其缴费义务由用人单位承担，保障对象只要遭遇职业病和工伤事件，就可按其规定享受工伤保险待遇。

在保障权利与义务是否对等问题上，所有的社区生计保障项目与政府社会保障体系的社会救助类和社会福利类项目是一致的。也就是说，社区在给其居民发放生活福利时，并不会要社区居民缴纳生活保障费。只不过，政府的社会救助类项目和社会福利类项目，是政府利用公共财政或吸收民间资源为保障对象提供社会保障；社区生计保障的各种保障项目，是社区利用自有资源为社区居民提供生活保障而已。而且，从与受保对象的生产活动或收入是否有关联来看，社区生计保障项目都属于非关联型社会保障。不管社区居民或家庭处于何种生活状态或拥有多少财富收入、有业无业，只要拥有社区户口，属于本地居民，不分男女老幼、地位高低、财富多寡，都将按照统一的尺度平均分配福利资源。例如，北京、江苏、浙江、上海等发达地区的农村社区，在建立股份经济合作社过程中，设置人口股以体现集体资产共有和共同富裕原则。位于上海西南城郊闵行区的九星村，人人有工作，人人有股份，人人有养老金、医疗保险金、失业保险金等生活保障；位于宁波奉化的滕头村，每个村民每月可领 1000 元福利金，60 岁以上的老人每年可领到 6000 元以上的养老金，村里建起了医院，实现村民医疗保险全覆盖。[1] 可见，社区生计保障，不仅具有保障权利与义务非对等性，而且平等地为社区居民提供生活福利。这与政府社会保障制度强调生活保障的公平与效率的统一有较大区别。政府社会保障的操作，一般根据社会发展阶段的现实需要，有时效率优先，有时公平优先，但总体来讲还是以两者的统一为运行目标。社区生计保障则用一视同

---

① 单澂：《我国首富村福利调查：部分地区村民住别墅拿股权》，《中国经济周刊》2012 年 4 月 24 日。

仁的伦理原则，将社区可用来支撑生活保障项目的资金进行人均分配，追求生活保障的平等价值。正因如此，社区生计保障体系在生活保障待遇配置上，具有保障权利与义务的非对等性。

三　社区生计保障的克险性

风险社会是社会进步的负外部性因素和阴暗面越来越支配社会的运行状态。据世界银行的观点，人均 GDP 超过 1000 美元之后，社会即进入黄金发展期，也进入风险高发期。我国一些学者，如洪大用、谢迪斌、周术国、杨敏、杨雪冬、李友梅、徐勇、张海波、李诚、韩震、竹立家等都撰文断言中国已经进入风险社会。我们也认为跨入 21 世纪后中国越来越陷入这种社会运行状态了。在风险社会，全球性风险在社会领域占主导地位，对国家的经济、政治、社会活动产生很大危害，尤其给老百姓的生活带来严重困扰和不确定性。

风险社会在生活领域的表现是：①生活风险复杂多样，主要表现为就业风险、公共卫生风险[1]、灾害风险[2]、食品安全风险[3]、毒品危害、人身安全风险、出行安全风险、投资风险、金融风险，等等。②生活风险具有关联性。每种生活风险的存在都不是孤立的，而是相互关联的，甚至是彼

---

[1]　公共卫生风险，如暴发在 2009 年美洲的 H1N1 流感。据媒体报道，2009 年 3 月开始，墨西哥、美国相继暴发甲型 H1N1 流感疫情，迅速扩散到欧洲、美洲、大洋洲、亚洲、非洲国家。传染性极强，仅美国有 1/6 的人感染甲型 H1N1 流感。截至 2009 年 12 月 18 日，甲型 H1N1 流感造成全球 1 万人死亡。

[2]　灾害风险，如 2008 年南方雪灾。据媒体报道，2008 年 1 月我国南方发生低温、雨雪、冰冻灾害。沪、苏、浙、皖、赣、鄂、湘、粤、桂、渝、川、黔、滇诸省份受低温、雨雪、冰冻灾害影响。至 2 月 24 日，因灾死亡 129 人，失踪 4 人；农作物受灾面积 1.78 亿亩，成灾 8764 万亩，绝收 2536 万亩；倒塌房屋 48.5 万间，损坏房屋 168.6 万间；因灾直接经济损失 1516.5 亿元人民币；森林受损近 2.79 亿亩；受灾人口过 1 亿。

[3]　食品安全风险，如 2008 年奶制品污染事件。2008 年 9 月中国婴儿因食用三鹿集团生产的奶粉，近 4 万婴儿生病，其中 4 名婴儿死亡。国家质监部门对三鹿、伊利、蒙牛、光明、圣元、雅士利等厂家生产的奶粉进行检查，都检出化工原料三聚氰胺成分。引起世界各国的高度关注和对我国乳制品安全质量的担忧。

此叠加的。发生在地球上的某个局部地区的某种生活风险，可能会以"蝴蝶效应"机制，在全球引发巨大的连锁反应，并且会引发其他社会领域的风险。① 如源自 1921 年肯尼亚的非洲猪瘟，经过撒哈拉以南的非洲国家，于 1957 年流传至西欧和拉美国家，2007 年以来在全球多个国家爆发、扩散、流行，然后，通过俄罗斯伊尔库茨克州扩散到中国。2018 年 8 月 2 日，沈阳市沈北新区沈北街道五五社区，发现非洲猪瘟疫情，经过调查，才知道是通过人员与车辆带毒运输、餐厨剩余物喂猪、生猪及其产品跨区域调运等途径传播发生的。现正以这些途径迅速传播到河南、江苏、浙江、安徽、黑龙江、内蒙古、吉林、山西、云南、湖南、重庆、湖北、福建、四川、上海、江西、陕西、北京、青海、广东、贵州等地。据媒体报道，非洲猪瘟直到 2019 年 6 月仍在我国各地传播扩散。③生活风险具有不确定性和难以预测性。从老百姓遇到生活风险的反应来看，一些生活风险事件让世人大跌眼镜、猝不及防。人们惊奇地发现，根据以往的知识或经验对生活风险进行分析预测，似乎正在失效。② 如出行风险就是如此。绝大多数交通事故都不是肇事者故意而为之，都是在肇事者无法预料的情形里发生的。随着私家车的普及，交通事故越来越多，造成的人员伤亡和财产损失越来越大。智研咨询的研究报告反映，2017 年全国发生交通事故达 20.3049 万起，死亡人数达 6.3772 万人，造成的直接财产损失达 12.13113 亿元。③ 有人统计，进入风险社会以来，世界每年有 124 万人死于交通事故，④ 相当于全球每天有 3500 人因交通事故而死亡。假如肇事者能预判交通事故的发生，许多伤亡和财产损失，是可以避免的。

正是生活风险的不可预测性、巨大的破坏性，决定着百姓个人难以管控生活风险。生活风险造成的人财损失，使许多百姓坠入生活困境。据粗

---

① 金茜：《风险社会的特征、危害及其应对》，《法制日报》2017 年 2 月 22 日。
② 金茜：《风险社会的特征、危害及其应对》，《法制日报》2017 年 2 月 22 日。
③ 智研咨询：《2019～2025 年中国交通事故现场勘查救援设备行业市场专项调研及投资战略研究报告》，2018 年 11 月。
④ 张炯强：《全世界每年有 124 万人死于交通事故》，《新民晚报》2019 年 4 月 16 日。

略统计，我国每年发生的生活风险事件造成 20 多万人死亡、200 多万人伤残、6000 多亿元人民币的经济损失。① 所以，任何一个国家都应加强对生活风险的管控，对国民的生活进行必要的保护。

根据社会风险管理理论，①政府应设立生活风险预防措施。一要建设生活贫困消解措施，以达到消除贫困的目的，对贫困和高风险人群提供事前收入支撑，以鼓励其选择高回报的经济活动，从而使他们逐步摆脱贫困；二要给劳动者提供技能培训、改善就业状况、避免人为因素造成低工资现象；三要进行疾病预防，重点预防流感大流行，实施疫苗接种和公众健康教育计划，建立康复中心，帮助吸毒成瘾者戒毒。②政府应实施社区保障计划。在生活保障方面，要建立以社区为基础的保障计划，以弥补退休残疾慢性疾病人的生活开支，建立社区老人福利院，在社区设立无家可归者之家和孤儿之家，解决这些生活弱势群体的生活困难。③政府应实施减灾计划。在减灾措施上，要给穷人和失业者发放小额贷款。建立失业福利计划，发放政府缓解困难资金或公开募集资金，以应对生活风险的发生。④政府应建构多元生活风险预防体系。这是由社会生活风险危害面大且深重的特性所决定的，政府、市场、社区、民间组织、家庭等都要积极参与社会生活风险的治理，尽可能提高国民应对生活风险的能力。

根据福利多元主义理论，社区应以社会力量的角色与政府和市场力量、其他社会力量一起承担克服国民生活风险的责任。社区生计保障体系就是一个帮助社区家庭和居民克服生活风险的应对机制。这样说的理由是：①社区可通过营生保障途径提高社区居民应对生活风险的能力。鉴于社会生活风险危及全体社区居民，社区生计保障体系不能只单纯针对贫困户提供生活援助，而是通过对自有资源的优化配置增进全体居民的生活风险的应对能力。具体来讲，通过发展社区经济，一来可以安排社区失业者就业，让劳动者获得劳动收入，提高社区劳动者及其家庭的谋生能力；二

---

① 《中国每年因突发事件死亡 20 万人，经济损失逾 6 千亿》，新华网，http：// news. xinhuanet. com/politics/2006 - 7/15/content4837443. htm。

来实行股份合作，进行股份分红，让社区居民获得资本收入。这是农村社区应对生活风险大有作为的谋生领域。我国经济发达地区的农村社区都建立起了规模庞大的社区集体经济体系，高效地有力地增强了社区家庭和居民克服生活风险的能力。而且，在发展社区经济的同时，营造创业环境和提供创业优惠支持，鼓励或吸引社区居民就地创业，开辟新的谋生渠道。这在较大程度上，提高了社区创业者应对生活风险的能力。相对而言，在促进创业方面，城市社区大有可为。如湖南长沙的许多城市社区为创业者提供了经营场所、融资与财税支持，建立起了小微企业，提高了社区居民应对生活风险的谋生能力。②社区可通过就业保障途径提高社区失业者、转行者应对生活风险的能力。一是充分挖掘社区资源，就地开辟社区商业性服务就业渠道；二是通过与区内区外企业建立联系，收集劳动需求信息，为社区失业者提供就业岗位信息；三是组建社区劳务公司，向驻区单位、企业、民间组织派遣劳动服务人员；四是发展社区教育，定期举办劳动技能培训，为社区企业或区外企业培养优质劳动力，提高社区转行就业者和失业者的就业能力。社区可以通过这四大就业保障途径提高社区失业者、转行者应对生活风险的谋生能力。③社区可通过生活福利途径提高社区居民应对生活风险的能力。一是尽可能地为社区老人提供生活所需的各种福利待遇，定期发放福利金，克服养老风险；二是给社区居民定期发放生活补贴，改变物价上涨带来的衣食住行用等生活资料消费能力下降的态势；三是直接给社区家庭提供住房、生活用品，减少社区家庭建房或购房压力，生活用水、用电、网络消费、大宗耐用生活用品消费压力，提高社区家庭应对生活风险的能力。这在中国经济百强村是一种普遍现象。④社区可通过生活援助途径实施社区生活弱势群体和生活困难群体的生活风险应对方案。主要是根据生活风险等级的变换增减生活援助金额和生活资料供给量，克服生活风险对生活弱势群体和生活困难群体的日常生活造成的困扰。这是城市社区必须建立的生活保障机制，因为相对而言，城市社区生活弱势群体和生活困难群体没有土地保障制度，如果政府的生活保障供给不足，而社区没有生活援助机制，那么，遭遇生活风险的弱势群体和困难群体就无法生活下去了。⑤农村社区可通过土地保障途径提高农民应对生活风险的能力。一是保证村民的土地山林承包权。自 20 世纪 80 年代初国家实行家庭联产承包责任制以来，中国农民获得土地承包权和经营权，承包与经营土地成为农民谋生的可靠手段。家庭联产承包责任制的实践证明，农户通过承包和经营村集体土地不仅可以解决温饱问题，还可以发家致富。承包和经营土地具有保障农民基本生活的特殊功能，学界称其为土地保障。村民承包和耕种土地，为家庭提供食物资料，克服物价上涨造成的食物消费资源贬值风险；生产出足量农产品并获得与物价上涨相匹配的货币收益，达到稳定土地生活保障能力的目的。农村社区保证村民的土地山林承包权，实际上保护了村民的生活资源，产生了克服生活消费的通货膨胀风险和养老替代率风险。可以说，土地保障是中国农民最重要、最可靠、最有效的生活保障形式，具有克服生活风险的作用。二是维护村民的土地流转收益，营造使土地流转农民分享流转土地增值收益机制。行政村帮助土地流转农民获得被征土地增值收益分享权；帮助土地流转农民跟踪每宗流转商用土地交易过程，获得流转土地交易增值收益信息；建立土地股份制度，让农户以承包地入股农业龙头企业或农业合作社，①保证土地流转农民长期地、持续地、稳定地从转让的土地上获得生活保障收益，增强土地流转农民的生活风险应对能力。②⑥就提高社区居民生活风险应对能力而言，城乡社区可采取有效措施提高居民应对生活风险的心理承受能力。现在的衣食住行用领域的生活风险事件，已成为当今中国社会的普遍状态，只要凭生活经验都能判断或感受到自己的生活已进入风险境地，同时还要意识到现行不良生产与生活又在制造着新的生活风险；另外，要提高社区居民个人对现时生活与对未来生活的可控制感，使社区居民对未来生活充满希望。

---

① 我国《农村土地承包法》第 42 条规定，承包方之间为发展农业经济，可以自愿联合将土地承包经营权入股，从事农业合作生产。

② 谷中原、尹婷：《中国失地农民生活保障问题及其应对——基于征地补偿和安置视角的分析》，《湖南农业大学学报》（社会科学版）2018 年第 2 期。

如上所述就是社区生计保障体系帮助社区居民应对生活风险的种种表现，也是社区分摊政府责任帮助国民应对生活风险压力的表现。社区生计保障体系具有的帮助社区居民克服生活风险的特性就是社区生计保障的克险性。

四　社区生计保障的根基性

生计在社区要素结构中属根基要素。生计要素在社区结构中的特殊位置，决定社区生计保障具有根基性。

社区根基要素是最早出现并一直存在的并对社区的运行与发展起着决定性的支撑作用、在社区结构中处于基础地位的关键要素。众所周知，社区是由特定地域里的人口构成的生活共同体。因此，一个社区必定要有一定规模的人口。而人口的生存必须有三个基本要件。一是生活体系，这是保证社区人口存活的前提。二是供人类生活的地理空间，因为人类需要在地理空间里获取新鲜空气、洁净饮水、野生食物等天然生活资料；需要在地理空间里获取衣、食、住、行、用等人工生活资料，没有天然生活资料和人工生活资料，社区居民就无法生活下去。由于天然生活资料源自地理空间的生态系统，人工生活资料源自地理空间的生计系统，因而说，生态系统、生计系统是社区不可缺少的根基要素。因为没有满足社区居民需要的生态系统，就没有新鲜空气、洁净饮水、野生食物，社区居民就没有延续生命的可能；没有满足社区居民需要的生计系统，就不可能生产出衣服、农产品、住房、出行工具、用具等生活必需品，同样，社区居民也就没有生活下去的可能。可见，人口、生态、生计、生活等就是社区或特定住区的根基要素。

从社区形成历史角度看，地球上任何一个社区，都先有一个地理空间，然后才出现在地理空间中生活的人群。地理空间是处于地球某个具体位置上的，由气候、地形、河流和水域、耕地、山林、草地、空地、地下矿藏等自然要素构成的现实物理空间。任何社区的地理空间都是由这些自然要素组成的有机整体和形成的统一的不可分割的生态系统。生活在地理空间的人群就是社区人口。人口是社区的人口数量、人口质量、人口构成、人口繁衍、人口负担率、人口分布、人口流动等元素的总称。为了更好地生活，在地理空间里生活的人群渐渐学会劳动，直至掌握生产技能，形成生计体系。生产是社区居民利用地理空间里的各种有用资源、手段、方法，使劳动对象发生量变、质变、结构变化或经营场位变化，创造劳动价值和各种食物产品，获得劳动收入的生计系统。可见，生态、人口、生计、生活是社区的原初要素。没有生态要素、人口要素、生计要素、生活要素，就没有社区。自然，也就没有后来的城市社区，因为城市社区是从农村社区演化而来的。可以说，社区就是由生态、人口、生计、生活等四大根基要素支撑的生活共同体。四大根基要素相互影响、相互作用，繁衍促生满足居民生活需要的派生要素，并协同支撑社区的运行和发展。四大根基要素就是社区大厦的基柱；四大根基要素构成的层面就是社区大厦的基层。生计与人口、生态、生活内动协同机理如图2-1所示。

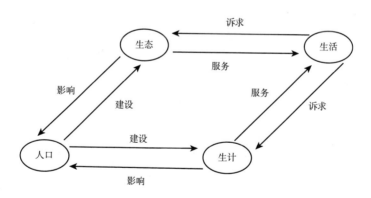

图 2-1　生计系统与社区人口系统、生态系统、生活系统内动协同关系

　　生计体系的根基性源自它在社区中的特殊功能。①从人类生活逻辑角度分析，社区生计体系是社区居民谋取财富和衣食住行用等生活资料的前提条件，为社区居民提供生活消费资金，从而保证社区居民有日复一日、年复一年地消费衣食住行用等生活资料的能力。生计为民生之本，一个社区没有生计保障体系，就不会有社区居民繁衍生息的可能。②从图 2 - 1 可知，生计系统在社区根基结构中是联结社区人口系统和生活系统的中介，是为社区居民供给生活资料的途径之一；是促进社区人口系统和生活系统生存与发展的内动力量之一。社区居民要生活下去、要过上幸福生活，就绕不开生计系统的作用和功能。在人口、生计、生活三大根基要素之间，形成人口—生计—生活的内动协同关系，生计体系成为支撑社区人口系统、生活系统的运行与发展参数和持续发展的关键变量。③不仅如此，社区的生计系统与人口要素、生态体系、生活体系互动，共同衍生出社区的派生要素，如社区的文化、设施、群体、制度、教育、服务、管理等要素。生计是社区之根，没有生计体系，就没有社区根基要素之间的互动，就不可能衍生更多的社区派生要素。概而言之，社区生计体系的根基性是由其提供满足社区居民生活需要的前提条件、成为促进社区人口系统和生活系统运行与发展的关键变量，以及社区衍生要素增多的重要催生因素等共同决定的。

五　社区生计保障的本土性

社区生计保障的本土性指全国各地社区都是根据本地社区的经济发展水平、社区财力，以及社区居民的生活需求等实际情况，设计社区生计保障措施、保障项目、筹资渠道、保障水平。这说明社区生计保障在生活保障规制上存在特殊性。这也是社区生计保障与政府社会保障不同之处。政府社会保障是用政府公共财政支持的、用法规维护的公共事业，具有共同性、一致性、普遍性。社区生计保障的责任主体是社区，社区属于群众性的自治组织，它所建立起来的生计保障制度属于社区主体的自发行为，是建立在社区共同体的地缘或血缘亲情、互帮习俗、互助价值取向等生活伦理以及社区制定的村规民约基础上的非正式社会保障制度，具有非正式制度的约束弹性，只能根据社区经济和生计保障资源集聚情况，增减生计保障项目、升降生计保障水平、选择生计保障措施。

社区生计保障本土性的表现之一，是社区生计保障对社区经济具有极强的依赖性。这是因为社区生计保障是一种特殊的财富再分配行为。社区生计保障在根本上取决于社区经济，社区经济的发展是完善生计保障体系的必要条件。社区生计保障所需要的资金取决于社区经济发展水平，尤其是社区集体经济发展水平。一般来说，社区经济越发达，给社区劳动者提供的就业机会和劳动报酬就越多；提供的社区养老保障金、医疗保障金、失业保障金数额就越大；就更有资金实力扩展社区生计保障项目和提高社区生活福利水平。具体情况可参见案例 2-1。

案例 2-1 重庆市沙坪坝区新立村建构的生计保障体系[①]

2012 年位于中国经济百强村第 51 位的重庆市沙坪坝区新立村，年销售收入 80 亿元，以雄厚的社区经济实力做后盾，大力发展社区生计保障事业，为村民提供了丰富多样的、保障水平较高的社区生计保障项目。具体而言，新立村为村民提供的生活保障项目包括：①社区养老保障项目。如给女 50 岁以上、男 55 岁以上的村民每月发放 200～250 元的退养金。②医疗保障项目。由村集体出资为每个村民办理新型农村合作医疗保险，看病住院，享受优惠。③生活补贴项目。建立社区劳动力补贴制度，给年满 16 岁以上村民，每年补贴 500～1200 元。④开办教育保障项目。建立村民子女入学学费报销奖励制度，村民子女上幼儿园、小学、中学每年定额报销杂费 500 元，考上大学（大专）、硕士、博士一次性奖励 3000 元、5000 元、8000 元。⑤计生免费服务项目。对独生子女父母分别一次性奖励 300 元。⑥生活救助项目。村集体每年对相对贫困的家庭补助 500 元，并积极设法帮他们就业，拓宽致富增收渠道。⑦残疾人就业培训及帮扶项目。每年免费为村里残疾人进行就业培训，积极帮他们就业。⑧精神生活保障项目，每两年组织村民外出旅游一次；每年免费为每位村民代表

---

① 郭英、张兴模、张明全：《打造中国西部市场第一村——记重庆市沙坪坝区覃家岗镇新立村党总支书记、村委会主任郭正富》，《农民日报》2013 年 3 月 12 日。

订阅《重庆日报》一份。⑨直接免费提供生活用品。村里出资为村民安装水、电、气，一户一表，解决村民用水、用电、用气难；修社级公路、石板路，方便村民出行；建公厕和家庭卫生厕所；请人每天清扫村民楼院，改善村民居住环境。

案例 2－1 说明，社区生计保障必然以社区经济为基础，一要有发达的社区生产力尤其是能赚钱的产业体系；二要有社区经济收入集体分配体制，否则，社区生计保障难以正常开展下去。可以说，社区生计保障力度受制于社区经济发展的水平。社区经济发达的社区，其社区生计保障项目就多、保障水平就高，社区经济发达程度与社区生计保障水平呈正相关。

社区生计保障的本土性表现之二，是社区生计保障项目设置的灵活性。社区举办的生计保障项目不属于政府保障范畴，自然就不受国家的社会保障法律约束，因此，在生计保障项目设置上就有较大的自由度。一般而言，社区举办社区生计保障体系不以国家社会保障法为依据，主要根据社区经济状况和社区居民生活状况进行设计。具体情况可参见案例 2－2 和案例 2－3。

案例 2－2　江苏省江阴市华士镇大华西村的中心村
设置的生计保障项目①

2012 年位于中国百强村第一位的江苏省江阴市华士镇大华西村的中心村，实现销售收入 500 多亿元，实施的社区生计保障项目就不同于政府保障。该村设置的生计保障项目包括：①住房保障。村里为每家农户提供 400 平方米的别墅。②就业保障。村里 70 多家企业为村民和外来民工提供 2 万个就业岗位，实现充分就业，且年人均工资收入达 8 万元。③医疗保障。村里为村民每人每年提供 0.8 万元体检费。④社区福利。村里每年为村民人均发放 0.3 万元的生活补贴。⑤股金收益保障。村里每年根据企

① 《华西村村民收入情况调查》，wenku. baidu. com/view/44180719a811443。

业效益确定分红比例（5%～20%），再依据村民各自累计结存的股本数，相应地给予分红奖励，其中20%是以现金形式，其余的80%自动转入本人股份账户滚存下年，经过几十年的发展和积累，村民的资产最少上百万元，最多的上千万元。

案例2－3　湖北省荆州市荆州区拍马村设置的生计保障项目①

2012年位于中国百强村91位的湖北省荆州市荆州区拍马村，工农业产值过10亿元，人均纯收入7500元。村里设置的生活保障项目包括：①就业保障。村内35家企业为村民提供3000个就业岗位，且人均劳动收入达1.4万元。②教育保障。村里每年列支10万元，建立奖学金制度，奖励村内孩子读书。③医疗保障。村里每年列支40万元，开展新农合及团体医疗保险项目，村民住院治病不花一分钱。④养老保障。村里每年列支50多万元，为全村60周岁以上老人发放养老辅助金，人均1500元。

对案例2－2和案例2－3比较发现：华西村和拍马村设置的养老保障项目、医疗保障项目、职业福利项目、教育保障项目、计生免费服务项目、救助项目、残疾人就业培训及帮扶项目、精神福利项目、直接提供生活用品项目，有较大差异。可见，目前我国社区的生计保障体系，不仅在保障项目上，而且在保障水平上，都有一定差异。这是因为每个社区的居民面临的生活需求不一样，而且每个社区的经济水平和集体收入有一定差距，每个社区只能根据本身的具体情况来设置社区生计保障体系，这使我国社区生计保障只能因地制宜地开展，具有地域的相对性和项目设置的灵活性，并由此造成社区生计保障形式的特殊性和保障效果的地区差异性。

---

① 《荆州区拍马村：奋力打造湖北科学发展第一村》，荆州新闻网，http：//www.jznews.com.cn。

六 社区生计保障的补充性

社区生计保障的补充性指社区生计保障是在政府基本社会保障制度安排之外的，以社区为生活保障待遇供给主体的，以服务社区居民为保障对象的，为弥补政府基本生活保障在本社区的不足，根据自身拥有的条件和资源，量力而行地实施的社区化生活保障措施。

社区之所以要发展生计保障体系，其因由主要是：①生活保障的政府供给能力比较有限，但社区居民对生活的需求比较多。如政府为农村老人提供的养老金不能满足农村老人的生活开支，身强力壮的、有劳动能力的农村老人都利用自己的手艺在本地揽活做或开展农业生产，以求自养；有条件的农村社区可以按照自愿原则，将农村中在家庭养老和社会养老上都存在困难的老人集中起来，以企业的形式，建立手工艺品加工、养殖、种植等社区老人自养企业，让老人进行一些力所能及的劳动，创造出一定数量的产品，做到部分或完全依靠自己的劳动所得养活自己。[①] ②一些社区居民，如农村社区的农民工没有纳入政府工伤保险、失业保险范围内；城市社区的无业群体、自由职业群体、学生群体未纳入政府基本社会保障体系内；城乡社区的儿童没有纳入政府社会保障体系内，他们需要补充社会保障制度给予必要的关照，需要社区生计保障体系给予生活保障上弥补。③政府基本社会保障的缺位需要社区提供生计保障。如政府无能力为所有国民提供生活福利保障，这需要社区为其居民提供生活福利；如政府无法安排所有劳动力就业，这需要社区安排本区劳动力就业等。

作为国家的补充社会保障形式，社区生计保障实施的生活保障项目，有的项目属于救助型生活保障项目、有的项目属于查漏补缺型生活保障项目、有的项目属于增进福利型生活保障项目。它与政府主导的基本社会保

---

① 马亚静：《企业式自我养老：农村社会保障的补充形式》，《开放导报》2006 年第 6 期。

障制度一起，共同构成国家生活保障体系，是现代社会保障体系的一个组成部分，能在国家社会保障体系中发挥特殊功能，具体表现在：①为尚未被政府基本社会保障覆盖的人群提供化解生活风险的途径。②对政府基本社会保障之外的生活保障项目进行有效补充，一般是政府社会保障越是不足，社区生计保障就越发达，当然这是以社区财力和其他资源的丰裕度为前置条件的。作为补充生活保障，农村相对城市而言，政府社会保障项目比较少、统筹级别比较低①、保障水平不高，所以，农村社区生计保障比城市社区生计保障措施多、保障项目比较全、保障待遇比较高。③提高了社区居民的生活水准，增进了社区居民的生活福利。④扩大了社区居民的身份价值与社会声誉，留住了优质劳动力，吸引了优秀人才，提升了社区劳动群体的谋生能力以及市场竞争力。

但不管怎么说，社区生计保障在国家社会保障体系里，只能是次要角色，因为，①政府管理社会，社区只是政府的管理对象；②政府拥有制定政策和法规的权力，社区只能制定村规民约；③政府拥有征收社会保障税费的权力和雄厚的财力，社区只能通过发展社区经济和组织生活捐赠才能筹集生计保障资源。从逻辑上判断，政府社会保障应该是国民生活保障的主流力量、基本制度、主要作用；社区生计保障只能是暗流力量、辅助制度、次要作用。因而，补充的生计保障只是国民生活保障体系的次要角色。虽然在政府财力有限时代，社区主体发挥了强大的生活保障作用，但是，从长远角度和普惠能力来看，政府的生活保障作用是主要的。

七　基本结论

从不同维度分析，社区生计保障有不同特性。从其特性出发，社区生计保障业务有不同实践规范；从业务本质看，社区生计保障具有生活性，

---

① 就目前我国社会保障体系而言，农村社会保障实行以县为单位进行统筹，城镇社会保障实行以省为单位进行统筹。

这要求社区必须围绕居民的生活诉求开展生计保障事业；从保障责任分析，社区生计保障具有权利与义务的非对等性，这要求社区承担居民生活保障的全部责任；从保障目的看，社区生计保障具有克险性，这要求社区建立抵抗风险的经济体系；从保障性能看，社区生计保障具有根基性，这要求社区从巩固社区根基角度发展生计保障事业；从保障制度设计看，社区生计保障具有本土性，这决定社区只能因地制宜地设计适合本社区实际情况的生计保障项目和保障水平；从保障地位看，社区生计保障具有补充性，这决定社区生计保障在国家的国民生活保障体系中只是次要角色，不可能替代政府保障的作用，只能在政府基本社会保障基础上对其居民生活保障进行改进。

社区生计保障的特质是开展生计保障业务的指示灯，只有遵循其特性，社区才能保证生计保障事业收到事半功倍之效；只有精准把握其特质，并以此为据，建构能满足本社区居民生活需要的生活保障体系，且持续地、健康地、有效地开展生计保障事业，才能使居民过上更美好、更幸福的生活。

第三章　社区生计保障的历史维度

生计保障是人类生活的前提，人类出现的时代和人类生存的地方，便有生计。生计保障具有原初性和恒存性，与人类历史共始终。美国未来学家托夫勒在《第三次世界浪潮》中将人类社会分成园艺社会、农业社会、工业社会、信息社会等四个阶段，我们将社区生计保障的发展历程分成园艺社会的部族社区生计保障、农业社会的宗族社区生计保障、工业社会的业缘社区生计保障、信息社会的厚生社区生计保障等四个发展形态。① 并利用本章篇幅，介绍不同历史阶段的社区生计保障的发展情况。人类在不同社会历史形态中建构了不同模式的社区生计保障，并对其进行了理论反思。

一　园艺社会的部族社区生计保障

园艺社会属远古时代，是人类的蛮荒阶段。原始人群的部落都生活在火山、洪水、野兽肆虐的环境里。谋生是第一要务，谁能为大家带来更多

---

① 本章之所以按照托夫勒对人类社会历史形态的划分方法，将人类社会的社区生计保障模式分成远古的园艺社会社区生计保障形态、古代的农业社会社区生计保障形态、近现代的工业社会社区生计保障形态、当代的信息社会社区生计保障形态，是因为生计保障是以谋生能力为条件的，而社区劳动者的谋生能力取决于不同时代和不同社会发展形态的生产力发展水平。相对而言，托夫勒划分社会发展形态的生产力特征较为突出。故而本章借用托夫勒的社会发展形态划分方法确定社区生计保障的历史分期。

野生食物，谁就可能担任部落首领；谁与人群分开就是死路，只有合群才有活路。这个时期，人类的食物非常短缺，唯有公平分配，才能保证族人生存下来。原始部落是纯粹的生活共同体，部落一切集体行动都是为了生活。为了生活而迁徙；为了生活而与别的部落战斗；为了生活而祈求和祭祀。生活是原始人群的全部和发展前提。

（一）远古时代部族社区的形成

1.原始部族社区源于原始人的群居生活

原始人选择群居，理由有三。一是人类从猿进化而来，猩猩、大猩猩、黑猩猩等巨猿天生就是群居动物，猿人继承了这种生活方式。二是人类繁育后代的乳育期较长，母子需要他人照顾，她们不会离开成年人，易结成生活群体。三是人人具有求生本能，人体结构和质能比不过大型食肉动物，只能用群体方式才能在弱肉强食的自然环境里生存，才能保障生命安全。"最初的社区可能是为防御外界天敌的侵犯而形成的。归属的互补意义也促使社区的形成"。[①]

原始部落存于距今几万年到8000年之间。这段时期，人类只能靠狩猎、捕鱼、采集野果为生。食物只能在一定季节和一定地域找到，为了维生，人类祖先分散居住，迁徙不定，当原来的住区没有食物可采、没有野兽可猎、没有鱼可捕，他们就要迁徙到另一个食物丰富的地方。原始人群的这种因"逐水草而居"、不断迁徙而形成的生活住区是最初的农村社区，被农村社会学家称为泛群社区或游群社区。根据生产力的发达程度，我们将其称为旧石器时代的流动性农村社区。这个阶段的农村社区，以氏族为单位，以捡来的石头、棍棒为劳动工具，食物得不到保障，生活水平很低。

2.原始农业促使人类祖先定居生活

1万年前，渔猎和游牧被农业取代，渔民、猎人和牧民定居下来，并

---

① 弗里特·M.罗吉斯、拉伯尔·J.伯德格：《乡村社会变迁》，浙江人民出版社，1988，第162页。

被固定的住所联结在一起，形成村落。定居生活的主要力量是原始农业。原始农业是原始人用简单工具和方法种植粮食作物和饲养动物的生产行为，以动植物的驯化为先决条件。在长期的采集过程中，原始人认识野生植物的生长成熟周期规律，进入野生植物收割生活时期。后来开始将这些野生植物移栽于住区附近，培育成粮食作物。驯化植物的种植行为与将捕获的没有吃掉的野生动物驯化家养行为，一起建构了原始农业。野生植物收割和原始农业具有定居生产的特点，促使原始人群选择定居生活方式。因为植物是在特定地理环境和固定地区生长成熟的，原始人须在收割植物区生活下来，才能按时收割成熟庄稼，由此形成收割社区。

收割者的聚落一般比采猎者的住区大，是游群社区的发展。我们把从游群社区演化而来的、在固定地域从事农作物种植和动物养殖的原始生活群体称为收割社区或农业社区。由于1万年前的石器是简单的初加工石器，属新石器早期时代，原始的畜牧业和刀耕火种的农业还不能满足原始先民对生活资料消费的需要，原始先民还有迁徙的可能。所以，这个时期的社区属于半永久性的村落式的社区。这种社区早在1万年前的古埃及就有。

3. 定居生活催生原始部族社区要素

大约6000年前，人类进入母系氏族公社。人类学会制造精致的石器，且使用金属工具，发明犁，属新石器时代晚期。新石器和金属工具使农业生产专门化，加剧人类社会劳动大分工，农业和畜牧业分离。在农业发展基础上，历史上出现真正的人类群体聚落——以农业生产为主的永久性居民点，人类真正的定居生活从此开始。随着农业聚落的形成，人类进入具有相对完整性的"农"和"村"的社区生活时代。

这个时期，首先建造永久性住房。发明防侵袭的半洞穴式泥草房、干栏式木房。其次修建圈养家畜的栅栏、贮藏谷物的仓房以及祭祀房等。最后修建集会、娱乐场所。生活设施的建设为农村社区的基本形成奠定物质基础。原始先民在农业生产和居住生活区域，从事农业生产、婚姻生活、社交、原始宗教活动、日常生活、娱乐集会活动，日复一日，创造了族群文化。当这些要素组合起来，形成稳定结构，就意味着原始农耕生活共同体的诞生。

（二）园艺社会的部族社区生计保障

由于园艺社会是由若干原始部落组成的社会，加上考古资料所限，我们不可能对每个原始部落的生计情况一一介绍，只能借助已有的考古发现提供的资料，以长江流域的河姆渡古东夷部族和黄河流域的西安半坡古华夏部族为例，描画勾勒远古时代部族社区的生计保障情况。

1. 河姆渡古东夷部族社区的生计保障

河姆渡氏族部落属于古东夷部族，其活动范围，分布于宁绍平原，南抵象山港，包括舟山群岛、杭州湾以北的区域；其生活年代距今大约7000年，[①] 大致处于公元前5000年至公元前3300年，是新石器时代母系氏族公社时期的氏族部落。其居住地已形成大小各异的村落。河姆渡氏族部落的各个村落分散在长江下游地区。该地区河湖泥沙沉积，土壤肥沃，降水多，气温高，水源丰富，为原始农业的产生提供了良好的自然条件。河姆渡氏族部落生活的地理空间属常绿阔叶林和亚热带落叶阔叶林带，森林里有水鹿、野猪、牛等动物。密布如织的沼泽，为水生动植物提供了良好的生活环境，也为发展渔猎、饲养提供了必要的条件。

河姆渡古东夷部族社区的生计体系由如下要素构成。第一，食物。古东夷部族的食物主要有稻谷、橡子、菱角、桃子、酸枣、葫芦、薏仁米、菌米与藻类食物；鱼、鹿肉、猪肉、狗肉、牛肉；酒等。其食物来源，一是发展耜耕农业，用兽骨制作的耒耜，人工栽培稻谷，增强部族的食物供给能力；二是用鱼镖、镞等渔猎工具，捕鱼打猎，并饲养猪和狗等家畜，驯养水牛；三是用发明的舟楫木桨采集菱角、葫芦、藻类食物，到森林里采集桃子、酸枣等野生食物；四是以陶器和木器为造酒工具，以稻谷为造酒材料生产饮用酒。第二，衣着。古东夷部族的衣着主要是兽皮衣服、麻布衣服。衣服来源途径，一是用锥、匕、锯等工具制作鹿、猪、狗、牛等

[①] 叶树望：《河姆渡文化创造者的族属探讨》，《史前研究》（辑刊），2000，第359～365页。

兽皮衣服；二是发展纺织业，制作各种纺织工具以及织布机，发明编结纺织技术，制作麻布衣服。第三，住房。其住房是干栏式建筑。这是栽桩架板高于地面的木材建筑，通风凉快，可防潮、防大雨泛滥、防蚊虫和蒸气，房屋地面可饲养家畜。第四，出行。为了采集、捕猎，获取野生食物，古东夷部族披荆斩棘，开辟陆地通行小径；发明舟楫木桨在水域上出行。第五，生活用品。古东夷部族的手工业较发达，制陶业、纺织业、骨器制作、竹木器加工都较进步。据媒体资料，古东夷部族的生活用器以手制陶器为主，器型有釜、罐、杯、盘、钵、盆、缸、盂、灶、器盖、支座等；生产工具有砍伐树木和加工木构件的斧、锛、凿等；稻谷加工工具有砺石、马鞍形石块、石球等谷物和硬壳果实的脱壳工具；纺织工具有木（陶）纺轮、齿状器、木机刀、卷布棍、圆木棒、尖头小棒、木（骨）匕、织布机等。第六，饮水。古东夷部族已掌握挖井取水技术，据考古发现，古东夷部族社区内的水井，构筑于直径约6米的锅形水坑底部，用边长2米的四排木桩围成一个方形井壁，再在井口套上一个方木框作为围护。水坑四周还设有圆形栅栏，作护岸之用。水井的出现提高了氏族部落的生活质量。第七，精神生活。考古发现，古东夷部族会制造骨哨、竹哨、陶埙等乐器，显示该部族开始追求精神生活。只有建构了社区生计体系，部族才能繁衍发展。

2. 西安半坡古华夏部族社区的生计保障

西安半坡氏族部落属古华夏部族社区，是新石器时代晚期黄河流域母系氏族部落原始居民的原始农耕社区，是一个典型的母系氏族公社村落遗址，面积约5万平方米，分居住区、制陶区和墓葬区3个部分。中间用一条深宽各六米的深沟隔开，属防卫性设施。中心有大屋，是古华夏部族聚会和宗教活动的场所，大屋周围有许多小房子，可供两个以上母系大家族居住。根据居住面积和拥有的房子推算，以当时两个氏族算，每个氏族约200多人，西安半坡古华夏部族应有400多人。这在母系氏族社会算是大集体。其生活年代距今大约6000年，大致处于公元前4000年至公元前2500年。西安半坡古华夏部族所在地理位置是渭水流域的西安半坡村，东依白鹿原与终南山，可常年进山打猎；北边是开阔的平原地带，适合于发展农业；渭河之水流经这里，为古华夏部族提供了大量的水产资源和绝佳的捕鱼场所。经过考古专家测定和实物分析，西安半坡古华夏部族所处的地理环境，在当时属亚热带气候，气候温暖而湿润，终年绿树葱茏，为其部族提供了优越的生活环境。

西安半坡古华夏部族社区的生计体系由如下要素构成。第一，食物。古华夏部族的食物主要有粟谷、蔬菜、榛子、栗子、松子、猪肉、狗肉、鱼、鹿肉等。其食物来源，一是发展"刀耕火种"农业，用石斧、石器砍树、除草，用石铲翻地，用石锄和尖木棒挖穴种粟；用石镰或陶镰收割庄稼，窖藏粮食；用石磨盘、石磨棒脱皮碾碎粟谷。二是野外采集植物果实，用自己发明的鱼叉、鱼钩、渔网捕鱼和螺蛳。三是饲养猪、狗等家畜，种植粟类粮食和蔬菜。第二，衣着。古华夏部族的衣着主要是兽皮衣服、麻料衣服。其衣服来源，一是用骨针、纺轮等纺织具制作兽皮衣服；二是发明纺织技术，学会纺线、织布、制衣，采集纤维性植物制作麻料衣着。第三，住房。古华夏部族修建了地穴式住房，住区建有地窖、灶坑，住区中间有保存火种、吃"大锅饭"的地方。地穴式住房反映了古华夏部族由穴居生活走向地面生活的发展过程。第四，出行。为采集、捕猎，获取野生食物，古华夏部族披荆斩棘，开辟陆地通行小径。另外，古华夏部族发明阻隔入侵和抵御灾害的大围沟，沟宽 7~8 米，深 5~6 米，底径 1~3 米，全长 300 多米。这是古华夏部族的防御工事，遇到野兽袭击或外族侵袭时，大围沟便成了第一道防护的屏障，大围沟让半坡人有了远离外部危险世界的安全感。第五，生活用品。古华夏部族制陶业、纺织业、骨器制作比较发达，生产工具、生活用具主要有石箭、骨箭、箭弓、石斧、石铲、石刀、刮削器、敲砸器、箭头、磨盘、纺纶、骨锥、骨刀、骨针、鱼钩、鱼叉、陶钵、陶盆、陶碗、陶罐、陶甑、尖底瓶等。古华夏部族发明用陶甑做饭，在当时很先进。第六，饮水。古华夏部族发明尖底瓶，并用其沉入河里汲水，保障族民的饮用水供给。第七，精神生活。考古发现，古华夏部族会制造乐器陶埙，闲时吹埙，晚间围绕篝火唱歌跳舞，半坡人有自己的精神生活。

正是建立起了满足生活需要的生计体系，古华夏部族才能在半坡修建一个 5 万平方米的、供 400 多人一起生活的农耕生活聚居地。该遗址已具备构成社区的基本要素，是一个典型的氏族部落社区。

（三）园艺社会部族社区生计保障的理论映射

距今六七千年的远古时代是新石器时代母系氏族公社时期，是原始农业兴起的时代。此时期，原始人由始祖母所生的若干代近亲构成紧密团结的血缘集团，并沿江河湖沼经营定居生活，逐渐形成母系氏族聚落。可以说，远古时代的社区是人类新石器时代的部族社区、是人类母系氏族时代的部族社区、是人类园艺社会的部族社区。浙江余姚河姆渡古东夷部族社区和陕西西安半坡古华夏部族社区是其典型代表。

母系氏族公社时期是人类建设生计保障体系的初创期。此时期，人类开始步入依靠自身智慧和力量，发明创造生产工具和生活工具，并利用自然条件，为自己生产生活资料的历史长河。因为在旧石器时代甚至在母系氏族初期，"尝无君矣，其民聚生群处"，"无衣服、履带、宫室、畜积之便；无器械、舟车、城郭、险阻之备"。① 任何氏族部落必须在建构部族生计保障上开荒斩草，开创社区生计保障新局面，才有生存和发展的可能。这就是母系氏族部族社区生计保障的初创性。其最突出的表现就是在提供生活资料之前，必须先制造生产工具和生活工具；同时驯化了动物，有了家畜；种植作物，有了农作物。不管是 7000 年前的河姆渡古东夷部族社区还是 6000 年前的半坡古华夏部族社区，都是如此。两个原始部族社区都根据所处自然环境和生活环境创制了实用性生产工具和生活工具，为获取部族社区居民生活所需的生活资料，创造了必要条件。

园艺社会的氏族部族使用的工具是石器工具，生产工具都比较落后，农业耕作水平很低，部族克服自然环境的能力有限。所以，母系氏族的部

---

① 《吕氏春秋·恃君览》。

族社区的生计保障体系属于环境适应型生活保障。河姆渡古东夷部族处于长江流域，气候潮湿，为了防潮，建造木构干栏式住房，其社区居民种植水稻，饲养猪、狗、水牛等家畜。半坡古华夏部族处于黄河流域，气候干旱，所以使用半地穴式住房，其社区居民种植粟谷，饲养猪、狗等家畜。代代相传的原始部族社区的生存逻辑，使母系氏族部落社区的智者形成了必须深深根植于社区所处的自然环境才能获取保证族民生存下去的衣食住行用等生活资料的朴素生计思想。

从分配上来看，远古时代部族社区已经有平均分配思想。因为他们已经实行了生活资料平均分配制度。虽然在氏族部落内，劳动有分工、贡献有差异、成员地位开始分化，但是由于生产力不发达，劳动收获不多，食物非常稀缺，族民最需要的是食物，食物分配不均是引发矛盾与冲突的导火索。因而，母系氏族部族对捕获和采集的野生食物、对生产出来的粮食，人人有份，不分男女老少，一律平均分配，平等消费。西安半坡遗址中间修建的供部族成员吃"大锅饭"的排灶，就是明证。说明平均分配食物是远古时代部族社区的一种社会存在。在生活资源稀缺状况下，生活资料供给量严重不足，只有最大化地平均分配获得的生活食物，才能实现社区生活福利的最大化。同时，只有最大化地平均分配生活食物，才能保证每位部族成员活下来，保证部族社区人丁兴旺，不断壮大部族社区势力。这是远古时代母系氏族社会朴素的社区生计保障逻辑。

从文化反映看，远古时代的母系氏族部落社区用文化表达对生计保障的愿望。新石器时代的母系氏族部族社区基本建立起衣食住行用等生活资料供给体系，这是远古部族社区延续和发展的生活前提。建立社区生计保障体系就是筑牢社区发展的生活根基。这个人类社会形态里的社区生计保障体系为原始部族成员提供了生命营养，保证了社区族民的身体健壮，是原始部族抵御外敌、打击猛兽的支撑条件。为了稳定地、持续地获取衣食住行用等生活资料，远古时代的母系氏族部族社区发明和创造了具有历史社会形态特色的生产工具、生活工具。这些生产工具和生活工具都有绘画、歌舞、宗教信仰等文化符号。可见，远古时代的母系氏族部族社区生计保障体系催生了陶艺绘画、歌舞、宗教信仰等原始部族文化。这些原始部族文化，表面看来，超越了原始部族社区的真实生活，其实都是原始部族社区生活的朴素的真实反映。用文化表现生活，用文化表达对生计保障的愿望，是中国远古时代族民的生存智慧。

园艺社会的母系氏族部族深植于自然环境获取生活资料、最大化地平均分配生活资料、用文化表达生计追求等朴素的社区生计保障思想，是原始部族社区得以延续和发展的精神力量。今天看来，母系氏族部族社区的朴素生计保障思想支撑了母系氏族部族社区的运行、支撑着母系氏族部族社区的生存与发展，其支持功能和发展意义远超过我们的想象。

二　农业社会的宗族社区生计保障

在中国，母系氏族进入父系氏族之后，原始部族逐渐演变为国家之下的宗族组织。《尔雅·释亲》说"父之党为宗族"，即以父系为轴心集聚起来的群体就是宗族。汉班固《白虎通·宗教》："族者何也？族者凑也，聚也，谓恩爱相流凑也。上凑高祖，下至玄孙，一家有吉，百家聚之，合而为亲，生相亲爱死相哀痛，有会聚之道，故谓之族。"宗族就是同一男性祖先的后代，为了生存和安全，世代居住在特定地域空间的血缘群体。在中国古代农业社会，多数情况下，一个聚落社区多由单姓宗族构成，故有今天中国北方农村的高家庄、赵家庄、李家庄之称，南方农村刘家坪、汪家峪、高家塔之称。一个宗族也包括若干家族，各地宗族在不同时代其拥有的族民有多有少，少则百余人，多则成千上万人。古代农业社会的生产组织形式是以有血缘关系的宗族为生活群体、以家庭为基本的生产单元。宗族之于中国，不仅是社会运行的基础，更是社区运行的主体依据和社区维系的主要力量。

（一）中国古代农业社会的宗族社区

宗族是从母系氏族演化而来的。宗族形成于姓氏出现的时代。由于各地族民获姓时代不同，各地宗族成型时代也不同。如中国的谷氏宗族是从上古时代的少皞①部落演化而来，赋姓时间大致在公元前860年左右。谷氏得姓前世系谱如下：少皞—女修—大业—伯益—大康—费昌—中衍—中儒—蜚廉—恶来—恶来革—女防—旁皋—太几—大骆—秦非子—后裔姓谷。② 据谷氏得姓前世系谱可知，谷姓后人乃秦非子后裔。秦非子，其生年不详，卒于公元前858年，嬴姓，周朝诸侯国秦国开国君主，西周犬丘人氏，在位于公元前900年至公元前858年。秦非子善养马，得周孝王赏识，因其常年在汧水、渭水之间为周孝王养马，受封于秦谷，其后裔便以封邑为姓氏。然而，嬴姓形成于舜帝时期，其得姓前世系：颛顼—女修—大业—伯益。《史记》载，伯益"佐舜调驯鸟兽，鸟兽多驯服，舜赐姓嬴氏"。据舜生于公元前2277年，卒于公元前2178年判断，嬴姓赋姓时间肯定在公元前2178年之前。可见，嬴姓不仅是谷姓的祖先，而且嬴姓宗族形成时间比谷姓宗族要早1300多年。

从这个时间算，中国古代宗族社区形成时间可以追溯到公元前2178年左右。但是中国古代宗族社区的发展得益于周朝制定的宗族制度以及由此渊演而成的宗族文化。宗法制度是在血亲意识和长期定期定居生活的共同作用下产生的。宗法制度是周朝制定的用血统远近确定族群成员亲疏的行为规制，嫡长子继承制是其关键法则。自"父子相承"制代替"兄终弟及"制的殷商后期以降，"废嫡而更立诸弟子，弟子或争相代立"，造成了"比九世乱""诸侯莫朝"的局面。③ 所以，周朝规定"传嫡不传庶，传长不传贤"的宗法制度。这就使弟统于兄，小宗统于大宗。在宗法制度下，"天子建国，诸侯立家，卿置侧室，大夫有贰宗，士有隶子弟"，④ 形成系统而完整的宗法制度。这一制度依靠自然形成的血缘亲疏

---

① 少皞是远古五帝之一，是中国天文、历法的发明人，是远古时代华夏部落联盟首领，同时也是早期东夷族的首领，定都于今山东省莒县，后迁都于今山东省曲阜市。

② 武陵谷姓白族志编纂委员会：《武陵谷姓白族志》，2001。

③ 《史记·殷本纪》。

④ 《左传》。

关系以划定贵族的等级地位，从而防止贵族间对于权位和财产的争夺。在宗法制度下，从始祖的嫡长子开始传宗继统，并且世代均由嫡长子承继。从宗法系统看，周天子是地位最高的宗子。[①] 周初，宗法制首先在周天子和诸侯间实施，以后逐渐及于中、小贵族，以至士与庶民之间，具有了普遍性质。宗族制度经历了周代的宗法制阶段、春秋时期的离析阶段、汉代至唐中叶的士族和世族阶段、五代十国时期的衰落阶段。北宋出现宗族制度和组织模式，包括祠堂、族田、祭祀、家法、礼法、族长等。宋后，历代政府对宗族采取宽容政策，明清两代民间宗族形成以祠堂、族产、祭祀、族规家法与礼法、族长、家谱乃至辈分派语为标志的组织化的模式。在宗法制度的作用下，由同祖同宗的小家庭组合成的大家族，聚族而居，[②] 形成以姓氏命名的、由族长维系和协调族内成员关系的宗族社区。族长在家族社区处于核心地位，起着凝聚家族社区的作用，是国家统治者仰仗和利用的民间力量。

从社会性质看，中国古代社会其实就是一个由无数个宗族社区组成的宗族社会。中国古代的宗族社区与远古母系氏族部族社区相比，除了有衣食住行用等生活资料供给体系之外，还有祠堂、族产、族谱、族规、宗族组织等构成要素。这些要素是决定宗族社区演延不断的内质。①祠堂。古时被称为祠庙、祠室。祠堂供奉本族的祖宗牌位，四时祭祀，同时祠堂也是宗族公议与处理事务的场所。按《礼记》规定，只有帝王、诸侯、大夫才能自设宗庙祭祖，平民百姓祭祖先不能设庙，而只能在自己家里祭祀，这种制度一直沿袭到宋朝。②族产。大多数宗族社区都有一定数量的公产，用以赡贫睦族。在宗族的各类公产中，族田是最重要的一种。

---

① 在一般情况下，周天子以嫡长子继统，众庶子封为诸侯，历代的周天子为大宗，这些诸侯就是小宗。诸侯亦以嫡长子继位，众庶子封为大夫，这些大夫为小宗，而诸侯则为其大宗。大夫也以嫡长子继位，为大宗；众庶子为士，即小宗。可见，大宗和小宗的区别与贵族等级里的层层封建是完全合拍的。

② 《汉书·至砖都传》记载"济南娴氏，宗人三百余家"；《梁书·沈璃传》说"余姚县大姓虞氏千余家"。

宗族设义庄，专门负责族田的管理和租息的分配。③族谱。族谱具有敦宗睦族、凝聚血亲、尊尊亲亲等功能。一部完整的族谱，通常包括：谱名、谱序、凡例、姓氏源流、世系考、世系表、人物传记、祠堂、坟茔、家规家训、恩荣录、像赞、艺文、纂修人名、领谱字号等。早在周朝就有族谱，但多为官修；隋唐五代后，修谱之风从官方流行于民间；宋以后，民修族谱才普遍繁盛；元、明、清三代，是中国家谱的日渐成熟期，尤其是清代，修谱成了宗族生活中最重要、最隆重的活动之一。④族规。它是宗族的标识，汉晋时期，世族、士族订族规家法，约束族人和乡人；南北朝时期，乱世中的士大夫热衷于撰写家训、家规；唐代，居家重族规。⑤宗族组织。每个宗族聚落都要设族长，亦称宗长，通常由族内辈分高、年长且有权势的成员担任。族长总管全族事务，是族人共同行为规范、宗规族约的主持人和监督人。协助族长工作的还有房长和柱首，房长按血缘关系由该房辈分最高、年龄最大者担任。柱首，是处理一族内日常事务的人，如收租、筹办祭祀活动等。族长对内管理家族内部事务，对外与官府和他族进行交涉。族人在族长率领下严格遵守族规，使各种祭祀活动、宗族聚会、宗族生产、宗族救助等经常而有规律地进行。

（二）农业社会的宗族社区生计保障

从年代上算，中国古代农业社会的宗族社区也是跨越社会形态最多的社区类型，从原始社会的父系氏族社会经过奴隶社会到半殖民地半封建社会，历时4000多年。在如此之长的时间跨度里，生产工具种类不断增多，材质日益优质，功能更为强大，使中国古代宗族社区居民的谋生能力不断提高，宗族社区的生计保障体系日益发达。相比远古部族社区而言，古代宗族社区的生计保障体系，不仅衣食住行用等生活资料的供给能力不断得到提升，更突出的特点是宗族社区慈善群体的崛起和宗族社区生活救助体系的兴起。可以说，供给生活资料的小农经济模式、宗族社区的慈善救助是中国古代宗族社区生计保障的两大途径。

1. 宗族社区的小农经济生计保障途径

中国古代宗族社区的生活资料供给能力得到提升，完全得益于宗族社区的小农经济模式。小农经济相对于近现代社会的商品经济来说，是非常落后的，但是，相较于远古部族社区的刀耕火种的生产模式，是质的进步。所谓小农经济就是以家族或家庭为生产单位，在小土地分散式经营中，通过男耕女织的生产方式，形成的一种自给自足的经济形态和特定的生产与生活模式。[①] 小农经济具有如下谋生特征。第一，小农经济有别于远古母系氏族部落的集体捕猎和食物生产，不是集体营生模式，而是以社区里的家族或家庭为营生主体，以家族或家庭为生产单位，力图实现家族或家庭内部的丰衣足食。第二，小农经济是以粮食种植为重的社区谋生模式。古人云，"民之大命，谷米也"。[②] 在宗族社区的谋生体系中，粮食种植最重要，它是宗族社区内的家庭或家族成员生存必不可少的生活资料。故宗族社区视粮食种植为本业、正业、主业，将其产品称为主食；蔬菜、果树栽培和家畜饲养，既是人类杂食的需要，更能在粮食种植受天气和气候影响而歉收甚至绝收时，作为临时充饥之用，即能弥补粮食生产的不足，故称为副业，其产品亦称副食。正是如此，中国古代社会所讲的农业就是一个很具象的概念，专指粮食种植。粮食种植具有决定性的生计保障功能。正如《曾巩集》卷26《劝农诏》所言，"夫农，衣食之所由出也。生民之业，莫重焉。一夫之力，所耕百亩，养生送死"。因此，"衣食者，民之本；稼穑者，民之务也"，[③] 二者修，则民安。第三，小农经济是依赖土地保障生活的社区谋生模式。正如《李觏集》卷19《平土书》所说，"土地，本也；耕获，末也。无地而责之种，犹徒手而使战也"。宗族社区的家庭都把土地当作一种安身立命的本钱，视耕地为自己的生命，都全身心地耕耘好自己的土地，终年服事于土地，不敢有丝毫怠慢。正如

---

① 朱筱新：《论中国古代小农经济的形成及特点》，《北京教育学院学报》2003 年第 4 期。
② 《李觏集》卷 16《富国策第二》。
③ 《盐铁论》：《力耕第二》。

司马光所言，"农夫寒耕热耘，沾体涂足，戴星而作，戴星而息"。① 但是，即便如此，在古代社会，宗族社区总有家庭还会出现"衣不遮体、食不果腹"的情况。在没有其他生计的情况下，社区家庭只能寄希望于土地。

古代宗族社区以小农经济模式为生计支撑，既取决于古代的优良的地理环境，也取决于古代宗法制度，更是统治者农本思想使然。

中国古代地理环境为粮食种植提供了良好的自然条件。在原始人群生活的时代，中国处于气候温暖湿润、森林草原地貌的自然环境中，沿袭着灵长类动物杂食习性的原始人群，便通过采集和狩猎劳动获取生存所必需的食物，而这种自然环境，使采集劳动更容易获取食物和野生的粟、黍、稻等植物种子，能满足人们充饥的需要。因此，随着磨制技术在工具制作中的应用，我国在距今 7000 余年前的新石器时代早期，原始人类就已从采集劳动演进为原始种植生产。②

中国古代宗法制度为小农经济的产生和发展提供社会环境。古代宗法制度对村落社区的家庭施以规制压力，要求"兄弟析烟，亦不迁徙，祖宗庐墓永以为依"；③ 族内"房屋、田地、池塘，不许分析及变卖。有故违者，声大义攻之，摈斥不许入祠堂"。④ 凡聚族而居，多世同堂，世代不分籍的家族，常被称为"义门"。⑤ 宗法制度维护着宗族利益，对外具有高度的一致性，绝不允许外族介入或插手本族的事务。为了保护宗族利益，人们在本家族田宅家业的外围树立明显的界标，以示外人不得介入，甚至筑篱、挖壕、修城，操练家兵，用以维护宗族的整体性。从这个意义上讲，宗法制的作用是将族属们世代束缚和限制在祖宗遗留的田产家业上，宗子之间既互济互助，又互相制约。宗主等少数成员支配宗族内部事

---

① 《司马光奏议》卷三《乞省览农民封事札子》。
② 朱筱新：《论中国古代小农经济的形成及特点》，《北京教育学院学报》2003 年第 4 期。
③ 嘉靖松江府志。
④ 庞尚鹏：《庞氏家训》，上海古籍出版社，1986。
⑤ 顾炎武：《日知录》，中华书局，1986。

务和代表宗族与外界交往。宗族经济，是以同一族属的各个家庭为基础的组合式经济，是将本族所属成员进行内部分工，使之从事不同的劳动，以取得生存所需要的基本的生活及生产资料，实现整个宗族的自给自足。这是小农经济的一种特殊的表现形式，它与独立家庭式的小农经济并无本质上的区别。正是在宗法制的作用下，形成了中国古代聚族而居的社会格局；出现了以家族及家庭为单位的小土地分散式经营，进而形成小农经济，抵御破产风险，维护宗族利益。①

农本思想是促使古代中国宗族社区发展小农经济的政治措施。战国时期的《商君书》说"民之生，度而取长，称而取重，权而索利。明君慎观二者，则国治可立，而民能可得"，"故圣人之治也，多禁以止能，任力以穷诈，两者偏用，则境内之民壹。民壹则农，农则朴，朴则安居而恶出"。这种以农为本的思想影响历朝历代统治者。唐代史学家杜佑阐述了农本政治的机理："谷者，人之司命也；地者，谷之所生也；人者，君之所治也。有其谷则国用备，辨其地则人食足，察其人则摇役均。知此三者，谓之治政"。② 杜佑揭示了"君治人，人治地，地生谷，谷安邦"的内在机理。只有将农民与土地紧密结合，才能保证地生谷，"国有备"。

古代统治集团根据农本思想制定出了多种重农政策，将宗族社区的家庭禁锢在土地上，迫使家庭小农经济延续发展。这种以家庭为单位的小土地分散式经营模式，实质是从宗族内部寻找生存的途径，解决村落社区家庭的衣、食等最基本的生活资料，即在一夫一妻组合成的家庭内部，依靠自己的劳动提供自身必需的最低消费。③

小农经济模式之所以能发挥生计保障作用，主要在于它的生产目的。小农经济在宗族社区或在村落社区主要以家庭经营形式运行。家庭在有限

---

① 朱筱新：《论中国古代小农经济的形成及特点》，《北京教育学院学报》2003年第4期。
② 杜佑：《通典》，中华书局，1982。
③ 王红：《试析中国古代小农经济封闭性的原因》，《阴山学刊》（社会科学版）1994年第3期。

的耕地里从事农作物生产，其目的就是为了满足家庭成员的日常生活消费，不是为了赚钱而实行商品生产。从生产目的角度看，小农经济属于产品经济生产模式，不属于商品经济生产模式。第一，以家庭食物消费量确定生产规模。家长根据家庭成员的食物消费量确定种植规模。家庭成员少，食物消费量小，则粮食和蔬菜种植面积就小，家禽家畜养殖数量就少；家庭成员多，食物消费量大，则粮食和蔬菜种植面积就大，家禽家畜养殖数量就多。倘若当年当季生产的农获较多，吃不完，其处理办法有二：一是将剩余物做成干品，以应对灾年或歉收之年的消费；二是以"提篮小卖"方式去赶集，卖出剩余物，以换取"零用钱"。第二，以家庭食物消费需要确定种养结构。不同地理环境的宗族社区家庭都是根据家庭成员的饮食消费需要和饮食习惯，确定种养结构。如武陵山区的农村家庭，在水田种植水稻，在坡地种植小麦、玉米、土豆、红薯等粮食作物；在房前屋后的耕地种植茄子、辣椒、豇豆、四季豆、白菜、青菜、萝卜、丝瓜、苦瓜、香菜等蔬菜作物；在自家地边或房前屋后空处栽种梨子、李子、杏子、橘子、柚子、枇杷、柿子、桃子等水果作物；在自家院子里养鸡、养狗；在房屋旁搭建牛棚养1头牛；在吊脚楼下的猪圈养几头猪，甚或在山坡上放养一群山羊。由此构成宗族社区农家小农生产模式及其种养结构。第三，为了满足穿着盖被需要，宗族社区农家会在添置衣物时，选择合适的地块种植棉花、麻科作物或种桑养蚕，弹棉被、纺纱、缫丝织布，做衣服。"自己动手，丰衣足食"，这就是宗族社区农家的生计策略。

由于古代农业生产能力的提高速度远不及宗族社区人口繁衍速度快、农户无力克服农业生产弱质性问题，因而，古代宗族社区的家庭总有缺衣少食的时候。其应对缺衣少食的策略有二。第一，培养并践行"省吃俭用"的生活习惯。古代宗族社区的农家要求人人做到"饮食有量，衣食有制"，杜绝铺张浪费。对个人家庭，荀子极力强调俭约。他说，"今人之生也，方如蓄鸡狗猪，又蓄牛羊，然而食不敢有酒肉；余刀布，有，然衣不敢有丝帛；约者有箧箧之藏，然行不敢有舆马，是何也？非不欲也，几不长虑顾后，而恐无以继之故也……今夫偷生浅知之属，曾此而不知也，粮食太侈，不顾其后，俄则屈安穷矣"。① 第二，发展手工副业，辅助家用。古代宗族社区家庭奉行"吃饭靠种田，穿衣靠纺线"的耕织模式。早在周代，"宅不种桑麻者罚之，使出一里二十五家之布，民无常业者罚之"。《管子》云："一农不耕，民或为之饥；一女不织，民或为之寒。"② 统治者也要求宗族社区家庭，在粮食种植业之外，发展家庭副业、手工业，尽可能广开增收渠道。可见，耕种、手工、副业三结合，是宗族社区家庭弥补生产与生活需求之间的消费缺口、平衡生活消费供需关系的生计策略。

2. 宗族社区的慈善救助生计保障途径

慈善救助对于社区的生活弱势群体和生活困难群体具有特殊的生活保障意义。在中国古代，土地兼并和掠夺现象是比较普遍的；为解决暂时生计困难而卖掉赖以谋生的耕地，陷入"上无片瓦、下无立锥之地"的贫困境地，也是存在的。像这样失去耕地的家庭，必然成为社区的生活困难群体。一些孤独鳏寡之人、身患残疾之人、年老体迈之人、罹患疾病之人等都是社区的生活弱势群体。生活困难群体是失去谋生资本的社区成员，生活弱势群体是失去谋生能力的社区成员，他们是无法通过家庭生产而解决生计困难的生活主体。依靠他人救助是他们生活下去的唯一生计保障途径。

中国古代农业社会宗族社区的慈善救助大致始于春秋末期。一是中国慈善观念最早产生于春秋末期的儒家创始人孔子提出的"以不忍人之心，行不忍人之政"，"老吾老以及人之老，幼吾幼以及人之幼"的思想。二是中国最早的慈善人士是生活在春秋末期的楚国人范蠡。③ 慈善观念和慈善人士的出现是慈善救助的前提。这决定中国古代宗族社区的慈善救助始

---

① 转引自朱筱新《论中国古代小农经济的形成及特点》，《北京教育学院学报》2003 年第 4 期。

② 王红：《试析中国古代小农经济封闭性的原因》，《阴山学刊》（社会科学版）1994 年第 3 期。

③ 范蠡生于公元前 536 年，卒于公元前 448 年，楚国宛地三户邑人。春秋末期政治家、军事家、经济学家和道家学者。曾献策扶助越王勾践复国，后游隐，定居于宋国陶丘，自号"陶朱公"。他在 19 年内三散千金，是"忠以为国；智以保身；商以致富"的身全名成的伟人。

于春秋末期。公元前 468 年，成功扶助越王勾践复国后，范蠡归隐江湖，辗转来到齐国，在定陶海边结庐而居，从事耕作、捕鱼、晒盐，几年内积累起数千万家产。他仗义疏财，施善乡梓。范蠡的贤明能干被齐王赏识，拜为相国。但仅三年，范蠡再次急流勇退，归还相印。又散尽家财，救济贫困老乡。然后，再次迁徙，至宋国陶邑，操计然之术以治产，没出几年，经商积资又成巨富，同样散财相邻。后人将其善举称为"三致千金，三散岂啬"。① 范蠡三散家财，救助乡民的善举感动后贤，成为后世贤达的慈善楷模。在中国古代宗族社会里，慈善观念深入人心，出现了众多慈善人士。比较著名的慈善家有西汉的黄霸，东汉的樊重，南北朝的萧子良、路邕、闫庆胤、李士谦以及隋朝的公孙景和辛公义，北宋的范仲淹，南宋的刘宰，元朝的熊师说和刘泰，明朝的杨东明，清朝的陶澍和林则徐等。宋朝的范仲淹是我国慈善史上里程碑式的慈善家。他"先天下之忧而忧，后天下之乐而乐"。北宋皇祐二年（1050 年），范仲淹在故乡苏州吴县乡里建立了中国最早的家族义庄，捐良田千亩，以田租作为范氏家族义庄资金来源，救济族众，并制定义庄管理章程，使义庄规范运转。义庄的设立使范氏族人深受其益，他们可以从义庄领取粮食以充饥，领取棉布以御寒，免费居住安居房而不致流落街头。族人若急需用钱，可直接向义庄进行低息贷款。庄内还设有义塾，为族人提供免费教育，族人若进城赴考，义庄也为他们提供盘缠。

中国古代农业社会的宗族社区慈善救助的对象一般是宗族社区生活弱势群体和生活贫困的族民和家庭，后来扩大到族外生活弱势群体和生活贫困群体。如明代浦江郑氏宗族社区的宗族慈善救助对象从贫困族民扩展到乡邻里党甚至邻族；清代苏州吴县潘氏宗族社区设立的丰豫义庄，其慈善救济的对象则多为地方贫民，使宗族社区的慈善救助的社会影响越来越大。古代宗族社区慈善救助的项目主要涉及如下四类。一是灾荒救助。在出现天灾人祸的时候，宗族社区倡导人饥己饥、人溺己溺的慈善精神，要

---

① （明）黄道周：《广名将传·卷一·册四》。

求族民患难与共，赈灾恤邻，慷慨救助，共同渡过灾害难关。其手段主要为宗族社区家庭及其族民赈济、平粜、施粥、借贷和"补还积谷"（替族民补交拖欠的租谷）、配备药物等。其中，赈济、施粥和平粜措施更为常见；其次才是补还积谷；借贷手段使用最少。二是贫困救助。其慈善救助内容包括慈幼、振穷、宽疾、丧葬、嫁娶等，大多以发放粮米、衣物、银两等手段进行生活救助。三是学业资助。古代读书人，四体不勤，五谷不分，极少参与家庭生产，导致其生活水平低于农作家庭，需要宗族社区给予生活援助。而古代宗族社会倡导"万般皆下品，唯有读书高"的社会风尚，而且读书人一旦"学而优则仕"，还能光宗耀祖，对宗族也有莫大的荣耀和好处。所以，古代宗族社区崇尚资助族内书生。宗族社区一般利用义庄助学，其方式多种多样，包括设置义塾和学田、建立特困津贴和教育奖励制度等。在大部分宗族义庄里，通常在义田租息中抽取一部分资金资助读书人。利用义庄收入开办的义塾的招生对象一般限定为族中子弟。绝大部分义庄会对族中贫寒子弟求学给予生活特困补助。四是就业救助。族内就业救助，包括习业资助与失业救助两个领域。习业资助包括对族中学习工商等业的子弟提供学艺机会、学费及习业期间的生活费、独立经营的启动经费等；族内失业救助是给予暂时失业的族人以失业救济金，让他及其家庭渡过暂时的生活难关。五是医疗慈善救助。据《后汉书》卷四十一《钟离意传》记载，东汉光武帝建武十四年（38 年）发生了大瘟疫，东汉慈善家钟离意亲自为乡民施给医药，救活者甚众。

（三）农业社会的宗族社区生计保障的理论映射

中国古代农业社会的宗族社区生计保障，是一种以宗族组织及其家庭为保障主体的、以小农经济和慈善救助等为保障途径的民间生计保障形式。古代宗族组织是古代社区居民的生活避风港和庇护所，不仅维护着小农经济运行与发展的社会基础，为社区家庭经营小农经济提供必要的帮助，而且还以族产为基础，以公产收入为手段，赈济贫穷族人，关照生活弱势群体和生活困难群体。

中国的一些思想家针对古代农业社会宗族社区的生计保障模式及其运作经验，提出了相应的生计保障思想。

1. 民生保障思想

中国古代就有关于民生保障的思想，虽不成系统、比较分散，承担着维护阶级统治的职能，但也极为可贵。这些思想主要体现在统治者的政策上和思想家的治国理念上。如周文王时采取的惠民、保民之策，"怀保小民，惠鲜鳏寡"；管仲施行"致民""安邦"的社会保障措施；楚庄王即位后改革内政，实行"老有加惠，旅有施舍"等。一些思想家认为治理国家，须先治其民，要达到国家的长治久安，就必须重民、惠民、保民、安民，要解决民众的衣、食、住、行、用、育、乐等生活问题。《周礼·地官司徒》首次提出"慈幼、养老、振穷、恤贫、宽疾、安富"的民生保障要求。《礼记·礼运》提出"人不独亲其亲，不独子其子，使老有所终，壮有所用，幼有所长，矜寡孤独废疾者，皆有所养"的民生保障观点。西汉初年淮南王刘安提出"食者，民之本也。民者，国之本也""为治之本，务在安民""治国有常，而利民为本""安民之本，在于族用"①等民生保障思想。东汉史学家班固在《汉书》中提出"民财内足以养老尽孝，外足以事上共税，下足以蓄妻子极爱"的民生保障思想。民生保障思想一直得到传承和延续，成为古代宗族社区生计保障的思想基础。孙中山的民生主义思想深受农业社会的民生保障思想的影响。在进行资产阶级革命过程中，孙中山一直倡导民生主义思想："民生就是人民的生活——社会的生存、国民的生计、群众的生命便是"。

2. 生活大同思想

中国古代社会的生活大同思想可溯至《诗经》的"时日易丧，予及汝楷亡"的正义观点。春秋末年，奴隶起义领袖跖最早提出"耕而食，织而衣，无有相害之心"②的大同思想。后来不少思想家提出了更为深邃

---

① 《淮南子·主术训》。
② 《庄子·盗跖》。

的生活大同观点。在财产方面，老子主张"生而不有，为而不恃，长而不宰"；① 墨子主张"有财者勉以分人"。② 在劳动方面，墨子主张"使各从事其所能"，"赖其力昔生，不赖其力者不生"；③ 战国思想家许行主张"贤者与民并耕而食，妻汝而治"，④ 要求共同参与劳动。在交往方面，墨子主张"兼相爱，交相利"，"有力者疾以助人"⑤，"兴天下之利，除天下之害，利人即为，不利人即止"⑥，"老而无子者有所得终其寿，连（幼小）独无兄弟者有杂于生气之间，少失其父母者育所被依而长"。⑦ 东汉于吉在所著《太平经》提出"财物乃天地中和所有，以共养人也"，"乃万户之委输，臂当得衣食于是也"，"积财亿万，不肯救穷周急，使人饥寒而死，罪不除也"，主张财产公有，共同享受。东晋陶潜在《桃花源记》中描述了一个大家共同劳动、安居乐业的生活大同世界。明末清初，黄宗羲认为"有生之初，人各自私也，人各自利也，天下有公利而莫或兴之，有公害而莫或除之，有人者出，不以一己之利为利，而使天下受其利，不以一己之害为害，而使天下释其害。此其人之勤劳，必千万于天下之人"。⑧ 农业社会的生活大同思想对近代资产阶级革命家和思想家康有为影响较大，1902 年，康有为写成《大同书》，提倡人人劳动，农、工、商皆归于公，建立一个"至平、至公、至仁"的生活大同社会。

3. 生活互助理念

在古代，宗族社区居民和家庭的谋生能力非常有限，在尚未普及政府保障制度的情况下，社区居民和家庭在生活上实现互助，是非常必要的。中国古代许多思想家都倡导生活互助理念。早在公元前 9 世纪，《国

---

① 《老子》第十章。
② 《墨子·尚贤下》。
③ 《墨子·尚同中》。
④ 《孟子·滕文公上》。
⑤ 《墨子·兼爱上》。
⑥ 《孟子·滕文公上》。
⑦ 《墨子·兼爱下》。
⑧ 《明夷待访录·原君》。

语·齐语》就提出生活互助的思想，即宗族社区的族民应"伍之人祭祀同福，死丧同恤，祸灾共之。人与人相畴，家与家相畴，世同居，少同游"。公元前5世纪的《尚书·皋陶谟》提出"亲睦九族"的互助观念。公元前3世纪的《孟子·滕文公上》认为"死徙无出乡，乡田同井，出入相友，守望相助，疾病相扶持，则百姓亲睦"。西汉时期的《周礼·地官·大司徒》要求"以乡三物教万民，而宾兴之。一曰六德：知、仁、圣、义、忠、和；二曰六行：孝、友、睦、姻、任、恤；三曰六艺：礼、乐、射、御、书、数"。郑玄注对其进行注释，明白地阐述了亲族之间要互帮互助，即"善于父母为孝，善于兄弟为友。睦，亲于九族；姻，亲于外亲；任，信于友道；恤，赈忧贫者"。①《周礼·地官·族师》提出了建构便于实施宗族社区生活互助的单位，即"五家为比，十家为联；五人为伍，十人为联；四闾为族，八闾为联"，然后，"使之相保相受，刑罚庆赏，相及相共，以受邦职，以役国事，以相葬埋"。东汉时期的《太平经》力主宗族社区互助互爱，因为"天道助弱"。因此，宗族社区的"智者当苞养愚者""力强者当养力弱者""后生者当养老者"，清楚明了地表述了生活互助理念。

三　工业社会的业缘社区生计保障

人类进入工业社会之后，其生产组织形式发生了变革，不再以有血缘关系的家族和家庭为生产单元，而是以企业为单元进行社会化生产。以机器的使用和化石能源的消耗为核心的专业化生产占据了社会经济的主导地位。工业革命的兴起和工业生产的高度商品化、市场化使社会流动性增强，彻底改变了按血缘关系建构生活共同体的群体组合机制，业缘关系取代了血缘和地缘关系而成为人类社会关系的主要形式，进入按业缘关系构造社会群体、生产共同体和生活共同体的时代。作为古代农

---

① 《十三经注疏·周礼注疏》。

业社会宗族社区的替代体，工业社会的业缘社区在工业化国家普遍建立起来。

（一）工业社会的业缘社区

业缘社区是由从事共同的，或有关联的行业活动支撑的特定地域里的生活共同体。与宗族社区不同，业缘社区不是与人类社会俱来的，而是在血缘群体和地缘群体基础之上，由人类广泛的社会分工造就的复杂的生活共同体。在人类社会历史上，几次大的分工促进了生产和经济的发展，孕育了业缘关系，催生了业缘社区。从时间界限判断，工业社会的业缘社区，源于18世纪上半叶的工业革命，存续时间是蒸汽机出现之后到20世纪70年代电子信息技术广泛应用之前。至于世界上的每个国家，因其信息技术、网络技术产生并普及的时间并不一致，所以，其业缘社区存续时间就难以确定。从其现状来看，业缘社区是一直存在的社区，不像远古的氏族部落社区只有通过考古才能发现其遗迹；也不像古代的宗族社区正在消失，只能存在于世界上非常落后的远离现代文明的边缘山区和孤寂的海岛。业缘社区延续至发达的信息社会，将与信息社会的公民社区并存。相较宗族社区而言，业缘社区具有特殊的属性。

1.业缘社区是交往业缘化的社区

业缘社区与宗族社区不同，不依靠血缘关系建立生产与生活共同体，而是基于生意合作的理性判断建立社会群体。随着工业革命的兴起和发展，人类从农业社会转变到工业社会；从自然经济转变到商品经济，出现了替代家庭的工厂、农场、企业、公司、生产合作社、行业协会等新型生产主体。这些新型生产主体改变了家庭、家族的血缘交往模式，主要围绕生产需要和各种生产要素、原材料供应商、消费群体、管理部门等经济利益相关者建立稳定的、重复的、持续的交往关系。这些生产主体与家庭、社会单位、事业单位等集聚在特定地域空间，形成业缘社区。随着社会领域分工越来越细、分工程度越来越强，逐渐形成了工业社区、农业社区、贸易社区、教会社区、教育社区、旅游社区等多样化的业缘社区。这些业缘社区都以特殊的行业环境和发展空间为交往平台，凸显社区的业缘特色，形成不同的业缘生活共同体。由于以工业生产和商品经济为交往基础，业缘社区具有不断扩大的张力与发展活力。因而，业缘社区在规模和空间上，远远大于宗族社区。如农村社区的农民合作社以某一产业或某一产品生产为纽带，突破了农村社区传统的地缘和血缘关系，在跨村、跨乡甚至跨县范围内实现同业者的联合，为建立更大范围的社会信任和合作提供了组织载体。[①]

2. 业缘社区是主要由业缘关系构成的社区

在业缘社区里，充满了诸如主众关系、同事关系、主客关系、伙伴关系、师徒关系、雇佣关系、同学关系、生意关系、竞争关系、交换关系、合作关系、利益分享关系、冲突关系、对抗关系、控制关系等各种新型涉业关系。这些关系都是开展行业活动而形成的复杂的利益关系、人际关系，是社区居民处理行业利益的复杂方式。这些业缘关系对社区很重要，不仅构成了社区的支撑体系，还维系着社区的运行。业缘社区的行为习惯就是生活离不开利益交换，理性原则高于情感原则，使业缘社区的人际交往多多少少打上了理性的烙印。在业缘社区，家庭及其居民生活所需的必需品都要通过买卖交换而获得，不能指望亲人、朋友、邻居免费馈赠；亲情和友情等非理性因素在生活领域的影响及其价值大为下降；劳动和生产成为居民和家庭谋生的主要渠道，一定程度上扩大了工作伦理对社区居民的约束力和影响力，也增强了社区居民自力更生的情愫。

3. 业缘社区是居民同质化的社区

由于业缘社区在发展过程中逐渐被专能化，社区居民尤其是社区劳动者都从事共同的或有关联的行业活动，致使社区居民在生活方式、行为模式、心理结构、精神气质等文化方面趋向一致，促使社区居民在文化方面同质化。反过来，社区人口的同质化利于社区文化的形成和发展，为社

---

① 董进才：《新型农村社区治理创新研究——业缘组织与地缘组织协同的视角》，《财经论丛》2014年第11期。

生产和经济获得奠定了特殊的文化基础，有力地推动了社区产业和行业的发展，有利于社区营生体系的建构。因此，业缘社区具有发展居民营生体系，培养社区劳动队伍，增强社区劳动者谋生能力的特殊能量。相比古代宗族社区而言，近代的业缘社区在生计保障建设和效果上有了质的飞跃。可以说，业缘社区的居民生活水平和生活质量得到空前的提升。

4. 业缘社区是民间经济组织发挥作用的社区

近代的工业社会，实际上是一个社会生产力有所发展而没有充分发展的社会发展阶段。在工业社会，公民个人的力量还是有限的，要在商品经济模式下和市场竞争环境里，获得较多的市场份额和经营收入，就必须"抱团取暖"，加入社会群体，或者组建企业、公司、专业合作社等职业群体，才能实现自己的财富梦想。如 20 世纪 70 年代的韩国就成立了1500 个基层农协，大致与以邑为单位的行政区域数相近。韩国的一个基层农协对 1000 多户农民开展业务。农协给农民提供了大量的资金、化肥、农药、建材、家电等生产资料和生活资料，经办了农产品行业管理、农产品政策性收购、农民培训、农村金融、农村保险、农村医疗等公益事务。自 2004 年开始，韩国农协又主导开展了"新农村、新农协"运动，成立了爱农村全体国民运动总部，掀起了新一轮的农业、农村价值再认识活动和促进城乡居民深度交流活动，向全民宣传城乡共同体意识，以促使全社会共同解决农业和农村问题。[①] 又如，尚处于工业社会中期阶段的当代中国农村社区，在 21 世纪初期，有 7412 万家农户自觉加入社区的农民合作社，达到了全国总农户的 28.5%。[②] 这些入社农户凭借合作社的帮助，较容易地解决了生产经营活动中的一些困难，甚至很容易地解决了与生活相关的一些复杂难题。以山西省永济市蒲韩乡农村社区为例，该社区于1998 年成立农民合作组织，在十几年时间里发展成为兼具经济、社会、文化多功能的，覆盖蒲州、韩阳两个乡镇 43 个自然村的民间组织。现在

---

① 张斌：《日本、韩国农业专业化组织调研报告》，《世界农业》2011 年第 2 期。
② 张斌：《日本、韩国农业专业化组织调研报告》，《世界农业》2011 年第 2 期。

蒲韩乡的农民合作组织共有 28 个专业合作社，包括 3865 户社员和 773 个小组，服务农民超过 2.5 万人，已成为集农资购买和消费品购销、有机农业种植和技术推广、大宗农产品运销、信用合作及老年服务、健康服务、社区教育、文化生活等功能于一体的综合农协，并且深受农民欢迎。① 多年的实践证明，工业社会的诸如中国的农民合作组织、韩国的农民协会等民间经济组织，是社区经济社会发展的重要促进力量，特别是在增强农户参与市场竞争能力中发挥了特殊的重要作用。

（二）工业社会的业缘社区生计保障

近现代的业缘社区是农业社会向工业社会转型过程中形成并发展起来的新型社区。以英国工业革命之肇始为开端，跨越整个工业社会，止于工业社会全面转型到信息社会的时代。由于世界各国开始工业革命的时间不相同，各国的工业革命的历时过程也不相同，近代业缘社区在世界各国的发展时限和历程各不相同。工业革命用机器取代人力，以大规模工厂化生产取代个体工场手工生产，创造了巨大生产力，产生了大量的工业聚集，确立了发财致富的社会价值观，提高了劳动强度并延长了劳动时间，并使劳动日益单一化，提高了劳动效率，使产品价值与劳动价值之比大幅增加，社区劳动者的营生能力得到较大提升。同时，造成人口向城市流动和城市化现象，城市人口膨胀，使城市业缘社区获得前所未有的发展空间，成为社会发展的主流，给社区居民的日常生活带来了巨大的变化。工业革命也产生了贫富分化、物质的大量富余和社区居民的相对贫困，给社区居民的生活带来了不确定性。相比古代宗族社区而言，近代业缘社区的生计保障体系，不仅养家营生能力得到提升，更突出的特点是业缘社区生活互助保障比较盛行和教会慈善事业非常发达。可以说，社区经济、家庭营生、生活互助、生活援助是近代业缘社区生计保障的四大途径。其中，社区经济与家庭营生是业缘社区生计保障的主流，生活互助和生活援助只是

---

① 张斌：《日本、韩国农业专业化组织调研报告》，《世界农业》2011 年第 2 期。

社区的一种生活辅助保障形式。

1. 社区经济

这是社区利用各种资源建立起来的、归社区所有的、根植于社区内的、为社区居民提供生活保障的各种营生方式。其主要功能目标是为社区居民提供生活保障。其主要特点是生活保障性，是社区居民为了扩大就业空间，发家致富，建立的属于社区的谋生体系。为满足社区居民不断提高的生活水平和生活质量的需要，社区大力发展经济。因此，社区经济不会一味地追求经济利益的最大化，而忽略生活效益。其收入只要用于居民生活即可。其先期经营体制多样化，有集体所有制、股份制、家庭合作制、租赁制等形式。从 2008 年开始，中国农村社区经济普遍进行股份制改革。其经营产业多种多样，如房地产、贸易、餐饮、农业、生态产业、文化、教育、生活服务、工业、物流、科技、园林绿化、自来水、养殖等。社区经济属于集体经济，其经营收入归社区集体所有，为了增加集体收入和激发社区发展生计体系的积极性，社区治理主体还会采取各种经营方式发展社区经济。但是各行各业的各种经营方式获得的收入是集体的。这是社区经济有别于家庭经济、私人经济之处。

社区经济具有特殊的生活保障功能。一是为社区成员参与经济发展提供机会，减少就业压力。社区经济的就业功能比较强大。就社区服务业来说，据统计，每投资 100 万元可提供的就业岗位，重工业是 400 个，轻工业是 700 个，而第三产业是 1000 个，其就业空间是巨大的。二是为社区劳动者提供谋生舞台和经营载体。一些社区经济能人通过发展社区经济实现发家致富、带动社区致富的财富梦想。三是为社区家庭生活提供可靠的经济来源。如江苏省苏州市张家港市南丰镇永联村，从 1978 年开始到 2013 年，发展社区经济，实现年销售收入 700 亿元。形成了以土地流转收入为基础，工资性、经营性收入为主体，资本性收入、财产性收入为目标，福利补贴收入为补充的分配制度，使社区居民拥有工资性收入、经营性收入、财产性收入、流转性收入、福利性收入、补助性收入，形成领工资、拿奖金、获分红、享福利的生活收入渠道。目前，在中国，经济百强村都已经形成这种生活保障格局。社区经济成为农村社区生计保障的潮流。

2. 家庭营生

此类生计保障形式指家庭劳动者为保障家庭所有成员的物质生活需要而持续和重复开展的各种谋生之道。包括经营种养业、开农家乐、经营乡村旅游和生态旅游、做买卖、开工厂、办公司、开餐厅、开超市、开商店、开网店、代理快递、跑运输、做手艺活、外出务工、受雇用，等等，只要是能赚钱的合法营生，可以说，无所不包。这些谋生渠道都是建立在家庭及其劳动者拥有的经济资本、技能资本、社会资本、智力资本、土地资本、生态资本等支撑要素基础之上的。家庭及其劳动者拥有的支撑资本实力越强，其营生获得就越多；家庭及其劳动者的谋生素质越高、谋生能力越强，其营生规模就越大。

工业革命以来，随着生产工业化与经济市场化的同步发展，社区家庭及其劳动者的谋生能力大为增强，谋生机会大为增多，谋生空间不断扩大。社区劳动者通过社会分配、个人积累、社会融资、民间借贷等途径，获得谋生资金，开辟谋生渠道。不管是农村社区还是城市社区，绝大多数家庭都有较稳定的营生，其生活保障都比较可靠有效。自从进入工业社会以来，社区家庭及其劳动者的谋生能力不断增强，家庭越来越富裕，生活越来越美好。即便在工业化水平较低的欠发达国家，社区家庭都摆脱了贫困，解决了温饱问题，甚至有相当大部分的社区家庭过上了小康生活。据2017年胡润财富报告，中国大陆每940人中有1人是千万富豪，每1.4万人中有1人是亿万富豪。至于达百万财富的家庭，比比皆是。可以说，当今中国业缘社区，家家有存款，人人有生活保障。这种谋生成就，是古代农业社会的社区家庭及其劳动者难以想象的，更是难以企及的。

3. 生活互助

工业社会的业缘社区生活互助主要指社区生活困难或生活弱势群体，为了弥补营生不足，建立以经济补偿为目的的互助基金和克服其他生计困难的互帮机制的生活保障措施。社区生活互助是由具有共同生活要求和面临相同生活风险的社区居民自愿组织起来，预交生活风险损失补偿分摊金的一种生计保障形式。生活互助形式曾存在于古代各种以经济补偿为目的的互助合作组织之中。如古埃及建造金字塔石匠中的互助基金组织，古罗马的丧葬互助会，中世纪的工匠行会、商人行会、宗教行会等各种行会互助组织。在德意志诸侯割据时代，德国民间就建立了共济会、矿工协会、疾病和丧葬互助组织。1854 年之后，德国工人和工会建立了"劳动与福利中心""社会联合会"等群众团体。1880 年底，德国工人互助性质的自发性基金会发展到 6 万人。但在工业社会，生活互助进入业缘社区，已演化成社区互助形式。

生活互助已成为我国城乡社区生活中普遍存在的现象。互惠礼俗是我国城乡社区生活互助的主要实现途径。随着"利益""理性"等因素嵌入我国社区生活，社区生活互助的业缘性互助范围扩大，利益考量成为社区生活互助的主要依据，社区居民根据利益首要性规则构建新的生活互助秩序。目前，中国社区生活互助出现了多种运营形式。一是社区机构运营形式。浙江省杭州市江干区的互助坊便是如此。2015 年，浙江省杭州市江干区将天成、机神、濮家三个社区合并为濮家联合社区，按照"两委、两站、N 坊"社区构架，成立起了 4 个互助坊。互助坊按照每 200 户左右选举一位居民代表作为坊员，代表居民参与自我管理与自我服务。社区 4 个坊共有 27 个坊员。他们既是社区里的政策宣传员、信息采集员、管理督察员，也是居民们的生活服务员、和睦促进员和感情联络员，工作职责几乎涵盖社区居民生活的各方面。坊员每天在小区楼幢间巡查环境卫生和社会治安情况，调解居民矛盾，劝阻不良行为，收集社区信息。形成"小区事，居民管；身边事，大家帮"的生活互助制度。互助坊利用熟人社会的优势，做到许多社区工作者们做不到的事情。自从有了互助坊，居民生活质量提高了，幸福感增强了。[①] 二是社区社会组织运营形式。南京

---

① 王乃昭：《邻里互助打造居民自治亲情社区》，浙江新闻，2018 年 8 月 24 日。

雨花区翠竹社区的互助中心便属此类。2010年，南京雨花区翠竹社区建立翠竹园互助会，2013年改为社区互助中心。该互助中心以促进社区居民"相信、参与、承担、互助"为愿景，在社区中开展各项活动，丰富居民生活，倡导社区结社，提升居民幸福感。从自发组织到注册民办非企业单位，互助中心始终倡导社区互助模式，努力为居民搭建互助的平台，为社区内部俱乐部提供各方面服务。服务对象涵盖老、中、青、少、幼群体。社区互助中心是社区社会组织的代表。社区互助中心下设40个俱乐部。街道办事处每年为社区提供所需要的业务经费。其运行机制是由政府、社区、物业、业委会等四个主体组成的"四方平台"。政府充当资源提供者角色、物业充当场地供给角色、业委会是业主资源准入角色、社区是互助中心支持者，四方主体各司其职。每月召开四方平台会议，四方协同开展生活互助业务。为了解决社区互助中心资金短缺问题，翠竹社区计划建立社区基金会，为互助中心开展业务提供经费支持。① 三是宗教慈善组织运营形式。如成立于1953年的香港明爱②所属的"青少年及社区服务"组织，拥有6间社区中心，其中牛头角社区中心于2006～2007年在香港观塘区③实施了"社区互助面包计划"。该项目以穷人帮穷人为出发点，以人人所需的面包为互助活动的媒介，发扬互助支援精神，促使社区贫困家庭与经营面包生意的小商户建立互助关系，让社区贫困家庭能以低价钱购买到新鲜面包，既减轻了贫困家庭的开支负担，又保障了商户小本生意的生存空间。购买者必须与社区中心的"平等互助工作坊"取得联系之后，才能购买到廉价面包。这样设计的目的在于让参加者重视互助活动的意义和物质福利的派发。该项目以互助以及关注贫穷结合社区经济工

---

① 王怡：《相信、参与、承担、互助，做社区生活的支持型机构——专访南京雨花翠竹社区互助中心理事长吴楠》，《中国第三部门研究》（第十卷），2015，第99页。

② 香港明爱是天主教香港教区所辖的慈善组织，是国际明爱154个成员组织之一，每年的经常开支预算超过15亿港元，本着"明爱服务、缔造希望"的宗旨关注和服务社会上最有需要的人，向弱势群体提供社会工作、教育、护理等服务。

③ 观塘区是香港第二贫穷地区，有12万低收入家庭。

作的手法，发展创新了社区互助形式，搜寻与凝聚社会资本，促进了共融与互助社区的建设。

对于工业社会的城乡业缘社区而言，社区互助养老是适宜的、较为普遍的生活互助类型。我国城镇一胎人口生产政策，产生城市社区"4－2－1家庭"。一个独生子女或一对独生子女夫妻家庭，在8小时工作之外面对的都是2~4倍的老年群体的生活照料问题，难以承受生活之压。因而，倡导城镇社区的互助养老，普及互助养老模式具有现实意义。社区生活互助养老强调社区老人间相互的帮扶与慰藉，主要是通过发起成立互助社，带动低龄老人服务高龄老人，以互助的方式解决社区养老问题。如河北省肥乡区探索出"村级主办、互助服务、群众参与、政府支持"的农村社区生活互助养老新模式，较好地解决了老人的生活照料、精神慰藉、文化活动等需求问题。提升了老年群体的心理幸福指数，有效避免了老年群体心理孤寂无人问津、生活护理缺失、保健服务缺失、老年娱乐缺失。还有山东东平实行村居互助养老模式，用以解决农村空巢老人、留守老人的吃饭洗衣、健康服务、精神慰藉等问题。入住老人实行自我管理、互助服务。从目前状况看，农村社区公立养老院少之又少，而私立养老院几乎是空白，因而还得采取互助养老方式进行补缺。村居互助养老使老人们"离家不离村，离亲不离情"，在自己的家门口就能得到照顾。[1]

4. 生活援助

这个时期的社区生活援助与农业社会的宗族社区生活援助不同，主要表现在参与社区生活援助的主体增多和政府责任意识增强。工业社会的业缘社区生活援助对象仍然是社区生活弱势群体和生活困难群体。但是参与生活援助的主体，除慈善主体外，还有政府、社区、驻区企业、驻区志愿者、驻区单位等。这些援助主体都利用自身的角色优势对社区生活弱势群体和困难群体开展生活援助项目。法国从1793年起，《宪法》正式确立政府解除贫困的责任。19世纪中期瑞典实行政教分离以后，国家对贫困

---

① 罗瑞明：《互助养老是解决农村养老的好方式》，《南方都市报》2013年11月5日。

人口的社会救济交由各级地方政府实施。但是，古代农业社会的中国朝廷并没有承担消除百姓家庭贫困的责任，相反需要百姓供养整个朝廷和皇族。进入 20 世纪以后，一些开明人士组建民间公益组织，深入城乡社区开展一些生活援助项目。1917 年初沪江大学社会学系教师葛学溥在上海杨树浦设立"沪东公社"，即"杨树浦社区中心"，开设民众食堂和民众茶园。1917 年 5 月黄炎培在上海成立民间教育团体——中华职业教育社，1926 年 10 月，中华教育改进社、中华平民教育促进会等分别与职教社签订合作协议书，共同创办了徐公桥实验区，为实验区家庭提供农业生产社会化服务，先后组织了借贷合作社、信用合作社、公共仓库，帮助农民解决了生产资金周转失灵和谷贱伤农的问题。1928 年，燕京大学社会学系得到美国洛克菲勒基金会资助，选择距离北京德胜门 18 里的清河镇进行农村社会改造试点，1930 年在调查研究的基础上开办"清河社会试验区"。在试验区内为农户提供生产服务，办农村信用合作社、合作商店、合作工厂、运销合作社、消费合作社等；设立小本借贷处，以放款的形式抵消高利贷的盘剥，推动生产事业的发展，并为将来设立农业银行提供经验；提倡家庭工业，开设家庭毛织业训练班；改良牲畜品种；进行农业改良，如引进优良品种、凿井、植树等。1930 年冬，北平家庭福利协济会在北平城市社区实施救济和就业服务，为求助者提供租房救助、生活费、衣物、学费、丧葬费；为贫困者介绍工作，以解决困难家庭长期的经济困境；给做小本生意的人提供最低的借贷资金，以扶持其自我就业；创办小规模的手工厂，为特困家庭的儿童及妇女提供就业岗位。1933 年，中华职业教育社与荣氏兄弟（荣德生、荣宗敬）合作，在无锡申新三厂创办劳工自治区，为劳动工人提供安居服务，为职工提供廉价的单身宿舍和住宅；提供生活服务，兴办消费合作社和临时菜场；还为职工提供职业介绍等。

现在，我国政府将满足社区居民生活需求作为重要工作领域和重要工作导向，实施消除生活贫困政策，对城市社区生活困难家庭实行最低生活保障制度，按照城市生活贫困线标准给予城市社区贫困家庭生活补助；对农村社区生活贫困人口进行生活救助和实施扶贫政策、对孤独鳏寡或无依无靠者实行保吃、保穿、保住、保医、保葬的五保供养制度，以此解决城乡社区贫困家庭的生活困难问题。另外，政府千方百计地为生活困难家庭解决住房困难，在城市实施棚户区住房改造政策、经济适用房政策、廉租房政策；在农村社区为贫困户提供建房补贴、异地搬迁建房补贴、危房改造补贴。社区在生活援助方面，主要为社区生活困难户组织义捐，为他们筹措生活补助费；为社区失业人员开辟灵活就业渠道，组织技能培训，创造就业岗位，提高就业能力；发展社区服务业，为社区老人、残疾人、儿童、家庭提供各种生活帮扶服务，解决他们面临的生活难题。驻区企业和单位在社区生活援助方面，主要是积极响应社区开展生活援助义捐倡议，参与捐款活动，优先安排社区失业人员就业。社区志愿组织及其志愿者在社区生活援助方面，主要积极响应社区安排的生活援助志愿活动，为社区生活弱势群体和生活困难群体提供免费的志愿服务。

慈善组织和慈善家在社区生活援助方面，主要在社区开展了生活援助事业。一是设立慈善基金会，开展济贫事业。西方教会利用慈善资金开办慈幼院、济贫院、慈善医院、学校；设立贫民习艺所供男女儿童习艺，介绍工作，或配给原料与工具，辅助生产；开展济贫事业，18 世纪后期至 19 世纪，教会成为慈善事业的主持者和中介人，教士、教会成员和信众在维持福利、慈善学校、家庭慈善方面发挥特殊作用。进入工业社会之后，基督教的各间教会秉承中世纪教会开展慈善活动之遗风，在遇到天灾人祸时以教堂为中心组织各种救济，举办慈善事业，救济贫民。来自英国、荷兰、法国的教徒在北美建立教会组织，很快承担提供公共教育、公共保健等服务工作。北美殖民地建立前后，英国教会将慈善资金源源不断带到美洲，推动当地图书馆与学校的建立、文化和宗教的发展。1868 年英国 H. 索理牧师建议成立理事会，协调政府和各民间慈善组织的活动。1869 年伦敦成立"组织慈善救济与抑止行乞协会"，后易名慈善组织协会。1877 年美国牧师 S. H. 哥尔亭在布法罗建立同样的组织，将贫民划为"值得救济的贫民"和"不值得救济的贫民"并区别对待，发展机构合作、社区教育、个别化、适当的救济、行乞的抑制、预防性博爱及个人服务等 7 项业务。二是开展社区教育事业。1850 年莫里斯等英国基督教社会主义者认为唯有透过教育才是协助受剥削的劳工获得更好生活的方法。推动以教会为组织者的免费社区教育的生发。天主教丹尼斯深感对贫民仅给予物资救济不够，救济对象更需要教育、正义、领导与友谊。从 1867 年开始丹尼斯教导贫民阅读《圣经》及历史与经济方面的书籍。1873 年，巴涅特与妻子罗兰开设文学课程及讨论会，举办儿童营会、艺术展览，由此他与社区内的贫民建立起良好的友谊。1875 年他们邀请接受高等教育的学生住进其牧会的社区，与当地贫民共同生活，投入社区服务工作。1884 年他们在牛津设立东伦敦地区大学睦邻运动，成立睦邻组织服务中心，并取名为汤恩比馆，以此为据点提供成人教育服务，特别是有针对性地为成年的移民与劳工提供夜间延伸学习、思辨和讨论的空间及课程，同时促进当地的文化团体及协会的形成。同时他们也设立课后识字班、青年戏剧班、法律服务站及老人服务站；他们为病残儿童及酗酒者提供协助；还成立了成人及儿童剧团、艺廊。社区教育提高了当地居民的知识水平，也提升了他们的生活品质。之后，这种工作模式被全英国各大城市效仿，到 1900 年时全英国已有 45 个睦邻组织，其中伦敦就有 30 个。纽约第一公理教会的毕察牧师于 1872 年建体育馆、演讲厅及图书馆。康威尔牧师于 1891 年在费城浸礼派圣殿教会中开设缝纫班、阅览室、体育馆及夜校。这间夜校后来发展成"圣殿大学"。三是开展社区服务工作。西方教会普遍认为，社区服务是社区医治与疗伤的秘方。故对西方教会而言，社区服务属一项常规性事工，每间教会，无论大小，均具备社会服务事工。许多神学院都增加"基督教社会学"及"社会服务"课程。教会在教区的慈善事业推动社会工作的产生，Diana Garland 认为，教会是社会工作之母。四是关注社区居民的精神生活。教会人士强调以道德治疗或道德影响来改变贫民的生活方式。英国牧师查默斯认为，使贫民致穷的主要原因是人类道德上的失败，要想彻底解决贫穷问题，必须针对人们道德上的弱点进行精神品德的培养和行为的改造，使人们学会自助助人，而不是单纯给予物质救济。需要发展社区的精神生活保障项目。社区精神生活保障指为了消除社区居民依赖社会保障、丧失劳动伦理的心态或惰性，对这类居民实施自强自立的、自我保障的励志价值观和奋发图强的社区意识塑造的保障制度。英国教会社区牧师创造了社区精神生活保障的工作方法。第一，友善访问。1819年，英国牧师查默斯被派往圣约翰教区任职。他对教区穷人老百姓进行友善访问。他要求每个传教士要以友善访问者身份出现在受助案主面前。担任友好访问员应具备相应素质、掌握相宜的工作方法。1868年，英国牧师索里成立慈善组织会社，透过亲善访问制度，收集贫民的人格与行为资料，建立起致贫原因的诊断，以此为基础来协助、辅导和矫治贫民的行为，最终使其能自立自强。慈善组织会社招募受宗教理念影响的中产阶级妇女为"友善访问员"，以志愿者的身份访问生活在贫困状况中的家庭，发现他们的需要，不仅向他们提供物质援助，而且直接对他们的生活方式提出建议。第二，程序指引。1819年查默斯对友善访问实践经验总结、归纳，建立"程序指引"的精神生活保障措施。"程序指引"是以了解贫民的个性品质、工作能力、有无亲属支持及其他社会资源帮助等情况作为济贫、助弱的起点，以激励、自助作为济贫工作的准则。就是要通过精神世界的改善引导贫民自我救助。他认为自助的有效途径是尽可能地动用案主的自救网络，如案主的其他家庭成员、亲属关系、朋友网络、社区邻里等，这是案主摆脱贫困的天然资源。

（三）业缘社区生计保障的理论映射

工业社会的业缘社区生计保障，是一种以政府、社区、驻区企业、驻区单位为保障主体的，以社区经济、家庭营生、生活互助、生活援助等为保障途径的生计保障形式。在工业社会，业缘社区是围绕行业生意关系建立起来的生活共同体。产业、事业、生意、就业、劳动都是业缘社区居民的谋生方式，依靠自身能力解决个人及其家庭生计问题，已成为主流生活价值观。依赖社区家族、亲戚、邻居、他人的施舍而生活，变成有失尊严的生活行为。基于这种生活价值观，一些思想家针对工业社会业缘社区的生计保障模式及其运作经验，提出了相应的生计保障思想。

1. 生活福祉慈善观

慈善（Philanthropie）一词，源于希腊语"philein"（爱）和"anthropos"（人）。英文"charity"和"philanthropy"两词都有"慈善"的含义。"charity"的原意正是基督之爱；"philanthropy"由两个拉丁字根"phil"和"anthropy"组成，意思是"爱人类"，其含义可拓展为"促进人类的福祉"。宗教尤其是基督教倡导慈善价值观，基督教慈善蕴含着给予奉献、慈爱向善、公平公正、爱人如己、善待穷人以及尊重爱护人等丰富的内容。《圣经》推崇"爱"与"施"，教导基督徒要乐善好施、悲天悯人、扶危济困、扶弱济贫等。许多教会秉承《圣经》教训，关心社区中的社会问题，在实践中发展自己先进的社区服务理念，使之成为基督教慈善价值观的一部分，认为社区服务是保障社会生态系统平衡的重要力量，当人们懂得去关心周围人时，就能走出自己的封闭圈，保持心灵康宁。一个人被关心，不仅是解决生活与生存问题的需要，更是重建人对社会的信心和对人的爱心，也是构建道德社会的必由之路。进入工业社会之后，佛教也大力倡导慈善价值观。1912～1925年修编的佛教《大正藏》第12卷提出慈悲理念，第40卷提出福田思想。慈悲理念认为慈悲能使人发善心、修善行，能生长一切善根，是上求佛道、下化众生的根本力量。慈心是希望他人得到快乐，慈行是帮助他人得到快乐。从具体施为上来说，慈悲既指给予他人以物质上的帮助，还指给予他人以精神上的安慰和心灵上的满足，使他人摆脱匮乏、痛苦，消除困惑、烦恼，远离一切怖畏、恐惧。福田思想布施就像"种福田可以种下福德，收获更多的福德、功德。贤首法藏大师在《梵网经菩萨戒本疏》中记载说，有人把佛教的慈善义举分为八福田即一造旷路美井，二水路桥梁，三平治险路，四孝事父母，五供养沙门，六供养病人，七救济危厄，八设无遮大会。要人们进行利益他人的慈善事业，都是要人们广行布施，广行诸善"。[①] 宗教慈善价值观对近

---

① 牛延锋：《佛教慈善与社会和谐》，第三届寒山寺文化论坛论文集，2009，第493～510页。

现代工业社会的业缘社区发展生活援助事业发挥了重要作用。

2. 生活自助思想

生活自助思想源自 1601 年英国女王伊丽莎白一世颁布的《慈善使用法》（济贫法）。该法要求穷人自助，然后才能接受外援。该法规定：有工作能力的贫民须参加工作，以工作换取救济；教区设供男女儿童习艺的贫民习艺所，教区有义务为穷人介绍工作，或配给原料与工具，强制生产；禁止无家可归者及无业游民行乞游荡，设救贫所收容救济，强迫其在所工作；体力健全者须强迫入"感化所"或"习艺所"工作；贫民不能由家人或亲戚处获得抚养时才由教区救助。受其影响，天主教提出独立自主的生活自助观念，要求任何个人和群体首先有义务和权利独立地处理自己的事务，同时也要求个人和群体有责任参与公共事务。

由于工业社会是充满竞争的社会，优胜劣汰机制倒逼人类必须自我强大，必须依靠自己的力量克服各种困难。因此，一些思想家都著书立说，阐明自助的意义。美国思想家、文学家拉尔夫·沃尔多·爱默生（1803~1882）于 1841 年发表《论自助》一文，倡导信心、独立、个性的生活价值观。信心指一个人应该相信自己；独立指一个人应该独立行事，不能总是依赖其他人；个性指一个人应具有自力更生的品格。该文要求人们以乐观的态度对待生活；每一个人都应独立处理自己面临的困难，不应总是寻求帮助。认为一个自立的人，即使生活在落后的社会，也能彻底改变自己卑微的生活。只有自信又自立，才能助人成功。英国 19 世纪道德学家、社会改革家、随笔作家塞缪尔·斯迈尔斯（1812~1904）是工业时代的记录者和赞颂者，撰写了《自助》一书，[①] 该书列举了许多出身于不同阶层、有着不同生活背景的人，通过不懈努力，最终取得非凡成就的事例。倡导自立、勤奋、诚实、信用、勇气、奋斗精神。提出自信、自尊、自强

---

① 《自助》是鼓舞拿破仑·希尔、戴尔·卡耐基、斯蒂芬·柯维等励志大师的精神力量。《自助》大获成功，塞缪尔·斯迈尔斯被誉为"自助之父"。1998 年，英国《观察家》杂志的评论说："斯迈尔斯先生向我们揭示了人生的目标、生活的目的、生命的服从、生活的激情、生命的力量、良心的自由、信仰的伟大等人生的真谛。"

既是创造物质财富与精神财富的起点，也是不断升华自我、超越自我的必备条件。认为贫困并不可怕，可怕的是人没有自立的精神，如果我们不能自立，我们将永远不能摆脱贫困。

3. 生活互助思想

生活互助是克服社会工业化和市场化带来的生活风险的应对措施。英国的《慈善使用法》要求人民有救济其贫穷家人或亲属的义务。天主教也倡导人类生活应团结互助。基于基督教的博爱精神，天主教把团结互助看作不仅是个人、群体，而且是整个人类社会共同的责任。天主教的生活互助理念使德国民间形成了生活互助传统。在工业社会，不仅宗教倡导生活互助理念，我国近代资产阶级革命家孙中山也非常重视互助机制发挥的社会作用。他提出了社会互助理论。1912 年 10 月，他提出"凡我国民，均应互相团结，以致共和政治于完善之城。人人之志愿，均应为人民求幸福，为国家求独立，而国家乃进于强盛，共和之目的乃可达到"。[1] 1917年，孙中山在《建国方略》中，阐述了互助思想。提出人类进化"则与物种之进化不同：物种以竞争为原则，人类则以互助为原则。社会国家者，互助之体也；道德仁义者，互助之用也。人类顺此原则则昌，不顺此原则则亡。此原则行之于人类当已数十万年矣"。[2] 1920 年他强调，"本互助博爱之精神，谋团体永久之巩固，一心一德，共济时艰，祖国光荣，实利赖焉"。[3] 1922 年他再次强调："国家者载民之舟也，舟行大海中，猝遇风涛，当同心互助，以谋共济。故吾人今日由旧国家变为新国家，当铲锄旧思想，发达新思想。新思想者何？即公共心。"[4] 孙中山的互助思想是工业社会发展规律的深刻揭示，对业缘社区应对工业化、市场化产生的生活风险，发展社区生活互助模式，具有指导意义。因为孙中山的互助思想是用来解决民生问题的，其逻辑是"社会之所以有进化，是由于社

---

[1] 中国社会科学院近代史所：《孙中山全集》第 2 卷，中华书局，1981，第 469～470 页。
[2] 中国社会科学院近代史所：《孙中山全集》第 6 卷，中华书局，1981，第 196～196 页。
[3] 中国社会科学院近代史所：《孙中山全集》第 5 卷，中华书局，1981，第 398 页。
[4] 中国社会科学院近代史所：《孙中山全集》第 6 卷，中华书局，1981，第 56 页。

会上大多数的经济利益相调和，不是由于社会上大多数经济利益有冲突"。①

4. 政府责任理论

早在 18 世纪初，亚当·斯密在《国富论》中指出：政府责任首先要"维护社会不被其他独立社会所迫害"；其次，"尽自己最大的努力去保护社会上的人员不被其他人员所侵害"；最后，"建立和维持某些对于一个大社会当然是有很大利益的公共机构和公共工程"。② 汪前元、朱光喜认为政府责任是指政府应该能够积极地对社会民众的需求作出回应，并采取积极措施，公正、有效地实现公众的需求和利益。③ 彭珊、唐少奕认为政府责任指政府必须对社会弱势群体存在的各类社会问题作出积极的响应，帮助他们脱离困境。政府责任与社会生活方方面面紧密相关，责任的表现形式也是多种多样。④ 我们认为政府责任指政府机构能够积极回应社会民众的需求，采取措施提供有效率的公共产品，满足社会民众的利益需求。

政府责任理论主张政府不仅具有慈善救济责任而且具有保障劳动者就业的责任。西方政府承担慈善救济责任，起源于英国。1536 年，英国政府颁布《亨利济贫法》，标志着政府开始在社会救助中承担一定的职责。1601 年，英国颁布的《慈善使用法》，将慈善基金会的管辖权收归政府，其管理完全转向世俗化。该法规定贫民救济应由地方分区主办，每教区设立监察员若干人，中央政府设立监督人员。要求政府建立救济院，对不能工作者包括患病者、老年人、残废者、精神病患者及需抚育幼小子女的母亲们，令其入"救济院"或施以"院外救济"；对孤儿、弃婴等失依儿童设法领养或寄养。英国济贫法的颁布与实施，表明政府开始承担对无力自

---

① 中国社会科学院近代史所：《孙中山全集》第 9 卷，中华书局，1986，第 369 页。

② 转引自彭珊、唐少奕《新时代"弱有所扶"与政府责任机制构建的理论阐释》，《产业与科技论坛》2018 年第 22 期。

③ 汪前元、朱光喜：《西方国家选民问责政府的路径分析——兼谈西方国家选举对政府问责的影响》，《当代世界与社会主义》2007 年第 5 期。

④ 彭珊、唐少奕：《新时代"弱有所扶"与政府责任机制构建的理论阐释》，《产业与科技论坛》2018 年第 22 期。

供者的救济义务。17世纪中期，英国政府大规模实施慈善事业；1793年，法国颁布《宪法》，正式确立政府解除贫困的责任；19世纪中期开始，瑞典各级地方政府承担救济贫困人口的责任；1865年，美国联邦政府认识到移民须依靠自治来满足教育、社会服务、公共安全等需求，成立福利机构，担负照顾穷人的责任；1881年，德皇威廉一世宣称"国家应该比从前更关心那些急需帮助的人们"，俾斯麦要求"在经济斗争中站到弱者一边是我效忠的这一个王朝的传统"。

政府承担劳动者就业责任是工业社会对政府的基本要求。政府履行责任就意味着强有力的社会回应，就业是民众的主要诉求之一，因此，要求政府必须对其做出回应。社区就业是一种市场导向和福利导向共存的就业方式，相对于传统就业而言，其福利性更加明显。解决城市失业人员社区就业的问题，不仅可以回应失业人员的发展诉求，而且其带来的社区服务质量的提升更加覆盖到城市社区的各个方面。政府在失业人员社区就业的过程中主要的职责是确定相关的立法和政策，提供资金支持，大力发展社区经济。

四　信息社会的厚生社区生计保障

从20世纪70年代开始，信息技术应用于生产并促进生产自动化、信息产业逐渐成为社会的支柱产业、信息和知识成为重要的社会发展资源，使人类社会日渐超越工业社会，进入信息社会。信息社会是以电子信息技术为物质基础，以信息资源为重要资源，以信息服务业为主要产业，以数字化和网络化为新型交往方式的人类历史阶段。自动化、信息化、智能化提高了劳动者个人的生产能力，信息技术改变着人类的工作方式，弹性工作、居家办公、移动办公逐渐成为工作常态，人类实现了工作方式和生活方式的个人自主化。这种劳动和工作模式为人类追求美好生活提供了物质基础。在信息社会，传统的机械化的生产方式被自动化的生产方式所取代，把人类从繁重的体力劳动中解放出来、从生产压力和束缚中解放出来，按照生活意愿进行生产和劳动，开始去追求美好生活，民众开始向生活美好的地方流动和集中，将重视生产的业缘社区转变为重视生活的厚生社区。

（一）当代信息社会的厚生社区

厚生社区是建立在生产发达和物质财富相对丰富基础上的，由追求美好生活的居民组成的，能满足居民高品质生活需求的，数字化生活方式特征明显的特定地理空间的生活共同体。与业缘社区不同，厚生社区不是建立在业缘关系基础之上的生活共同体，而是建立在生活志趣上的生活共同体。当代的西方发达国家都将改善国民生活待遇和提高国民生活品质落实到社区了。我国东部经济发达的农村社区通过发展社区集体经济和乡镇工业，创造了巨额财富，建立了高品质的生活福利体系。从时间界限判断，当代信息社会的厚生社区，在信息化国家兴起时间是不同的。因为作为信息社会到来的标志——计算机网络技术的产生与发展在世界各个国家出现的时间不同，因而，信息社会的到来，在各个国家也不同。由此造成厚生社区在各个国家出现的时间也不同。就美国而言，20世纪40年代，美国就发明了世界上第一台电子计算机，奠定了现代信息技术基础；20世纪60年代，建立了世界上最早的互联网，标志着美国信息化社会的到来。但中国的情况就不同了。1989年10月，我国国家计委才利用世界银行贷款重点学科项目（National Computing and Networking Facility of China, NCFC），建设NCFC主干网和北京大学、清华大学、中科院三个院校网。1994年4月20日，NCFC通过美国Sprint公司的64K全连接专线接入国际互联网，使中国成为世界Internet家庭中的一员，标志中国信息化社会的到来。可见，中国进入信息社会晚于美国30多年，自然，深植信息社会的厚生社区的出现也晚于美国30多年。而且中国的厚生社区的产生与发展很不均衡。就重视生活的转向而言，我国的一些落后和贫困的边缘地区，尚处于宗族社区形态；一些经济有所发展而未充分发展的中部地区和一些东部地区，还处于业缘社区状态；只有一些经济发达的东部地区和一线城市，才出现厚生社区，成为中国社区发展之潮流。相对前期社区形态，厚生社区具有如下属性。

1. 民生型社区

厚生社区是重视居民生活质量的社区，不仅表现在政府重视社区居民的生活，而且社区居民自身重视生活，将生活置于社区活动和社区运转的首位。这类社区已经解决满足居民基本生活需求的问题，其主要任务是不断提高生活质量。经济越发达，生活质量越为政府、学者和社区居民所重视。1958 年，美国经济学家 J. K. 加尔布雷思著《富裕社会》一书，首次提出"生活质量"概念。20 世纪 60 年代，美国学者开始深入研究生活质量的测定方法以及指标体系。20 世纪 70 年代开始，加拿大、欧洲以及亚洲国家的一些学者相继研究生活质量问题。20 世纪 80 年代初，我国学者开始研究生活质量的指标体系以及相关问题。但是，直至目前，学界对以社区为单元如何提高生活质量，鲜有研究。我们认为民生型社区应是社区经济发达的社区，能为提高生活质量提供物质基础和经济条件的富裕社区。社区劳动者能实现充分就业，居民收入和消费水平较高，居住条件、生态环境优良，教育系数较高，社区生活安全和生活福利有保障。在物质生活上，充分发展社区经济，要给社区居民带来工作岗位和收入的不断提高，以及在工作生活基础上获得各类公共服务；在思想观念上，社区居民应有生活品质观念，居民对生活有一种博雅的情怀和成熟理性的认识，居民要有较高的生活满意度、生活幸福感和获得感；在实际效果上，社区居民应过上精致生活，注重品位和质量成为社区居民的日常生活习惯，对衣、食、住、行、用等物质生活和对旅游、休闲、文化、娱乐等精神生活有精致要求，居民对生活的追求成为社区发展的原动力。社区应把增进民生福祉作为社区工作的出发点和落脚点，动员社区居民为自己的生活奋斗，鼓励和帮助社区家庭和居民实现美好生活的愿望，使社区居民得到生活实惠，物质生活得到改善，生活权益得到应有的保障，不断满足社区居民日益增长的精致生活需要。

2. 民主型社区

厚生社区是居民当家做主、尊重居民生活权利、实行自我治理的社区。民主型社区不同于宗族社区的集权管理模式，也不同于业缘社区的代议民主管理模式。在信息社会，信息技术极大地促进了社区文化、知识、信息的传播和社区决策的公开化，打破了决策垄断，冲击了代议民主，为社区居民表达意愿提供了技术条件，促进了社区居民的民主意识、民主观念、民主诉求。在信息社会，原来的代议式民主、间接民主转变为参与民主、直接民主；传统的金字塔型组织管理结构转变为网络型组织管理结构。为了贯彻民主原则，厚生社区必定为其居民提供更多机会以影响事关他们所在社区的决策，提升其居民掌控社区运行态势的信心。

3. 网络型社区

厚生社区是"3C"社区，即通信化社区、计算机化社区和自动控制化社区，是信息化和网络化的社区。厚生社区是信息社会的社区类型，社区的信息基础设施建设水平较高，家家户户都有计算机、网络电视，信息传播得到普及，信息安全有保障，信息获取能力得到提高，信息技术在社区生产和生活领域得到广泛应用，智能化的综合网络遍布社区的各个角落，固定电话、移动电话、电视、计算机等各种信息化终端设备无处不在，社区家庭及其居民"无论何事、无论何时、无论何地"都可获得文字、声音、图像信息。易用、价廉、随身的消费类数字产品及各种基于网络的3C家电广泛应用于社区家庭。社区的电信、银行、物流、电视、医疗、商业等服务已被网络化，极大地方便了社区居民生产与生活。一些社区劳动者实现了居家办公或利用信息网络进行居家创业。

信息技术的应用与普及促进了社区市场交换客体的扩大；现代化运输工具和信息通信工具使社区冲破了地域上的限制，使社区经济能低成本地进入世界市场；信息技术提供给社区居民新的交易手段，电子商务成为社区实现交易的基本形态；信息网络技术使社区生活方式、工作方式、治理方式、社区文化发生一定程度的变革。可以说，厚生社区就是智慧社区。

4. 服务型社区

厚生社区是服务业发达的社区。这是因为厚生社区重视生活质量的改善和生活水平的提高，社区会利用信息网络发展社区服务业。为了体现民生特色，厚生社区将全面发展互助性、福利性、公益性、商业性社区服务。

互助性社区服务，就是根据《国务院关于加强和改进社区服务工作的意见》第三条第十三款关于"支持社区居委会组织社区成员开展自助和互助服务"的精神，在社区与居民之间、居民之间、辖区单位与社区之间、社区各服务机构之间建构生活互帮、互助机制。一来，帮扶社区弱势群体，保障其基本生活；二来，提升居民生活质量，建构和谐社区；三来，提升社区精神文明水平。福利性社区服务，就是以政府为主导、以社区为依托，调动社区多元福利资源，开展旨在提高居民生活福利水平的服务项目，推动社区公共福利事业发展。公益性社区服务，指具有公益精神的志愿者、社区社会组织在社区引导下自愿参加，旨在帮助他人、服务居民、增加社区公共福利的济困、助学、赈灾、帮残、恤孤、救助等各种公益服务活动。以此满足社区居民的生活需求、弘扬居民公益精神、弥补政府与市场失灵。商业性社区服务，指由商业性企业或组织为一定社区范围内的居民提供的，以营利为经营目的的，兼有便民、利民性质和以促进社区居民综合消费为目标的各种商业性服务活动。其服务内容包括生活服务、代理服务、文体服务。其经营模式有二：一是"社区商业服务中心"模式下的综合性的商业性社区服务，主要分布于人口相对集中、具有一定人口规模、交通便利的社区中，是集购物、餐饮、服务等日常生活功能于一体的商业服务；二是"邻里服务"模式下的商业性社区服务，一般分布在人口相对分散、交通不太便利的社区中，且大多呈点状散布。厚生社区可利用智能工具提高社区服务业劳动生产率，满足社区各类居民的生活需要。

（二）当代厚生社区的生计保障

当代厚生社区是工业社会向信息社会转型过程中形成并发展起来的新型社区。与近现代业缘社区比较，当代厚生社区建立生计保障体系的主要任务是提高社区居民的生活质量和生活水平。另外，厚生社区的生计保障的特殊性表现在：劳动者个人谋生机会增多和谋生能力得到提升；社区服务业得到较大发展；生活弱势群体得到特别关照，尤其是社区老人、社区儿童、社区残疾人得到了特殊照顾。相对于工业社会的业缘社区，厚生社区消除了贫困问题，进入全面小康生活状态，基本上不存在生活困难群体，故厚生社区不需要建构生活困难群体帮扶体系。

1. 提高社区生活质量

为了提高社区居民的生活质量，增强社区居民的幸福感，厚生社区会采取如下措施。第一，配合政府加大民生实践的力度。"把民众生活质量指数和满意指数作为政治合法性的支撑来源是民生政治的时代特征；以民生为本位的民生型政府理念和价值取向是民生政治的内在要求"。① 政府既需要通过社区建设加强民生实践，也要把社区建设作为提升居民幸福感的举措。一是加强对民生工程的投入与公共服务的支持；二是站在居民立场进行需求阐述、利益诉求以及意见反馈，充分了解和表达社区居民的生活意愿。② 社区应将政府的民生实践落实在社区生活质量提升上。第二，创造优良的社区物质生活环境。社区生活安全是社区生活质量保证的重要指标，只有采取多种有效手段，预防、减少、消除各种因素对社区生活安全的威胁，才能为社区居民建立良好的生活秩序。首先，需要加强社区警务工作，健全社区治安防控体系，及时排除影响社区生活稳定的因素，预防、控制和减少社区犯罪，维护社区秩序安定，为社区居民创造安全的生

① 曹文宏：《民生政治：民生问题的政治学诠释》，《社会主义研究》2007 年第 6 期。
② 孙旭友、孙其昂：《社区居民幸福感提升的阻滞因素与路径选择》，《学术交流》2014 年第 6 期。

活空间。其次，消除社区交通安全隐患，避免社区发生交通事故，杜绝人员伤亡和财产损失；倡导绿色交通模式，使用新能源动力交通工具，消除社区尾气污染，为社区居民提供良好的出行环境。再次，建立社区食品安全防控体系，发展有机农业和有机农品供给渠道，拒绝基因食品进入社区家庭餐桌，严防病从口入。最后，建立民情恳谈、民事协调、民意听证、民主评议机制，畅通社区居民利益诉求反映渠道，及时调处和化解社区中的各类矛盾和纠纷，增强社区内部处理矛盾和问题的能力。第三，提高社区居民精神生活水平。精神生活是社区生活质量的软指标，提高社区生活质量，就需要塑造办事公平公正、行为充满正义、交往相互信任、为人正直坦荡的社区精神环境。首先，要消除居民与物业的矛盾、居民之间的矛盾、居民与驻区单位的矛盾、居民与管理者之间的矛盾，建立化解社区生活矛盾的有效机制，消除不利于生活安定的不良情绪和不良行为，增进社区和谐。通过对话、沟通、合作、参与等民主协商机制，确立社区各利益主体之间利益调和与协作的伙伴关系。通过居民代表大会、居民议事会、业主大会、矛盾调解会等方式，对社区问题与矛盾做到预防有道与反馈迅速，切实、有效地解决社区居民的民生问题，更要对矛盾的主题与根源做到"清除和搁置"，建设"和而不同"的社区生活、行动逻辑和利益表达方式。① 其次，经常举办联谊活动或睦邻友好节，塑造融洽和谐、互助友爱的邻里关系；利用信息网络建设社区居民互助平台，设立社区互助中心、培育社区互助组织、开展互助活动，增强社区居民的情感。最后，要树正气、压邪气，对于好人好事给予公开表扬；对于要阴术、玩套路、造流言、传蜚语、挑拨离间、搬弄是非、损人利己的行为要进行批评教育，塑造正气畅行的社区风气。第四，为社区居民提供发展机会。宗族社区和业缘社区注重生存需求，而厚生社区更看重发展需求。先期，厚生社区可以为不同类型的居民提供发展机会，如为少儿提供良好的、公平的教育机

---

① 孙序友、孙其昂：《社区居民幸福感提升的阻滞因素与路径选择》，《学术交流》2014年第6期。

会，不让每个少儿输在起跑线；为中青年人提供优质就业和发展机会；为老年人提供优良的养老条件。后期，厚生社区将为每个社区成员提供全面发展和自由发展条件、发展环境。第五，加强社区内的社会道德、幸福文化建设和居民思想道德建设，以阳光心态面对人生与他者，以感恩情怀融入社区。还要注重对社区进行文化熏陶和知识武装，着重提高居民的境界、情趣、素质，着重培育居民乐观、豁达、宽容、自强的精神和积极向上的健康心态，引导社区居民建立自尊自信、理性平和、积极向上的社会心态与社区文化氛围。[①]

2. 扩大社区就业空间

靠自己的双手和技能谋生是体面的、有尊严的生计行为；靠自己的勤奋和智慧开创发展机会是个人能力和人生价值的体现。可是个人的生计与发展是建立在就业和事业基础上的，因而，厚生社区应该为社区劳动者搭建谋生和发展平台，为社区劳动者开辟就业渠道和就业岗位，帮助社区劳动者提高就业能力和创业能力。社区就业是社区范围内的劳动就业活动。2000 年 7 月，我国劳动和社会保障部召开全国社区就业工作会议，标志着我国社区就业的诞生。2001 年，劳动和社会保障部颁布《关于推动社区就业工作的若干意见》，提出将社区建设与扩大就业有机结合起来，拓宽社区就业门路；引导和帮助更多下岗职工和失业人员在社区党建、社区教育、社区服务、社区环境、社区科普文化娱乐体育、医疗卫生和计划生育、环境保护、社会治安、法律援助等领域就业；鼓励支持下岗职工和失业人员创办便民利民社区服务企业、中小企业等社区经济实体。这是我国政府为扩大社区就业空间提供的政策支持。社区就业具有极大的灵活性。社区就业在劳动时间、收入报酬、工作场地、社会保险、劳动关系等方面不同于建立在工业化和现代工厂制度基础上的、传统的主流就业方式。在劳动标准、劳动关系协调、就业稳定度方面，有别于正式就业，其灵活性

---

① 孙序友、孙其昂：《社区居民幸福感提升的阻滞因素与路径选择》，《学术交流》2014 年第 6 期。

表现为短期就业、派遣就业、季节就业、待命就业等临时就业特点。在劳动时间弹性方面，灵活就业有别于单位就业，其灵活性表现为非全日制就业、阶段性就业、远程就业、兼职就业等。在劳动自由方面，社区就业者可以自行支配劳动时间，其灵活性表现为承包就业、自营就业、独立就业和家庭就业形式。社区就业就形式而言，包括非全日制就业、临时就业、兼职就业、远程就业、独立就业等。目前，我国出现了促进社区就业的多种模式，如北京的"全额贴息"社区就业模式。北京东城区朝阳门社区根据《北京市失业人员从事微利项目小额担保贷款财政贴息管理办法》，对微利项目（包括家庭手工业、图书借阅、修理修配、餐饮服务、旅店服务、复印打字、理发等19项在内），其中属于失业人员、大学毕业生、农村转移劳动力和复员（转业）军人创业者提供小额担保贷款，由市财政据实全额贴息。许多社区内的失业者在社区的帮助下，从首次申请5万元小额贷款创业成功后，通过初次还款建立良好信誉，第二次可以申请到10万元的扩大业务全额贴息贷款。"全额贴息"模式的实行，大大增加了弱势群体的创业积极性，增强了他们再就业的自信心。同时，此类模式的推广，又紧密结合了产业结构调整和小企业发展的需要，找准社区就业的着力点即小企业和第三产业，特别是社区服务业是就业的增长点。"全额贴息"模式的探索和实施，给予社区就业、创业的优惠政策，拓宽了弱势群体在社区就业和自主创业的渠道，大力推动、鼓励社区弱势群体再就业和创业，立足实现社区的充分就业。如上海的下岗失业人员非正规就业模式，为了有效开展对非正规劳动组织的服务和引导，上海在市、区、县、街道、乡镇分别建立了服务机构，形成了三级服务支持体系。服务机构均属公益性中介服务组织，受政府委托为非正规劳动组织及其从业人员提供各类支持性服务，由政府拨给运作资金。非正规劳动组织开办初期或者在发展过程中，如果资金发生困难，可以申请贷款担保或贴息。贷款申请书先交专家论证，然后交指定银行，银行批准贷款后，可由专项资金提供贷款担保，贷款担保金额最高可达50万元，期限最长可达3年。通过实践，上海以非正规劳动组织作为孵化方式，已形成2.7万个社区组织，吸纳了 25 万失业人员。又如天津的创业促进社区就业模式，一是加强社区劳动保障服务机构建设，为下岗失业人员提供就近、高效、便捷的服务。按照统一领导、规范管理、条块结合、各负其责的原则，加强劳动保障服务机构建设。二是积极鼓励和引导新劳动力自主创业、组织起来就业和在社区就业。三是创业培训与创业贷款联姻，促进失业人员成功创业，通过建立创业项目库，确保创业贷款项目的质量，将项目开发、专家咨询、创业培训和融资服务有机结合，降低贷款风险，提高下岗失业人员创业成功率。四是重点指导帮助学员制订合理的创业计划，特别是资金使用计划，包括预测企业的启动资金数量、可行的销售情况、成本控制和合理的现金流计划等。五是推行"五位一体"全程服务的模式，建立申贷"绿色通道"，担保中心、经办银行在创业培训中心设立常驻办事机构，部门联合办公，建立审批、担保、贷款发放的"一站式绿色通道"。学员培训合格后，可在创业培训中心直接办理小额担保贷款手续。依托街道、社区劳动保障工作平台，创新培训中心为每个创业者建立资金使用档案，随时了解他们的经营情况、资金使用情况和贷款执行情况。对贷款使用中存在的问题，每个季度派专人上门跟踪服务一次，以此提高项目成功率。

目前，发达国家的社区从业人员约占就业总人数的 20% ~ 30%；发展中国家的社区从业人员约占就业总人数的 12% ~ 18%。为了促进社区就业的发展，美国从 20 世纪 60 年代开始重视社区职业培训。一是大办社区学院，将社区学院建设成为社区失业者提供职业培训的教育机构。1963年，美国国会通过《职业教育法案》，大幅度增加对职业教育的拨款，1968 年制定《职业技术教育修正案》，将职业教育变成社区学院的重要职能。20 世纪 70 年代，美国社区学院开展"生计教育"运动，将职业教育贯穿个人终生。从 20 世纪末期开始，社区职业教育与企业界合作，为社区就业者提供谋求高工资、高技术职业的成套技能训练。

目前，我国只有 3.9% 的劳动者在社区就业，这说明我国社区就业的潜力十分巨大。劳动和社会保障部与联合国开发署（UNDP）在 2001 年曾合作在我国进行了四城市再就业调查，该研究对八种主要的社区服务就业项目进行测算，提出在全国 32 个人口在百万以上的特大城市，43 个人口在 50 万~100 万的大城市，可提供的社区就业岗位至少应在 1500 万个。国家统计局的七城市调查，根据城市居民对社区就业的"需求"提出全国大中城市可以提供的社区就业岗位为 2000 万个。目前在大城市和特大城市中实际的社区就业岗位供给只有 852 万个，社区就业在大中城市的差额有 1000 多万个。因此，政府应采取一些措施促进社区就业的发展。包括：首先，通过立法和优惠政策，为社区就业提供制度保障；其次，根据社区就业的特点开展职业指导和职业介绍、技术培训和创业培训；最后，尽快设计制定有利于社区劳务派遣业发展的优惠税收政策，促进劳务派遣公司的发展，把社区劳动者组织起来，向社会提供服务，进一步扩大社区就业空间。

3. 发展社区服务业

完备的社区服务业是提高社区生活质量的有效途径，也是厚生社区重视居民生活的实际表现。当今的发达国家甚至欠发达国家的社区都比较看重社区服务业的特殊作用。社区为家庭提供更充实、更完善的养老服务、托幼服务和家政服务等。社区居民要求在社区中提供更广泛、更多样化的文化服务、休闲服务、卫生服务、医疗保健服务等。1990 年，法国有 708.2 万人在社区服务业就业；1990 年，韩国有 263.8 万人在社区服务业就业；2000 年，巴基斯坦有 523.1 万人在社区服务业就业；2001 年，日本有 1591 万人在社区服务业就业；2001 年，巴西有 2956.4 万人在社区服务业就业；2002 年，美国有 5021.8 万人在社区服务业就业；2003 年，我国也有 85.08 万人在社区服务业就业，目前我国有 300 多万人在社区服务业就业。截至 2017 年底，我国有各类社区服务机构和设施 40.7 万个，社区服务机构覆盖率为全国社区的 25.5%。

为了促进社区服务业的发展，许多国家都建立了由政府、市场组织、非营利组织以及社区居民等多方主体共同参与社区服务的机制，形成政府指导、企业和非营利组织配合、社区居民广泛参与的社区服务管理模式。如美国形成了社区志愿者、社区委员会、非营利组织、地方政府共同提供社区服务的运行模式。社区志愿者承担社区大量的具体工作，包括救济、慈善、文明倡导、环境保护、社区建设、科技研究等众多领域；非营利组织提供的社区服务项目包括失业人员帮扶和职业培训、残疾人和移民问题咨询、自然环境问题宣传、滥用药物防范和吸毒防范、组织业余爱好活动和业余技能培训、权益保障等；社区委员会主要职能是收集、汇总社区居民意见，向政府反映社区民意，提出解决问题的相关建议并加以实施，动员和组织居民参与社区管理，组织社区成员开展自助和互助服务，为其他社会组织开展社区服务提供平台；地方政府承担社区发展政策和运作法规的制定，确保职能部门与社区委员会合作，对社区委员会拨款，审核拨款资金预算和合理性，指派官员参加社区服务工作，对社区委员会提出的问题和困难给予帮助等。

我国的社区服务始于 1986 年民政部倡导的在城市基层开展以民政对象为服务主体的"社区服务"。1989 年 3 月 18 日，天津市和平区新兴街道成立了全国第一个社区服务志愿者协会，拉开了城市社区志愿者服务活动的序幕。1989 年 12 月 26 日第七届全国人民代表大会常务委员会第十一次会议通过《中华人民共和国城市居民委员会组织法》，明确规定"居民委员会应当开展便民利民的社区服务活动"。1993 年 8 月民政部联合中央其他 13 个部门发布《关于加快发展社区服务的意见》，明确社区服务是社会保障体系和社会化服务体系的重要行业，是具有福利性质的第三产业，第一次提出社区服务要向社会化、产业化方向发展。现在绝大多数城市社区都兴建了社区服务网点和社区服务设施。社区服务队伍不断扩大，专业程度也不断提高，形成了一支由专职、兼职服务人员和广大志愿者组成的宏大的社区服务大军。在服务内容上，针对社区中的弱势群体，通过政府购买服务、委托承包等形式开展服务项目，构建弱势群体的社区服务体系，为其提供完善的福利性和公益性社区服务，帮助弱势群体解决实际困难；在服务方式上，采用一站式服务、上门服务、互助服务、志愿服务、网络服务等方式，为社区居民提供便捷周到的服务，提高居民的生活舒适感。

4. 建构社区生活弱势群体关怀体系

信息社会还是一个用市场配置资源的社会，还会用竞争手段分配社会资源，像老人、儿童、残疾人等人群无法与青年人、中年人、壮年人去竞争，容易沦为生活弱势群体。所以，厚生社区必须为生活弱势群体建构一个关怀体系，否则，难以弥补社区生活质量的短板，难以整体提高社区生活质量。

就关照老人而言，美国社区普遍建构了养老服务体系，包括四类。第一，社区老人全托服务。其实施机构是"退休之家"，设施完备，服务周到。设施包括医务室、紧急呼叫系统、健身房、图书室、计算机室、洗衣房等。服务包括就餐、保洁、集体活动、出行安排等。入托老年人根据自己的收入情况交费，差额部分由联邦政府的财政补贴和社会捐赠弥补。第二，社区老人日托制服务。其实施机构是"托老中心"，白天在中心活动，晚上回家休息。"托老中心"设施完备，并提供星级服务。设施包括起居室、保健室、阅览室、活动室等。服务包括一日三餐、情感交流、手工艺品制作活动。第三，社区老人互助服务。据媒体报道，美国有一家成立于2007年的，名为"国会山村"的社区会员互助性质的居家养老非营利机构。该互助养老机构现有会员350多人。志愿服务是该机构运营的基础，志愿者有220多人，绝大多数是国会山村社区的居民，很多还是"国会山村"的会员。这就是说，相当一部分人既提供老年人服务，也是被服务对象。"国会山村"最大的优势在于可以满足老年人"就地养老"的愿望。与养老院或辅助生活中心每月数千美元的收费相比，"国会山村"的费用低得多。其个人会员缴纳530美元年费，家庭会员缴纳800美元年费，同时，满足一定条件的低收入者可以享受优惠。会员可以享受多种服务，小到乘车出行、更换灯泡，大到看病就医、法律咨询。"国会山村"并非这种社区互助养老模式的首创者。2002年，美国波士顿比肯希尔社区建立"比肯希尔村"，成为这一养老模式的滥觞。据统计，目前全美有大约65个社区养老"村庄"。[①] 第四，社区居家养老服务。其实施机构是居家养老护理中心。美国为福利性居家养老项目建立家庭护理员制

---

① 方喆：《"社区互助养老"在美国悄然兴起》，新华网，2012年4月5日。

度：由政府财政出钱，派家庭保健护士为有需要的有永久绿卡的老年人提供上门服务。家庭保健护士不仅为老年人做饭、洗衣、打扫卫生，还要提供健康护理和精神安慰，真正做到了物质保障、照料保障、医护保障和精神保障。上门服务护理员的工资由护理中心支付，服务对象不需付钱。如英国建构了社区养老服务体系。现在英国有社区活动中心、社区老人公寓、社区老人院、社区暂托处以及社区家庭等主体提供养老服务。而且建立了社区养老服务管理制度，对社区老年服务实行"契约制"管理，社区老年服务从项目申报、执行、监督到年度报告，都有一套完整规范的工作管理和评估体系；形成了包括住家支持照顾、日间照顾、住院照顾、长期护理等多样化的社区养老服务形式；社区非营利组织能开展"老有所养、幼有所托、孤有所扶、残有所助、贫有所济、难有所帮、学有所教、需有所供"等全方位的养老服务；完善了社区养老服务的监督体系，养老服务机构只有通过竞标和完成评估程序，才能获得项目；在项目执行过程中，受托机构内的人员培训、设施配置、服务标准、服务价格等，都要受到政府工作人员的定期检查；出资人也会不定期地进行抽查，同时还会安排义工进行监督，以此保证社区养老服务的质量。

就关照儿童而言，美国开展了学前儿童保育服务。美国的学前儿童保育服务，指5岁前的儿童在未正式入学之前接受的服务。美国地方政府对于学前儿童的托儿费用给予一定补助，社区服务中心提供托儿服务。但只是方便母亲将孩子寄放数小时，不可以定期寄放。由企业扶植的社区托幼机构是提供学前儿童保育服务的最重要主体。企业与企业联合组织提供财力、物力支持，帮助社区托幼机构扩充容量，提高保育服务质量。一些企业向附近的托幼机构捐助，让它们优先招收本企业职工的子女，并在收费上给予优惠。有些大企业大量招募家庭托儿所，并纳入管理范围，使其为本企业服务，如IBM公司托幼系统可收纳1.5万名儿童，其中大部分是放在它所管理的家庭托儿所。对儿童的关照，英国政府实施了"确保开端"（sure start）项目。该项目的目的是让所有儿童都有尽可能好的开端，使儿童、家长和社区变得更好。其措施是为儿童及其家长提供以社区为基础的整合性服务、"一站式"的多样化服务，除早教、保育、健康服务外，还为儿童家长提供资金支持等。1999 年，英国政府出台了儿童托管照料税收信用政策，帮助其父母解决支付托儿照看服务的费用问题。

就关照残疾人而言，美国开展了社区残疾人服务项目。美国政府面向残疾人的社区服务，由"美国弱智儿童协会"提供。该协会有 700 家服务机构，是美国乃至世界最大的以社区为基础的关照残疾人的慈善服务组织，其经费来自政府投入、协会服务收费以及社会捐款。该组织为从儿童到成年的智力障碍、发育障碍、肢体残疾人士及其家庭提供生活服务。服务项目包括支持家庭、儿童发展、短期照料、双亲共同学习、安全防护、社区教育、娱乐服务、居住服务、就业服务、社区综合服务等。并对涉事家庭、社区工作者、社区领导以及立法倡导者提供相关业务培训。

（三）厚生社区发展生计保障的支持理论

当代信息社会的厚生社区生计保障，是一种由政府提供资金支持、社区主导安排、居民积极参与的，以提高社区生活质量、扩大社区就业空间、发展社区服务业、建构社区关怀体系等保障途径的生计保障形式。在信息社会，国民的流动性很大，厚生社区是依据生活志趣和生活追求建立的生活共同体。厚生社区是从业缘社区转化而来的，是建立在发达的、财力雄厚的经济基础上的新型社区。厚生社区及其生计保障体系的发展对克服政府社会保障供给能力不足和满足社区居民对品质生活的需求，具有特殊作用。支持当代厚生社区发展生计保障的支持理论主要有社区主义、福利多元主义、非正规就业理论、可持续生计框架理论等。

1. 社区主义

社区主义的代表作，国外主要有埃米泰·埃兹奥尼 1993 年出版的《社区的精神》、1996 年出版的《新黄金定律：民主社会中的社区与道德》、2001 年出版的《下一步：通向好社会之路》，以及菲利普·塞尔兹尼克 2002 年出版的《社区主义者的劝说》，丹尼尔·贝尔 2002 年出版的《社区主义及其批评者》。国内主要有余潇枫、张东和发表的《社区主义：

公共伦理建设的新走向》一文，认为当代中国在市场经济的影响下，原来计划经济条件下盛行的"国家主义"精神价值取向日趋衰微，而与西方人文背景相协调的"个人主义"精神价值取向又难以在中国本土全面移植，只有倡导价值性认同与互助性交往的社区主义才能整合日渐游离、繁杂、多元的国民生活，建构国民的公共伦理。[①] 俞可平出版的《社群主义》一书，论述了社群主义的哲学基础，其中包括自我、认同、社群、成员资格、公民资格等众多社群主义的基本概念；评析了社群主义的权利观、美德观、公益观和国家观。[②] 夏建中发表的《社会学的社区主义理论》一文，介绍了回应性社区主义学派的产生与发展、指导原则和主要的理论观点，包括社会建设的目标、个人权利与社会公共利益的关系、建设"好社会"的途径、社区的作用等。[③]

社区主义成为时代的新思潮源于美国社会学家埃米泰·埃兹奥尼于1990年发起的社区主义运动及其开办的《回应性社区主义》杂志。社区主义运动及其杂志的目标是以社区主义的观念影响我们的时代；社区主义的指导原则是权利与责任，既不忽视个人的权利，也强调个人对社区和社会的责任。

社区主义基本观点，第一，人类需要建立一个将社会责任与个人权利结合起来的"好社会"。第二，世界上任何权利都不是绝对的，所有人都必须兼顾共同利益，平衡个人需求和公共利益是社会的新黄金法则，自由与社会秩序之间的关系并不是零和关系，而是一种相互支持和补充的关系，其中任何一个过多或者过少都不利于社会的发展和人民的幸福。第三，培育美德是建设"好社会"的途径；营造社会习俗是建设"好社会"的主要工具，家庭、学校、社区和多个社区形成的联合体是道德设施建设的核心要素，社区的主要功能就是强化其成员的良好道德和习惯，如果社

---

①　余潇枫、张东和：《社区主义：公共伦理建设的新走向》，《上海交通大学学报》（社会科学版）2002 年第 1 期。

②　俞可平：《社群主义》，中国社会科学出版社，2005。

③　夏建中：《社会学的社区主义理论》，《学术交流》2009 年第 8 期。

会有充分发育的社区，道德声音清楚有力，那么，社会就有可能将社会秩序建立在道德担当上。第四，社区是一群个体之间形成的有浓厚感情基础的关系网络，社区要有一套共享的价值观、规范，有一套共享的文化，社区应该具有高水平的回应能力。社区规范和共同责任对社区十分重要，社区共同的责任能支持社区成员对共享价值观的忠诚、对公共物品的忠诚，可以减少对国家的依赖。第五，"好社会"应该建设"真正的社区"，真正的社区应当对所有社区成员的需求都能回应。回应是真正的社区的最重要特征。社区应当提高自己的回应能力，尽可能满足社会、社区成员的需要。建立在人类环境基础上的秩序和自主的矛盾只能通过提高回应能力来得以化解。第六，志愿者组织是社区成员加强社会联系和发出社区道德声音的社会空间，它构成了社团和社区关系的基础。志愿者组织特别重要，它是集合个人力量、传送个人信息给国家，为个人提供保障的中介机构，是公民和国家之间的协调机制，帮助培养公民技能，培养其成员的实体性美德，强化个体的规范性义务。另外，西方社区主义对于社会福利，要求福利接受者即使他们找不到工作也要承认自己的某种责任，并且为社区做出贡献。

社区主义对厚生社区建设生计保障体系具有特殊实践价值：第一，用权利与责任对称原则，保证社区居民的生活权利，同时要求居民对社区有所贡献；第二，发展生计保障，社区居民必须有道德担当，必须制定社区行为规则，塑造社区居民的集体主义精神；第三，社区居民要享受社区福利，就应该为社区做奉献。

2. 福利多元主义

福利多元主义指福利的规则、福利支出的筹资和福利服务的提供由不同的部门主体共同完成的主张。该理论产生于 20 世纪 70 年代。当时福利国家为了解决福利问题，一些学者主张社会、市场、家庭、社区等主体共同解决福利事业建设中存在的困难和问题。福利多元主义的代表人物及其观点如下。

1978 年，英国的沃尔芬德发表《志愿组织的未来报告》，提出福利供给存在多元体系，主张把志愿组织纳入社会福利提供者行列，提出福利多元主义思想。1986 年，罗斯发表《相同的目标、不同的角色——国家对福利多元组合的贡献》一文，详细剖析福利多元主义的概念。第一，福利国家概念易使人误认为福利完全是政府的行为。罗斯提出国家在提供福利上的确扮演着重要角色，但绝不是对福利的垄断。第二，福利是全社会的产物，市场、家庭和国家都要提供福利，放弃市场和家庭，让国家承担完全责任是错误的。社会总福利应由市场、国家和家庭在社会中提供的福利构成。① 第三，市场、国家和家庭作为单独的福利提供者都存在一定的缺陷。三者应联合起来，相互补充，扬长避短。国家提供社会福利可纠正"市场失灵"，国家和市场提供社会福利可纠正"家庭失灵"，家庭和志愿组织提供福利可补偿市场和国家的失灵。第四，任何一个国家都应建成混合福利社会，即建设一个由国家、市场、家庭共同提供社会福利的社会福利制度。

1988 年，德国学者伊瓦斯发表《福利结构的转变：福利与社会政策转型研究的新途径》一文，提出福利三角研究范式。认为罗斯关于福利多元主义的定义过于简单，应把福利三角分析框架放在文化、经济和政治的背景中，并将三角中的三方具体化为对应的组织、价值和社会成员关系。（市场）经济对应的是正式的组织，体现的价值是选择和自主，社会成员作为行动者建立的是与（市场）经济的关系；国家对应的是公共组织，体现的价值是平等和保障，社会成员作为行动者建立的是和国家的关系；家庭式非正式的/私人的组合，在微观层面上体现的是团结和共有的价值，社会成员作为行动者建立的是和社会的关系。福利三角展示了三方的互动关系。（市场）经济提供着就业福利；个人努力、家庭保障和社区互助是非正规福利的核心；国家透过正规的社会福利制度将社会资源再分

---

① 罗斯的《相同的目标、不同的角色——国家对福利多元组合的贡献》一文将社会总福利表达为 TWS = H + M + S。TWS 是社会总福利，H 是家庭提供的福利，M 是市场提供的福利，S 是国家提供的福利。

配。在一定的文化、经济、社会和政治的背景中，国家提供的社会福利和家庭提供的家庭福利可以分担社会成员在遭遇市场失败时的风险。

1993年，瑞典学者欧尔森（Olsson）发表《瑞典和其他欧洲国家的社会保障》一文，放弃传统的国家与市场的二元分法来分析福利国家的做法，转而采用国家、市场和民间社会（家庭、邻里、志愿组织等）的三分法来分析福利国家。他采用民间社会的概念讨论福利的分散化和私有化，他认为福利提供组织向民间社会发展是可以预见的，强调福利来源三方互动关系的平衡性和稳定性。均衡状态一旦被打破，过分强调国家的作用，就会产生福利国家危机状态。福利三角理论特别注意在三方互动过程中分析行动者与制度的关系。公民的福利来自他们通过就业从劳动力市场获得的福利、来自他们生活的家庭中的非正式福利，只有当他们在市场失败和家庭出现问题的时候，国家才承担解决危机的责任。国家并不是人民获得全部福利的提供者，在福利三角中，它和市场、家庭一样是人民获得福利的部分提供者。

1996年，德国学者伊瓦斯发表《福利多元主义：从社会福利到国家福利》一文，对福利三角的研究范式给予修正，用四分法分析社会福利。他认为社会福利的来源有四个：市场、国家、社区和民间社会。他特别强调民间社会在社会福利中的特殊作用：它能够在不同层次上，在基于不同理念上的政府、市场、社区之间建立联系的纽带，使私人和局部利益与公共利益相一致。他注意到民间社会中的社会资本对社会福利的整合有着重要的意义，其观点显然受20世纪90年代社会资本理论的影响。

1998年，英国工党政府发布《我们国家的新动力：新的社会契约》绿皮书，强调公私福利合作、调整国家与福利的关系、实现国家由社会福利的管理者向服务者的过渡；引入私人要素化解国家的福利垄断，指出调整福利国家的基本任务，是从提供社会保障向促进就业、帮助弱势群体的方向过渡；核心是重新划定国家、社会、个人的权利和义务。

福利多元主义主张政府之外的社会主体参与国家社会保障事业，尤其主张社区应承担生活保障责任。这为厚生社区建立生计保障体系提供了理论依据。同时福利四分法理论更是指明了社区发展生计保障的具体做法。

3. 非正规就业理论

针对工业社会造成的失业问题，不止一个学派，更不止一位学者提出解决失业问题的非正规就业理论。

一是发展经济学家提出的非正规就业理论。发展经济学家认为，劳动力利用不足、人力资源大量闲置是发展中国家经济发展的严重困扰。刘易斯、费景汉—拉尼斯等讨论了二元经济结构发展模式下的就业问题。他们认为，发展中国家的劳动力市场是以农村和城市相分割的二元劳动力市场为特征，但是大量农村劳动力向城市的流动是经常发生的。城乡间的二元结构、地区间发展差距的加大和贫富间的两极分化引起社会利益向两极方向分化。发展经济学关于扩大就业的主张主要有：尽量减少城乡不均等的就业机会，减少城乡收入差距；发展农村经济，繁荣农村工业；适度发展教育事业，避免教育失业、人力资本闲置；提高资本增长对就业的扩散效应，增加就业机会。发展经济学家提出的二元经济理论是解释社区非正规就业得以存在和发展的外部动力学说。刘易斯、托达罗等从宏观角度出发，通过城乡差别来阐述非正规就业产生的原因和发展过程。刘易斯认为发展中国家存在着两个经济部门——传统部门（农业部门、维持生计的部门）和现代部门（工业部门、资本主义部门）。两个部门的劳动者在收入水平上具有较大差异，在传统部门存在着无限供给的劳动力、城市现代部门不断扩张的假设基础上，这种差异必然导致传统部门的劳动力不断地向现代部门转移，其结果是在城市中不可避免地会出现社区临时就业和自我雇佣的现象。托达罗通过完善劳动力转移的条件和路径，丰富和发展了刘易斯的就业理论，在1969年发表的《欠发达国家劳动力流动和城市失业的模型》论文以及《第三世界的经济发展》著作中，认为农村富余劳动力在决定是否向城市迁移时是有条件的。第一个条件是城市的失业率较低，此时，农村富余劳动力有获得较高收入的预期，他们才会选择进入城市；第二个条件是迁移成本较低，如果进入城市后的收入大于其在农村的收入与迁移成本之和，他们才会考虑进入城市。但是由于农村富余劳动力自身素质和社会因素所限，他们一般不能马上进入城市现代部门，而是首先进入城市传统部门。由此，托达罗得出农村富余劳动力将沿着农业传统部门—城市传统部门（城市非现代部门）—城市现代部门这一路径转移的结论。托达罗认为，在城市劳动力供给增长率等于劳动力需求增长率的前提下，劳动力总数的 1/3 可以在城市现代部门就业，另外 2/3 的劳动力将不得不在城市传统部门就业，并有可能处于不充分就业的状态。

二是国际劳工组织的非正规就业理论。20 世纪 70 年代初，国际劳工组织提出贫困就业理论，这是解释发展中国家非正规就业现象存在和发展的内生动力。在对以肯尼亚为代表的发展中国家的贫困现象进行重点关注和理论研究的基础上，国际劳工组织认为，发展中国家由于贫富差距较大，社会阶层严重分化，出现大量的临时工和非全日制就业者，认为只有那些没有能力进入正规部门就业的人才会无奈地进入社区非正规部门。提出非正规就业是贫困者的专利，把非正规就业视为发展中国家区别于发达国家的一大特征。

三是庇奥尔、帕雷的劳动力市场分割理论。M. J. 庇奥尔、帕雷等人于 20 世纪 70 年代相继提出"二元劳动力市场"理论和"劳动力市场四元模型"。庇奥尔于 20 世纪 70 年代初期和中期发表《二元劳动市场》及《对劳动市场分层理论之注释》两篇论文，认为劳动力市场并不是完全统一和完全竞争的。一国的劳动力市场在发展过程中必然会形成具有不同特质的两种类型：一级劳动力市场和二级劳动力市场。两种劳动力市场的差别明显：一级劳动力市场的工资高、待遇好、工作稳定、具有较多的发展机会；二级劳动力市场工资较低、福利待遇和工作条件较差、工作不稳定、晋升和发展的机会较少。劳动力市场分割的存在不利于公平竞争，不利于劳动力的自由流动，但只要采取适当的措施，如改革市场运行体制、对二级劳动力市场的劳动者进行必要的教育和培训，是可以逐步缩小差距从而实现统一的。然而，事实是在很多国家，两类劳动力市场中劳动力的流动性都较差，往往处于钝化状态，一级劳动力市场的劳动者"不愿"到二级劳动力市场工作，二级劳动力市场的劳动者"不能"到一级劳动力市场工作。帕雷经过研究认为，造成这一现象的原因主要是由于制度壁垒等社会因素的存在，即使二级劳动力市场的从业人员接受了良好的教育和培训，达到了一级劳动力市场对人力资本的需求也无助于劳动者报酬的提高和劳动力市场间的流动，劳动者也无法因此而改变自身的就业状况，获得在一级劳动力市场就业的机会。

这些非正规就业理论是对工业社会的失业现象的理论解释，也是克服工业社会失业问题的应对措施，对于城乡社区解决失业问题、提高社区就业率，具有重要的实践价值。

4. 可持续生计框架理论

"可持续生计"（sustainable livelihoods）概念最早见于 20 世纪 80 年代末世界环境与发展委员会报告。可持续生计指个人或家庭为改善长远的生活状况所拥有和获得的谋生能力、资产和有收入的活动，是一种以人为中心的、缓解贫困方案的建设性工具。① 1992 年，联合国环境与发展大会将"可持续生计"概念引入行动议程，主张把稳定的生计作为消除贫困的主要目标；1995 年，哥本哈根社会发展世界峰会和北京第四届世界妇女大会都强调可持续生计对减贫和发展的重要意义。可持续生计分析框架（sustainable livelihood approach，SLA）是由 Collier P.、Ashley C. Carney、Carter M. R.、Neefjes K.、Frankenberger T. D. 等一些学者，② 以及联合国开发计划署（UNDP）、英国国际发展署（DFID）、国际救助贫困组织（CARE）等世界各地的非政府组织（NGO）于 20 世纪 90 年代提出的理

---

① Roberts M. G.、杨国安：《可持续发展研究方法国际进展》，《地理科学进展》2003 年第 1 期。

② Collier P.，"Social Capital and Poverty"，Washington D C：World Bank，Environmental and Socially Sustainable Development Network，1998；Ashley C. Carney，"Sustainable Livelihoods：Lessons From Early Experience"，London：Department International Development，1999；Carter M. R.，May J.，"Poverty，Livelihood and Class in Rural South Africa"，*World Development* 27（1），1999，pp. 1 – 20；Neefjes K.，"Environments and Livelihoods：Strategies for Sustainability"，Oxford：Oxfam，2000；Frankenberger T. D.，Drinkwater M.，Maxwell M.，"Operationalizing Household Livelihood Security：A Holistic Approach for Addressing Poverty and Vulnerability"，Siena：FAO，2000.

论框架，其目的是希望推动发展工作者多从对象人群（如农户）日常生产生活的角度来理解贫困问题，并寻找适合本地情况、用好本地资源、符合本地人意愿的解决贫困问题的方法。

联合国开发计划署（UNDP）于 1995 年提出自己的可持续生计分析方法。这是一个可操作性分析框架。从内涵上看，UNDP 的可持续生计意在表明人们谋生的方式、活动、权利和可运用的资产。UNDP 的可持续生计分析强调解决以下问题：通过调整应对策略增强人们应对并从冲击和压力（例如干旱、国内战争、政策失败）中恢复的能力；提升经济效率；形成正确的生态观，减少人们的生计活动造成生态系统中自然资源的衰减；实现社会公平和正义，无论是在现在还是未来，每人生计机会的获取不能损害第三方的生计权利。UNDP 的可持续生计途径其目标在于推动一种整体的发展观，并且试图从微观和宏观两个层面建立起有助于可持续生计实现的内在联系。在微观层面，可持续生计途径涉及通过生计可持续实现的收入创造、资产的合理运用、贫困的消除等多个方面。UNDP 认为，可持续来源于人们进行选择的能力、可以得到的机会和资源，并使相应投资和公共保障服务于生计的改善，而且要以不影响第三方的选择为原则。发展可持续生计、减贫的总体目标是发展个人、家庭以及社区等基层组织的能力，改善他们的生计体系。要理解并改善生计系统，人们的处理和适应策略是重要的分析切入点。在宏观层面，UNDP 的可持续生计途径主要关注自然资源的有效利用和保护、政府治理、金融服务、政策、技术和投资之间的互动等。在这其中，政策、技术和投资是可持续生计发展的主要驱动因素，通过地区在资产、知识和技术方面的调整与适应，达到改善和实现可持续生计的目标。UNDP 认为，技术作为帮助贫困人口实现脱贫的重要手段可发挥重要的作用。只有以一种综合的方式从宏、微观两个层面了解并推动政府治理、政策、技术和投资之间的互动，扩展当地人的生计活动、丰富其生计资产，才能更好地形成可持续的生计系统。在生计成果的度量方面，UNDP 认为，人们依靠自身的创造，能达到的成就是无止境的。为此，UNDP 通过一些指标对生计安全进行检测，这些指标包括生计投入、生计产出、生计成果分享、生计成果影响以及生计成果实现的过程和路径。[①]

英国国际发展署（DFID）于 2000 年提出自己的可持续性生计分析框架。DFID 认为只有当一种生计能够应对、并在压力和打击下得到恢复，能够在当前和未来保持乃至加强其能力和资产，同时又不损坏自然资源基础，这种生计才是可持续性的。这个框架有以下的独到之处：它为发展和贫困研究提供一个重要问题的核对清单，并概括出这些问题之间的联系；它提醒人们把注意力放在关键的影响和过程上；强调影响农户生计的不同因素之间多重性的互动作用。这个框架是以人为中心的，它不是以一种线性的方式来分析的，也不是要提供一个现实的模型。它所确定的增加贫困农户生计可持续性的目标或手段包括：改进贫困农户使用或接受高质量的教育、信息、技术、培训和医疗卫生服务的权利或机会；营造更支持、关心贫困农户的平等的社会环境，使他们使用自然资源的权利或机会更为安全、稳定，并能更好地管理资源；为农户提供有保障的资金来源和渠道；政策与制度环境能够支持多样化的农户生计策略，使其平等地享用市场销售条件。[②]

英国国际发展署（DFID）提出的可持续生计分析框架（SLA）目前已被广泛采纳。简单地讲，DFID 提出的 SLA，由脆弱性背景、生计资产、结构和制度的转变、生计策略和生计输出等五个部分组成。SLA 遵循的原则是，第一，以人为中心原则，即实现可持续和消除贫困的必要条件是支持和理解不同群体的不同需要，并且协同当地人按照适合当前社会和环境的生存战略共同行动。第二，响应和参与原则，即穷人自己是进行选择和确定优先发展战略的关键角色，外部帮助必须听取穷人的意见，实现穷人的共同参与。第三，多层次原则，即实现消除贫困这一目标需要在多个层

---

① 赵锋：《可持续生计分析框架的理论比较与研究述评》，《兰州财经大学学报》2015 年第 5 期。

② 转引自苏芳、徐中民、尚海洋《可持续生计分析研究综述》，《地理科学进展》2009 年第 1 期。

面上进行，在微观层面上保证活动能为发展政策提供信息，在宏观层面上保证环境发展以及宏观结构和过程能支持人们增进他们的发展能力。第四，可持续原则，即可持续发展要求在经济—制度—社会—环境等四个维度上具有可持续性。①

我国学者苏芳、徐中民、尚海洋对 DFID 提出的 SLA 进行过深刻的分析和评价。第一，可持续生计框架是一种很好的生计途径分析方法。它为发展和贫困研究提供一个重要问题的核对清单，并概括出这些问题之间的联系；它提醒人们把注意力放在关键的影响和过程上；强调影响农户生计的不同因素之间的多重性的互动作用。第二，可持续生计框架表明：在制度和政策等因素造就的脆弱性环境中，在资本与政策和制度相互影响下，作为生计核心的资本的性质和状况，决定了采用生计策略的类型，从而导致某种生计结果，生计结果又反作用于资产，影响资产的性质和状况。第三，脆弱性是一种承受灾害和损失的潜能，涉及承受、应付、抵抗灾难以及从这些影响中得以恢复的能力。家庭或个人资产状况是家庭或个人拥有的选择、采用的生计战略和所处风险环境的基础。在 SLA 中生计资本包括自然资本、金融资本、物质资本、人力资本和社会资本，而且，在不同的条件下，五种生计资本可以相互转化。第四，在 SLA 中，结构和制度的转变是指形成生计的组织机构以及相应的政策制度的一种完善。生计策略则是指人们对资产利用的配置和经营活动的选择，以便实现他们的生计目标。生计输出是生计策略或目标的实现或结果。②

当代社会的各个国家仍然存在发展不均衡现象。每个国家的各地区同样存在发展不均衡现象，由此造成世界各国和每个国家的各地区都存在贫困问题和生计问题。可持续生计框架理论是当代社会解决贫困问题和提高社区家庭谋生能力的分析方法和实践方法，对于社区发展生计保障事业具

---

① 转引自苏芳、徐中民、尚海洋《可持续生计分析研究综述》，《地理科学进展》2009 年第 1 期。

② 转引自苏芳、徐中民、尚海洋《可持续生计分析研究综述》，《地理科学进展》2009 年第 1 期。

有突出的理论应用价值。我们使用可持续生计框架理论研究社区生计保障问题，就要进行脆弱性背景分析、生计资本分析、政策分析、机构分析、过程分析等。这是可持续生计框架理论应用的方法论。

五　基本结论

随着人类社会从园艺社会、农业社会、工业社会、信息社会依次地演进，相应地，人类社会的生活共同体也经历了部族社区、宗族社区、业缘社区、厚生社区等四个不同历史形态。人类社会的每个社区历史形态都由所在的人类社会形态里的特殊要素造就并维系。每个社会形态的生活主体在选择的特定地域空间里建构了适宜的生计保障体系。而且随着生产能力的进步，不同历史形态的社区生计体系不断完善和丰富，更好地满足社区驻群和居民的生活需要，为人类社区的发展和人类社会的发展奠定了生活基础。

在建构社区生计保障体系的实践过程中，园艺社会的智者形成了深植自然环境获取生活资料、最大化地平均分配生活资料、用文化表达生计追求的部族社区生计保障思想；农业社会的思想家、政治家提出了民生保障思想、生活大同思想、生活互助思想等宗族社区生计保障思想；工业社会的宗教人士、思想家确立了生活福祉慈善观、生活自助思想、生活互助思想、政府责任理论等业缘社区生计保障思想和理论；信息社会的社会学家、社会政策学家、经济学家建构了社区主义、福利多元主义、非正规就业理论、可持续生计理论等厚生社区生计保障理论。

不同社会形态的社区生计保障思想和理论，是不同历史形态的社区得以延续和发展的精神力量，对推动社区生计保障事业的发展发挥了重要作用。

第四章 社区营生保障

社区营生保障是社区生计保障体系的主要途径和谋生方式，是社区生计保障体系的重要组成部分。社区及其家庭必须建构自己的营生体系，才能为自己的生存和发展提供生计保障。从属性上判断，社区营生是社区集体谋生方式。社区营生保障，对社区生活保障、社区经济、配置社区资源、提高社区人口素质、促进社区可持续性发展方面有不可忽视的作用。社区营生保障的生命力，在于其合理利用社区资源而产生新的财富，使财富在生活演进中不断积累。

一 社区营生保障的特质

社区营生保障指社区通过提供就业岗位、增强劳动者谋生能力、营造创业环境、完善生产经营公共设施、发展集体经济等途径，以合理配置社区资源为条件，以服务效用最大化为目标，以经营性和福利性并存为原则，充分发挥市场机制作用，进行成本与效益比较，最大限度地使社区家庭获得稳定收入，从而保障居民生活的生计措施。虽然社区营生保障属于社区的生活保障事业，是国家最基层的草根经济形式，但是也有复杂的构成要素。社区营生保障是由社区经济带头人、劳动力、营生资源、营生产业、经济所有制、营生方式、收益分配方式等要素构成的经济保障结构。

（一）社区营生保障的本质属性

社区营生保障，其本质就是社区家庭依靠其劳动者赚钱来养活家庭成员。不管是做生意也好，或是打工也罢，社区家庭的劳动者必须去赚钱，否则，全家的生活就难以为继。家庭营生是社区生计保障的主渠道、主要谋生方式。如果社区家庭不是首先想到依靠自身能力去谋生，都只想依靠社区或他人的资助来生活，家家都没有活下去的可能。因为都不去劳动，就都不会有收入，那么，何来捐赠呢？因此，社区应该千方百计地扶持家庭搞好营生，使营生家庭越来越多，等待救助的家庭越来越少。在扶持家庭增强营生能力方面，社区大有作为。如扶持家庭发展服务业，其发展空间是巨大的。据统计，每投资 100 万元可提供的就业岗位，重工业是 400 个，轻工业是 700 个，而服务业是 1000 个，其就业空间比重工业、轻工业都大。据国家统计局对全国七城市的调查，我国大中城市所需要的各种社区服务，累计可以为社会提供 2000 万个临时就业机会，目前尚空缺的就业岗位超过 1100 万个。社区营生保障，相对于其他社区生计保障方式不同，具有如下特殊属性。

1. 社区营生保障属于强能性社区生活保障

社区营生保障的对象不是等待救助的社区高龄老人、失能老人、无劳动能力的残疾人、儿童等生活弱势群体，而是具有劳动能力的经营生意者、创业者、打工者、失业者、手艺人等社区劳动群体。社区营生保障方式主要通过创造社区营生环境、开展专业技术培训、提供创业和经营优惠条件、孵化与扶持新型服务业、发展集体经济等措施，增强社区劳动者的经营能力和谋生能力，扩大社区劳动者发家致富的空间。

2. 社区营生保障属于间接性社区生活保障

社区营生保障是通过创造谋生环境和提供劳动条件、就业机会或通过发展社区集体经济，达到提高社区家庭的营生能力和改善社区居民生活水平的目的。不会像社区生活援助方式那样直接为生活弱势群体和生活困难群体输送生活消费资金，而是建立营生支持和服务平台，包括场地、融资、税收、技术、信息、就业岗位等，减轻劳动者谋生压力、降低经营成本和经营风险、提高经营素质和经营能力，间接地、公平地营造成长环境，支持社区劳动者，把社区谋生主力培养起来，扩大营生劳动大军，扩张营生主渠道。

3. 社区营生保障属于自力性社区生活保障

社区营生保障是扶持社区家庭劳动者自主谋生的生计模式，即家庭劳动者凭借自身劳动、能力、勤奋、才智、毅力、追求等谋生素质，为家庭提供生活保障。社区营生保障是一种内生、自力型生计模式，是社区劳动者自我发展的表现。因此，社区要发展营生保障，就必须培养社区居民的自力谋生素质和自力谋生能力，使提供的谋生环境和机会通过劳动者的生产经营和创业活动，发挥生活保障价值。

4. 社区营生保障属于差异性社区生活保障

这是因为社区家庭及其劳动者的身体状况、受教育情况、谋生机会、社会资本等因素存在一定差别，必然导致劳动能力、市场机会、赚钱机遇不同，从而导致劳动收入、生意收入、创业收入的差异。其结果是，有的家庭能发家致富，有的家庭只能解决温饱，有的劳动者或许失业，有的创业者或许经营失败。

5. 社区营生保障属于效率性社区生活保障

社区营生保障，其实践本质就是引导社区劳动者就业、打工、做生意、创业、开办社区企业，属于发展社区经济的范畴。作为一种经济形态，社区营生活动，必须纳入成本与效益考核范畴，这是因为社区营生资源也是稀缺的，也同样存在机会成本或最小投入与最大产出的问题，因此，要进行效率考核，要进行成本与效益的比较，才能保证营生活动获得应有的回报和再生产。这是社区营生保障持续发展的倒逼机制，刺激着劳动者不断提高营生水平及其回报率。在社区生活保障运行环境里，社区营生活动只能追求效率，不能追求公平。这是确保社区营生保障发展的政策环境。

6. 社区营生保障属于发展性社区生活保障

社区营生保障是为社区劳动者提供营生平台和经营条件、经营环境的谋生性保障；是提高劳动者技能、提升劳动者素质的强能型保障；是提供经营与创业平台、扩大发展空间的投资性保障。引导和刺激社区家庭及其劳动者打工、经营、创业，通过"干中学""学而能""能而富"的发展机制，开发社区人力、培育社区致富能手和经济能人，可以使社区劳动者谋生能力日益增强，社区营生保障水平越来越高。

7. 社区营生保障属于品质性社区生活保障

对于利用社区营生资源发家致富的社区劳动者来说，社区营生保障可产生提高家庭生活水平的效能，尤其是发展社区集体经济，能为社区每位居民和家庭发放生活消费资金、建立生活福利，使社区所有家庭有较优越的经济条件，过上品质生活。因为社区经济的主要行为目标是社区居民福利最大化，不是利润最大化，它必须将获取的一部分利润转化为社区居民的生活消费基金。如果发展社区经济，不予居民经济回报，不能支持生活保障，社区居民就没有发展社区集体经济的积极性和欲望。社区居民就是社区集体经济的"老板"，这个老板不像国有经济的"老板"——国家或政府，需要用国有经济赚来的钱去发展国家公共事业和国家公益事业，也不像民营经济老板和外资经济老板将经营利润转化为私人利益。社区必须在保证集体经济再生产所需资金的条件下将富余收入转化为社区生活保障资金。

8. 社区营生保障属于亲情性生活保障

社区营生保障的基础是社区营生经济，社区营生经济的主体是社区集体经济。社区集体经济与国有经济、民营经济、外资经济不同，这三类经济体系是按市场规则或市场机制运行的经济体系，是建立在效率基础之上的，会用机器来代替人力。社区集体经济是以人的关系、亲密感情、同伴关系、兄弟般亲情管理企业的，其员工不能轻易被缩减或以机器来取代，"这是一个机器所不能充分渗透和包含的领域"。[1]

---

① 陈宪：《发展城市社区经济的思考》，《上海经济研究》2000 年第 7 期。

（二）社区营生保障的特殊地位

社区营生保障的实现基础是社区集体经济。社区集体经济在国家经济体系中具有特殊地位。从经营主体角度分，我国的经济类型可分为国有经济、民营经济、外资经济、社区经济等四大类型。国有经济包括中央和地方各级国家机关、事业单位和社会团体使用国有资产投资举办的企业，也包括实行企业化经营，国家不再核拨经费或核拨部分经费的事业单位和从事经营性活动的社会团体，以及上述企业、事业单位和社会团体使用国有资金投资举办的企业。从经营资源上看，国有经济包括矿藏、河流、森林、荒地、草原和其他陆海自然资源。从经营类型上看，国有经济包括全民所有的工厂、农场、商店、铁路、邮电和银行等。国有经济是国民经济的主导力量，掌握着国民经济的命脉，是中国社会主义经济制度的主要经济基础，在国家经济中居于主导地位，是整个国民经济的主导力量。民营经济是由中国公民投资经营的、其产权为公民所有的一种经济类型，包括国有民营经济、个体经济、私营经济、混合所有民营经济、民营科技企业、农民专业合作社等。国有民营经济指国有和集体企业采取承包、租赁、拍卖、兼并、入股等形式交给民间团体和个人经营的企业。发展民营经济利于政企分开、所有权与经营权分离；利于增加供给、提高人民生活水平和生活质量；利于增加社会就业；利于调动所有者、经营者和广大职工的积极性；培养和造就能够适应市场经济规律运作的经营、管理人才。外资经济指国外投资者和港澳台地区投资者根据我国有关涉外经济的法律、法规，以合资、合作或独资的形式在大陆境内开办企业而形成的一种经济类型。目前，我国吸引外资的规模仅次于美国，居全球第二位。外资经济已经成为我国经济的重要组成部分，对我国经济的发展具有不可或缺的推动作用，利于经济持续快速增长和财政收入增加；利于产业结构优化和升级；利于中国对外贸易的迅速发展；利于提升中国产业的技术水平；利于增加就业总量。

社区经济在国家经济体系中具有特殊地位。一是政府消除就业困境的主要领域。尤其是解决了 2 亿多民工的就业问题和城镇下岗工人、有劳动能力的残疾人、城镇自主创业和灵活就业人员的就业问题。二是促进社区建设和社区健康运行与持续发展的经济基础。社区根基要素和衍生要素的建设，需要大量的资金投入，依靠输血式的政府投入财政资金和县级单位对口支援进行社区建设是难以持久的。社区只有拥有一定的经济实力才能建设好社区的各类要素，才能保证社区健康运行和正常发展。三是富民强民的新渠道。不管是发展社区的集体经济，还是发展社区的个体经济、家庭经济，都能为社区家庭和社区居民提供发家致富的机会。这远比政府举办的生活救助、产业扶贫、慈善捐助产生的致富效能要强大。而且，发展社区经济可减轻政府救助的压力。四是推动中国走上民商社会的新路径。当今中国创造物质财富的生意人比例较小，消耗物质财富的公务员、事业单位工作人员比例过大，需要更多的国民创造物质财富。发展社区经济是一条捷径。

（三）社区营生保障的特殊功能

社区营生保障具有消除就业困境的功能。尤其是社区发展乡村工业和集体经济解决了 2 亿多民工的就业问题和城镇下岗工人、有劳动能力的残疾人、城镇自主创业和灵活就业人员的就业问题。

社区营生保障具有促进社区建设、社区健康运行与持续发展的功能。社区根基要素和衍生要素的建设，需要大量的资金投入，依靠输血式的政府投入财政资金和县级单位对口支援进行社区建设是难以持久的。社区只有拥有一定的经济实力才能建设好社区的各类要素，才能保证社区健康运行和正常发展。社区保障居民家庭的营生，就要发展集体经济、兴办产业，一些农村社区由单一的产品制造发展而成企业集团，积累了巨额公共资金，兴办了社区公共设施和公益事业，有力地推动了社区健康发展。

社区营生保障具有开辟富民强民渠道的功能。不管是发展社区的集体经济，还是发展社区的个体经济、家庭经济，都能为社区家庭和社区居民提供发家致富的机会。这远比政府举办的生活救助、产业扶贫、慈善捐助产生的致富效能要强大。而且，发展社区营生保障经济可产生减轻政府救助的压力。

社区营生保障具有促进民商社会发展的功能。当今中国创造物质财富的生意人比例较小，消耗物质财富的公务员、事业单位工作人员比例过大，需要更多的国民创造物质财富。这就要将管控型社会转变为全民创造财富的民商社会。发展社区营生保障经济是促进民商社会发展的一条捷径。

就农村社区营生保障事业而言，能产生如下功能：使农村居民变成富裕群体、提高农民群体的社会影响力、为农村社区建设提供建设资金、促使农村社区结构发生变化、使农村社区自治成为现实、提高农村社区的独立发展的自治能力。

就城市社区营生保障而言，能产生如下功能：促进城市社会稳定、城市社区持续发展、吸收城镇剩余劳动力、解决城市社区劳动者失业问题、对城市经济发展具有拾遗补阙和配套服务的作用、促进社区服务发展和社区居民生活保障发展。

二　社区发展营生保障的缘由

从满足社区居民生活需要和保障社区居民生活的角度阐析，社区必须大力发展营生保障。

（一）家庭谋生能力有限

虽然在当今社会，家庭不是重要的生产单位，但是，家庭仍然是主要的消费单位。这需要家庭劳动者谋取生活消费资金，否则，家庭难以购房，难以购买贵重耐用品，无力购买日常生活所需的柴、米、油、盐、酱、醋、茶和缴纳水、电、物业、网络费。然而，在当今竞争的社会，并不是每个家庭的劳动者都有同样的赚钱能力和赚钱机会。事实上，在一个社区里，家庭经济状况还没有形成纺锤形结构，即形成特别富有家庭和贫困家庭是极少数、中等收入家庭占绝大多数的财富分布结构，而是呈现倒"T"形结构，即富裕家庭只有极少数，其他家庭都属于温饱型家庭。因而，社区多数家庭在谋生方面是需要外力帮助的。下面两个案例可说明这种现象。

案例 4 - 1　江家林社区发展营生经济帮助家庭摆脱生活困难

位于湖北省黄冈市武穴市武穴街道办事处的江家林社区，原来在夹缝中生存的村办企业，因为化工污染、技术不足、人才缺失等原因，先后因亏损而相继停产。随着东城区建设的不断推进，江家林社区的土地被相继征用。面对种植无地、上班无岗、生活无保障的窘境，社区家庭及其居民倍感迷茫，上访扯皮声四起，江家林社区一度陷入困境。为了帮助社区家庭和居民摆脱生活困难，江家林社区两委干部统一思想，盘活资产存量，建设民营工业园，发展工业商贸服务业，筹集资金1.2亿元，建设300亩民营工业园，兴建车间27栋，标准化厂房43965平方米，综合服务楼14000平方米，利用工业园招商引资，引进羿宝汽车销售、博雅服饰、军昊铸造、王雪芬酱品、墨遵服饰、联博运动、邮政快递、兴雨泵业、嘉发食品、福凯木业、三联汽车等一批企业落户。安置社区劳动力1200多人就业，重振了江家林社区经济，[①] 使社区家庭和居民摆脱了生活困难，有了稳定的收入来源。

案例 4 - 2　莲花社区发展社区经济提升劳动者经营能力

位于重庆市奉节县鹤峰乡的莲花社区，大多数贫困户都或因病、或因残而致贫，这部分社区劳动者丧失了劳动能力，独立发展产业或从商都存在较大困难，即便能经营产业，其独立经营能力也是很有限。该社区支书朱炳宣在江苏华西村考察时发现，他们利用农民土地和山林入股，然后按照固定分红和劳务输出相结合的方式，为入股农民创造最大价值收益。他

---

① 《"红旗大队"的破茧重生——探寻武穴江家林社区经济社会发展轨迹》，https：//baijiahao. baidu. com/s？id=1616646351808397125&wfr=spider&for=pc。

觉得模式可以借鉴，经过考察后会同乡党委多方论证，选择走生态观光农业路线，并于 2016 年 8 月成立奉节县鹤峰乡莲花社区股份经济合作社。该合作社以农家乐为基础，规划发展映霜红桃、脆李、石榴小水果采摘，发展观赏、采挖两类莲藕种植，建设垂钓池塘、休闲游乐走廊、特色乡居等，以"赏、购、养"模式将传统种植与现代农业有机结合。通过发展社区产业，拉动困难家庭及其劳动者跟上脱贫步伐，贫困家庭在实现脱贫后稳定增收，不再返贫。该项目初试便取得良好反响，至今整个莲花社区已有 159 户加入社区经济合作组织，其中 86 户是贫困户。社区在政府金融扶贫贷款、到户资金等政策支持下，社区经济合作组织经营能力得到提高，社区产业得到健康持续发展。①

案例 4-1、案例 4-2 说明，在当今竞争社会，社区的一些家庭及其劳动者存在一定的谋生难度，需要社区或政府伸出援助之手，扶持他们发展生产。家庭劳动者谋生、就业、创业、做生意、办企业，有的需要社区提供经营场所，有的需要社区提供融资帮助，有的需要社区提供技术帮助，有的需要社区提供经营信息，有的需要社区提供就业岗位，甚至有的需要社区和政府在做生意和产业上扶上马、送一程。这可能是社区发展营生保障事业必须常做的工作。

（二）家庭缺乏抵抗谋生风险的实力

20 世纪 80 年代，西方发达国家进入风险社会；进入 21 世纪以后，中国也进入风险社会。社会风险是人类面临的威胁其生存的，由社会所制造的风险，这是社会进步的阴暗面越来越支配生活的社会。人类进入风险社会之后，任何社会主体，包括家庭都无法逃避社会风险。因而，所有社会主体都应想方设法规避社会风险。否则，社会风险会给社会主体造成严

---

① 王雨馨：《重庆奉节：股份合作社让贫困户稳定增收》，央广网，http://news.cnr.cn/native/city/20171028/t20171028_524003712.shtml。

重的危害。如 1929~1933 年美国遭遇全球经济危机，美国约 40% 的银行和企业破产，经济倒退 20 年。同理，当代社会的家庭也应建立预防和抵御生活风险的策略和措施。一是预防家庭坠入贫困泥潭，要选择抵御经营风险的谋生行当。二是家庭劳动者要参加战略性的技能培训，改善就业功能，降低人为因素造成低工资现象发生。三是提高家庭劳动者的营生能力。但是多数普通家庭抵御生活风险的能力是较低的，需要社区和政府为其建立保护体系。具体而言，社区应该动员所有家庭建立一个互助的抵御生活风险的保护机制，如建立生活保险互助基金、利用社区集体经济收入建立生活保险公益基金，提高家庭抵抗生活风险的能力。

（三）建构公共营生平台要求开展社区营生保障

社区是生活共同体，不仅表现为社区居民在生活上互帮互助，还体现在社区劳动者要共同维护一个稳定的生活来源。社区的本质决定社区须发展营生保障。社区是由居民形成的生活共同体。生活共同体是居民在共同地理空间和共同条件下结成的生活领域的利益团体。这决定社区建构人与自然的关系、人与人的关系。只有这样，社区才能生产衣食住行用等人工生活资料。社区不发展营生保障，就无法建立和延续人与自然的关系、人与人的关系，也就难以形成生活共同体。这个条件不能得到满足，社区就难存在。在滕尼斯生活的时代或许可以将社区的生活功能界定在生活上互帮互助范畴和建设完善的公共生活设施以及互助制度上，但是，在充满竞争的、生产智能化的当代社会，应该将社区的生活功能界定为共同拓展生活资金来源渠道，扩大生活共同体的内涵。在社区公共生活设施已经得到完善的情况下，社区应动员家庭和居民共同发展集体经济。在家庭营生基础上，建构生活保障服务的公共营生平台，以便帮助社区居民克服生活风险，是新社会、新时代对社区的新要求。社区发展集体经济，不仅为社区劳动者提供就业机会，还为社区居民提供股金分红、提供生活福利，保障社区居民生活水平和生活品质。

（四）增强社区生活保障本性要求发展社区营生保障

营生保障不仅是社区生计保障体系中最重要的谋生途径，而且是所有社区生活保障的根本。社区生计保障由营生保障、就业保障、福利保障、生活援助、土地保障等五大途径构成；社区生活保障由自然生活资料供给保障和人工生活资料供给保障构成，只有发展营生保障才能从根本上为社区居民提供可靠的生活保障。在社区生计保障体系中，营生保障是自力保障，是最可靠的生计途径，社区支持家庭劳动者自力营生，其支持成本最低、支持效果最佳；在社区生活保障体系中，营生保障是赚取购买衣、食、住、行、用等人工生活资料消费资金的前置条件，只有社区家庭劳动者做好自己的营生，才能获得劳动收入、生意收入、股金分红收入，才有购买人工生活资料的资金，发展营生保障等于增强社区家庭人工生活资料的购买力。从本性上讲，社区应该具有发展营生保障的偏好和积极性。

如果社区不建构在营生保障基础上，就难以延续下去。恩格斯曾指出，人类社会"破天荒第一次被安置在它的真正基础上，一个很明显而以前完全被人忽视的事实，即人们首先必须吃、喝、住、穿，就是说首先必须劳动"，① 生产劳动是整个人类生活的第一个基本条件，② 是人的生命存在和社会生活存在及发展的物质基础。不发展营生保障，社区居民就无法获得延续生命所需生活资料，就难存活。若人饿死，意味着社区无成员，自然就不会有社区。

（五）社区运行与发展要求发展社区营生保障

没有营生活动，就没有经济基础，社区的公共事业就无法开展，就难以保证社区正常运行和建设；营生活动是社区最有活力的内容，社区经济发达，社区的劳动分工就发达。发达的纵向和横向劳动分工才会增加社区互动频率

---

① 恩格斯：《马克思恩格斯选集》，人民出版社，1972，第41页。

② 恩格斯：《马克思恩格斯选集》，人民出版社，1972，第508页。

和规模，直接形成日益复杂的职业群体和社会关系，为社区增加新生力量和新要素，使社区的有机团结和社会结构更紧密，提高社区整合度，为社区正常运行与发展创造保障机制。如20世纪20年代中国乡村建设学派的学者从事的乡村建设运动，就是遵循这条规律进行的。民国时期的乡村建设运动是就一个农村或数个农村，划成一个适当区域，依照理想的能实现的预定计划，用最完善的最经济的方法、技术以化导训练本区以内的一切农民，使全区农民整个生活逐渐改进，由自给自立以达于自治，以完成农村的整个建设。到20世纪30年代，全国从事乡村建设工作的团体和机构达600多个，先后设立的实验区有1000多处。这些农村社区开展的社区营生就是种植业和养殖业。如山东乡村建设研究院，在山东邹平引入美棉，每大亩（合3市亩）可收获800斤棉花，深受当地农民欢迎；引进无毒优良蚕种、荷兰乳牛、瑞士乳羊、意大利蜂、俄罗斯长绒兔等，也得到大面积推广。为推广优良种苗、改良经营技术，社区建设者还在各区租借民地，设置实验区，试种各种农作物，农林事务所派员巡回指导。实验区内的生产收入，全数归管理农户。[①]

总之，社区营生保障是多种因素共同作用下产生的社区生计保障形式，是更好保障社区居民生活的社区保护措施。其生活保障价值早为世界许多国家看重，并主张实施社区营生保障措施。20世纪初，英、法等欧洲国家和美国，兴起一场更具广泛性的睦邻运动和社区福利运动，其主要内容是利用社区人力、物力资源，培养社区成员的自治精神和互助精神，动员社区成员齐心协力，在本社区创造更好的生活条件。1951年联合国经济社会理事会通过390D号议案，发出"社区发展运动"倡议。1957年，联合国开始研究社区发展计划在发达国家的应用。1960年美国政府制订的"反贫穷作战计划"就将采用社区发展基本原则和方法的"社区行动方案"纳入自身之中，开辟了发达国家发展社区经济战略的先河。1961年，联合国秘书长提出《都市地区社区发展报告书》，推动了许多地区的城市社区经济工作的发展。此后，英、法、德及北欧国家都普遍开展

---

① 谷中原：《农村社会学新论》，武汉大学出版社，2010，第262～264页。

了社区经济工作。目前对社区经济的重视已成为世界各国的共识。20世纪90年代，我国的台湾地区开始发展城市社区经济，主要是为了发展城市社区福利和解决城市就业问题，组织城市社区家庭发展家庭工厂，鼓励社区居民进行合作生产、创业。

三　社区营生保障经济的发展范型

我国社区发展集体营生保障的实践经验告诉我们，发展社区集体营生保障必须发展社区集体经济。因为没有集体经济就没有集体收入；没有集体收入就无法开展集体营生保障。发展社区集体营生保障的唯一途径是发展社区营生保障经济。发展社区营生保障经济有如下基本要求。

（一）发展社区营生保障经济需要经济能人带动

没有营生产业就没有营生保障。发展营生保障，社区必先发展集体经济；发展集体经济，必先培育经济能人。这是因为社区劳动者的经营素质参差不齐，经营能力有高有低，不是所有的劳动者都擅长做生意。社区经济能人就是生在社区、长在社区的，具有创业素质的，善于兴办企业并带领社区劳动者发家致富的能手。如下两个案例可以说明，社区发展集体经济离不开社区经济能人的带动。

案例4-3　李黑记带领东岭村发展村集体经济[①]

位于陕西省宝鸡市金台区陈仓镇的东岭村是陕西省第一村，是中国村庄经济百强村（2010年），居全国第四名，仅次于江苏省华西村、山东省南山村和江苏省长江村。其拥有的东岭集团，从1997年至2005年，先后收购兼并了多家国有企业，进入铅锌冶炼、焦化生产、钢铁冶炼、矿产资源开

---

① 笔者根据"百度百科：东岭村（陕西省宝鸡市金台区陈仓镇下辖村）""东岭集团宣传片（2012）""新闻纪实录《东岭印记》"等媒体资料整理而成。

发、木材物流等产（行）业。实现销售收入 122 亿元、利税 7.7 亿元。村民年均收入 4 万元（2006 年），名列"中国企业 500 强"第 312 位（2007 年）。

东岭村有 210 户，812 人。在改革开放前，东岭人过着窘迫的生活，当时的东岭村是"村东村西水汪汪，村前河滩白茫茫，半年糠菜半年粮，有女不嫁东岭郎"。东岭村是在村年轻人李黑记带领下才发展成今天这样的状态的。

1975 年，青年李黑记高中毕业在生产队当保管员时，队长让他买 30 个水桶，他上街一打听，做一个铁皮水桶能省一块五毛钱，就给队长建议开了个黑白铁皮加工铺。1988 年，李黑记与村上四个伙伴找亲戚借凑了 10 万元，从银行贷款 10 万元，购置了设备，开始生产市场紧俏的铁钉、镀锌铁丝。到 1990 年，已更名为东岭铆焊机械厂的组办企业，固定资产达到 120 万元。1996 年，李黑记个人承包经营期满，为了带领大家实现共同富裕，他把 8 年来积累的 6000 多万元，一分不少地全部捐献给了村集体，带领全体村民走上了"以企带村，村企合一，共同发展"的创新之路。2000 年，东岭集团抓住西部大开发和国企改革的历史机遇，迅速完成了工业化扩张，由单一的钢铁贸易有序转入钢铁冶炼、有色冶炼、焦化生产、矿产开发等实体经济，形成了多元发展格局。2007 年，东岭集团成立了物流总公司、冶炼总公司、矿业总公司、房地产总公司和投资总公司等五大总公司，掌管着遍布全国的 40 多家成员企业，彰显着李黑记和他的东岭集团迈入了大运作时代。

经过李黑记带领东岭村民 30 年的奋斗，东岭集团由小到大、由弱到强，企业收入从 20 万元增长到 230 多亿元，实现了 10 万倍的增长，创下了中国的东岭速度。现在东岭村人均年收入超过 5 万元、户均资产超过 150 万元；全村 95% 以上的劳动力在企业上班，村民每年领取 20% 的股份分红，每人每年还领取村集体分红 1.4 万元，老人多领 2000 元退休金，东岭村一跃成为"中国第四村""西部第一村""陕西第一村"。

现在的李黑记是中共党员，有大学文化，是陕西东岭工贸集团股份有限公司董事长兼总经理，是经过村民选举产生的村委会主任，是组织培养出来的宝鸡市金台区东岭村党委书记。

案例4-4 宋作文带领山东省龙口市东江镇南山村
发展村集体经济①

山东省龙口市南山村位于胶东半岛，改革开放以来，在宋作文带领下，南山村本着"控制分配、增加积累、滚动发展、共同致富"的原则，不断发展壮大，先后兼并了周边11个村庄，行政域名统一为南山村，由一个队办小厂发展成为占地面积达到45平方公里，员工3.6万人，总资产152亿元，以股份制为主体的村企合一的现代化国家级大型企业集团。南山集团现拥有南山工业园、东海旅游度假区、屺坶岛临港产业园、西海岸人工岛四大园区，辖60多家企业、20余个居民生活小区，形成了以工业、金融、航空、高新技术产业、房地产、教育、旅游、老年健康养生等为主导，多产业并举的发展格局，拥有国家5A级旅游景区——南山旅游景区。

改革开放前，南山的村名叫前宋村，全村共260户，800多人，面积仅1平方公里，人均不到1亩山岭薄地，穷得"肚中空当当，山上溜溜光"。1978年底，宋作文以第三生产小队长的身份带领村民办起了工副业，直到建成村企合一的大型企业集团，让村民走上了致富之路。

1978年，黄县（即现在的龙口市）东江镇前宋村村民宋作文与在东北的朋友一起贩运木材，赚取了5000元。以5000元作启动资金，做豆腐、糊水泥袋、制石棉瓦；到1983年，先后上马玻璃纤维厂、棉纺、毛纺等项目，扩大了生产规模；1987年，投资兴建纺织厂，利用改革开放政策，抓住市场机遇，迈出创业第一步。前宋村党支部书记宋作文从三小队的集体积累中拿出20万元，还清了全村的外债，新上了精毛纺和铝型材等项目，开始了二次创业。从1994年开始，先后投资1亿元兼并周边11个经济落后村。兼并之后的南山村，总占地面积达45平方公里。此举较大地满足了工业扩张对土地的需要，同时也为工业扩张提供了充足的劳动力。20世纪90年代以来的产业结构调整，使南山村

---

① 笔者根据任叶、王晶《"南山村亦是南山城"——山东发展乡村旅游报道之三》，《中国旅游报》2013年10月25日，以及百度百科"南山村"等媒体资料整理而成。

走出了一条以市场需求为导向，从在本地域办村办企业到规模扩张以及产业结构调整与优化之路。从 2001 年开始，南山人在 15 公里外的北部海滨实施了占地 16.5 平方公里的东海经济园区开发项目，投入 200 亿元以上，把北部海滨经济园区建设成为集生产、旅游、娱乐、休闲于一体的，科技含量高、生态保护好的综合性海滨城市新区。

经过宋作文带领村民 30 余年的艰苦拼搏，南山集团现已发展成为稳居中国企业 500 强前列的村企合一的大型民营股份制企业集团。现已形成了以铝业、纺织服饰、金融、航空、置业、教育、旅游、健康养生为主导的多产业并举的发展格局。为满足发展需要，南山集团在澳大利亚、美国、意大利、新加坡、印尼、中国香港等多个国家和地区设立了分公司。2016 年 8 月，南山集团在 "2016 中国企业 500 强" 中排名第 167 位。

现今的宋作文，是中国共产党党员，拥有大专学历，历任龙口市东江镇前宋村（南山村前身）第三小队队长，村主任，村支部书记，南山集团公司党委书记、董事长、总经理等职务。现任南山集团监事会主席。

案例 4－3 和案例 4－4 显示，正是社区经济能人带领社区劳动者艰苦创业，把握商机，不断扩大经营行业和推进转型升级，壮大社区经济，发展成为企业集团，建立起强大的社区经济体系，为社区发展营生保障奠定了坚实的经济基础。赢得了社区居民的高度信赖，担任社区企业集团的董事长，被选为党组书记和村主任，形成党、政、企三者合一的社区经济管理结构。并实现社区行政结构向市场治理结构转变，建构社区经济的市场治理结构。

（二）发展社区营生保障经济必须拥有并利用社区资源

社区资源包括劳力、土地、矿产、森林、水域、生态、景观、智力、文化、资金、技术、信息、声誉等，可分为有形资源和无形资源两类。劳力、土地、生态、矿产、森林、水域、景观等为有形资源；智力、文化、资金、技术、信息、声誉等为无形资源。社区资源是社区发展集体经济的物质资本，是社区发展营生保障的深层基础。充分挖掘社区资源，为社区经济所用，是社区发展营生保障的必要功底。只有充分利用和合理配置社区资源，才有可能发展社区营生实业。下面两个案例可说明社区资源对建立社区经济体系的重要性。

案例 4 - 5　京华社区利用社区资源发展社区经济

位于河南省新乡市新乡县小冀镇的京华社区，东临新乡县城和县域经济重点开发区，西邻古镇老商区。①社区充分利用劳力资源，发展社区特色经济，以充分就业带动经济发展，以经济发展促进充分就业，促进劳力、就业良性互动发展。②社区充分发挥社区生态休闲旅游资源优势，发展生态休闲旅游产业，带动商贸、服务业长足发展。③社区充分利用矿质水资源，建立京华矿泉养生苑、京华矿泉度假村、京华矿泉疗养院、京华宾馆、京华商贸一条街，组成京华旅游度假区，形成"吃、住、行、游、购、娱"一条龙服务。④社区充分利用得天独厚的区位优势，新修建材市场、2 条商业街、9 座商贸厅、5 个大型超市、1 个会展中心，拉动小冀商贸重镇的繁荣，开拓更多产业门路。京华社区充分利用资源发展集体经济的措施，较好地改善社区居民的居住、生活、就业状况，让居民有活干、有稳定收入，过上更加幸福的生活。①

案例 4 - 6　万溪冲村社区利用社区资源发展社区经济

云南省昆明市呈贡区的万溪冲村社区，处于高原地形半山区地势，土地面积 10 平方千米，一年四季如春，气候宜人，耕地面积广阔，主要种植蔬菜、水果；林地主要种植宝珠梨、水蜜桃等经济林果；另有小型水库一座、矿泉水、荒山荒地等资源。①社区立足土地资源、气候资源，种植万亩宝珠梨，并发展观赏农业，每至果树花期和结果期，组织游人赏花、

---

① 王立奎：《拓渠道搭平台促就业——京华社区创建省级充分就业星级社区纪实》，《中国就业》2013 年第 8 期。

赏玩、采摘，促成果蔬种植与水果手工加工、休闲观光旅游的结合。②利用人力资源，培训村民手工特制梨花膏、豌豆粉、泡梨等食品技术；培训酒厂的村民，掌握独家的原料配方和酿酒工艺，增加劳动附加值，开拓市场销路。万溪冲村社区利用社区资源发展社区经济的措施，大大增加了社区居民的人均纯收入，2013 年社区居民人均纯收入比 2012 年增长15.4%，2014 年社区居民人均纯收入比 2013 年增长 13%。①

　　案例 4 - 5、案例 4 - 6 显示，社区资源是社区发展集体经济和营生保障必不可少的物质条件。经济相对发达的京华社区让社区居民"过上幸福生活"；经济相对落后的万溪冲村社区使社区居民"人均纯收入增长13%"，靠的就是充分利用社区资源发展适宜产业、发展社区集体经济。社区营生保障依附于社区，对社区资源的利用最直接和有效。社区营生保障具有社会属性，可利用这个属性，发挥社区资源最大效用。可以说，不论是对于不可支配资源还是可支配资源，社区营生保障通过市场手段和特殊属性，使资源达到最佳的配置状态。因而，要发展营生保障，不管是经济相对发达地区的社区，还是经济相对落后地区的社区，都要充分挖掘社区资源，开发社区资源的经济价值，让社区资源成为发展社区营生保障的物质条件。绝对不能让社区资源白白流失，捧着金饭碗过穷日子。

（三）发展社区营生保障经济必须建构适宜的社区产业体系

　　产业体系即为由不同产业部门及其行业类别构成的产业结构。从我国社区经济发展经验来看，社区产业体系，都是先由单一产业类别发展起来的，然后立足社区资源，不断扩展新的经营领域或经营行业，逐步建立起多业经营的产业体系。社区产业体系存在城乡差别。城市社区的产业体系一般由服务型产业、自救型产业、税源型产业、公益型产业构成。服务型

---

① 　任静：《政府主导模式下农村社区资本运行的研究——以昆明市呈贡区万溪冲村为例》，《云南农业大学学报》（社会科学版）2018 年第 1 期。

产业属于以便民利民服务为主要形式的社区服务经济，包括快餐、早餐、自行车棚、浴池、奶点、报刊零售点、各种中介服务网点等。自救型产业属于组织下岗职工在社区内实现再就业、进行生产自救的经济活动，包括家庭工厂、编织、小工艺，以及为工厂进行来料加工、来件装配等。税源型产业属于能从经济效益中提取一定比例的税收的经济活动，包括所有的驻区企业经营的各种产业。公益型产业属于公益经济范畴，包括社区新能源产业、环保产业、园艺园林产业等。全国各地的农村社区的产业体系构成比较复杂，都是立足社区资源而建立起来的产业体系。如陕西省宝鸡市的东岭村，1975 年的产业是铁皮加工；1988 年的产业是铁钉和镀锌铁丝；1997～2005 年的产业包括铅锌冶炼、焦化生产、钢铁冶炼、矿产资源开发、木材物流等行业，才建构起社区集体产业体系。又如山东龙口市的南山村，1978 年的产业是豆腐加工、水泥袋制作、石棉瓦制作；1983 年的产业是玻璃纤维、棉纺、毛纺产业；1987 年的产业增加腈纶枕巾产业；现已形成了以铝业、纺织服饰、金融、航空、置业、教育、旅游、健康养生为主导的多产业并举的发展格局。这说明，社区发展经济，必须立足社区资源，随着市场机会的变化，及时进入新领域，发展新产业，才能在市场竞争中赢得发展空间。为此，社区集体经济体系必须实行企业化管理和市场化经营。企业化管理就是把各种社区经济实体组合成企业集团，按照企业经营模式管理社区经济，避免采用行政管理方式管理社区经济，对社区劳动者进行效益化管理。市场化经营就是面向市场经营社区企业，从市场上获取生产要素（员工招聘、原料、生产工具购置），并围绕市场需要组织企业生产，所有产品通过销售渠道销往国内外市场。企业化管理和市场化经营能克服行政管理的失灵现象，保证社区经济得到健康发展。

（四）发展社区营生保障经济必须做大做强社区产业

兴办企业，如同逆水行舟，不进则退。在市场经济社会，社区办企业，发展社区经济，就必须走不断壮大的路子。不仅需要吃苦耐劳，而且需要有战略眼光和生意智慧。发展社区经济，需要不断积累资金、积累社会资本，进行扩大再生产；需要不断扩大生意门路、发展新产业；需要注重发展规模，也要注重发展质量；需要不断扩大生意半径和经营空间。我们可以举两个例子，增加其感性认识。

案例 4-7 东岭村从 20 万到 230 亿的成长故事[①]

要改变贫穷面貌，就不能吊死在一棵树上。1975 年，青年李黑记高中毕业在生产队当保管员时，队长让他买 30 个水桶，他上街一打听，做一个铁皮水桶能省一块五毛钱，就给队长建议开了个黑白铁皮加工铺。

1988 年，李黑记与村上四个伙伴找亲戚借凑 10 万元，从银行贷款 10 万元，购置设备，开始生产市场紧俏的铁钉、镀锌铁丝。1990 年，将其更名为东岭铆焊机械厂的组办企业，固定资产达到 120 万元。

1996 年，李黑记个人承包经营期满，为了带领大家实现共同富裕，他把 8 年来积累的 6000 多万元，一分不少地全部捐献给村集体，带领全体村民走"以企带村，村企合一，共同发展"的创业之路。

2000 年，东岭村抓住西部大开发和国企改革的机遇，完成工业化扩张，由单一的钢铁贸易转入钢铁冶炼、有色冶炼、焦化生产、矿产开发等实体经济，形成多元发展格局。

2007 年，东岭集团成立物流总公司、冶炼总公司、矿业总公司、房地产总公司和投资总公司等，掌管着遍布全国的 40 多家成员企业，东岭集团迈入大运作时代。东岭村一跃成为陕西省第一村、中国村庄经济百强第四名。

案例 4-8 沈泉庄从债务村变成百亿村的成长故事[②]

沈泉庄村隶属山东省临沂市罗庄区罗庄街道办事处。1986 年，村里

① 笔者根据《湖南农村》2010 年 4 月号总第 67 期刊登的《西部第一村——陕西东岭村》《百折不挠，小作坊变大集团》《"岭"头人——李黑记》三篇报道整理而成。
② 笔者根据百变《王廷江的人物事迹》、360 百科《沈泉庄村》、红色沂蒙旅游网《沂蒙新村·沈泉庄》、《王廷江：百万富翁消失与亿元村崛起》（《湖南农机》2012 年第 3 期）等媒体报道整理而成。

的能人王廷江用积攒下的 30 万元做启动资金，又贷款 60 万元，办起白瓷厂。1989 年，白瓷厂每天赢利万元以上。而当时的沈泉庄村集体账户上只有现金 426 元和 13 万元的债务，人均收入不到 300 元。

1989 年，王廷江将自己经营多年的价值 420 万元的白瓷厂和 180 万元资金献给村集体。

1991 年，沈泉庄村民在王廷江的带领下投资 1250 万元，多管齐下，同时动工兴建氧化锌厂、瓷釉厂和第二白瓷厂，接着又建起釉面砖厂、纸箱厂。当年创产值 4300 万元，实现利润 486 万元。全村全年工业产值和利润比上一年翻一番，分别达到 9100 万元和 970 万元。

1992 年，成立山东华盛江泉集团，工业总产值达到 1.6 亿元，实现利税 1750 万元，全村人均收入增加到 4000 元。

1996 年底，村办企业已经发展到 20 家，拥有资产 4.2 亿元，村民人均收入达到 6000 元，成为沂蒙山区的首富村。

1998 年，形成日用陶瓷、建筑陶瓷、肉类制品、木材加工等支柱产业，产品销往全国各地，并出口意大利、澳大利亚及非洲部分国家。

2000 年，打起国际牌，进军海外市场，成为亚洲最大的非洲原木进口商。随后又投资 500 万元在尼日利亚设立投资贸易公司，建起攻占非洲市场的桥头堡，集团产品很快辐射到非洲 10 多个国家和地区。集团相关的国际贸易公司、海运公司也随之快速发展。

2002 年集团开始着手打造完整的产业链，热电厂、电解铝厂、钢铁厂、焦化厂、油脂厂等 5 个项目相继破土动工，总投资超过 30 亿元。

2005 年沈泉庄江泉工业园实现销售收入 112.6 亿元，上缴综合税金过 4 亿元，出口创汇 8268 万美元，完成进出口贸易总额 1.16 亿美元。

2011 年，集团对铁路、车队、加油站、贸易公司、海运公司进行整合，组建大型物流公司，经营国际贸易、铁路运输、公路运输、海运、物流、仓储、技术进出口和电子商务等。集团先后在世界五大洲 27 个国家和地区设立办事机构，工业园内 36 家企业近一半发展成为出口型企业，产品外向度超过 50%，年进出口贸易额达 6 亿美元，生产的日用陶瓷、建筑陶瓷、木材制品、肉制品销往 30 多个国家和地区。

2012 年，该村实现销售收入 332 亿元，上缴综合税金 18.6 亿元，人均收入 80000 元。现拥有 36 家工业企业，形成热电、电铝、钢铁、焦化、油脂化工、陶瓷、肉类制品、木材经销及其加工、进出口贸易等 13 大主导产业，形成煤—电—铝、煤—焦—气、煤—气—墙地砖、电—热—木、电—热—大豆加工等五条高附加值新生产业链，产品远销几十个国家和地区，集体资产从无到有，达到 216 亿元。2014 年，沈泉庄村入选中国九大土豪村。

案例 4-7 和案例 4-8 证明"发展就是硬道理"，只有不断前进，社区经济才有更大的发展机会和发展空间，经济规模才会扩大，发展质量才会更高，经济实力才会增强，竞争能力才会更强。

（五）发展社区营生保障经济需要推行社区产业集体所有制

农村社区营生分为家庭营生和集体营生，所以，农村社区营生所有制分为集体所有制和家庭所有制。家庭所有制采用家庭经营形式，最高形式是家庭农场。社区集体所有制采用现代企业经营形式，其发展机制在于集体经济能提供比家庭经济更多的利益，包括就业、收入、福利、公共产品。2005 年以来，中国经济较发达的农村地区出现将存续 50 多年的村级集体经济组织改制为农村社区股份经济合作社的浪潮。如 2005 年，江苏省要求各地按照"资源资产化、资产资本化、资本股份化"的思路，加快推进农村社区股份合作制改革。到 2008 年，江苏已有 2840 多个行政村将社区集体经济组织改造成社区股份经济合作社，有 322 多万农民成为社区股份经济合作社的股东；浙江也成立了 700 多个农村社区股份经济合作社；北京市丰台区一个南苑乡就有 11 个村级集体经济组织变成农村社区股份经济合作社。农村社区股份经济合作社有利于推动农村民主制度建设、消除干群矛盾的根源、对原集体资产保值增值、增加社区居民收入、解决家庭联产承包责任制条件下分散经营与大市场的矛盾、加快社区产业发展步伐。发展农村社区股份经济合作社，关键在于产权改革，因为股权既反映集体成员对集体的贡献、对集体财产的占有数量，又反映集体成员对集体资产收益的分配情况。其操作步骤：第一步对社区集体资产清产核资。第二步在此基础上进行股权分配，设置集体股以解决社区日常的行政和社会事业开支、社区公共设施建设；设置人口股以体现集体资产共有和共同富裕原则；设置贡献股以体现村民对发展集体经济所做的贡献份额。第三步公布股权收益分配方案。① 第四步设置机构，在社区股份经济合作社下，设股东代表大会、董事会和监事会，并按股份经济合作社章程行使其职能。② 中国农村社区股份合作制度建立情况举例如表4-1所示。

表4-1　中国农村社区股份合作制度建立情况

建立年份	社区企业改制后名称	现有资产（亿元）	股权设置	属地
1999	陕西东岭工贸集团股份有限公司	300	集体股80% 个人股20%	陕西宝鸡
1999	浙江航民实业集团有限公司	30	集体股56% 个人股44%	浙江杭州
1999	江苏华西集团有限公司	160	集体股50%～60% 个人股40%～50%	江苏江阴
2005	山东南山集团有限公司	152	集体股84% 个人股16%	山东龙口
1992	山东华盛江泉集团	30	集体股83% 个人股17%	山东临沂
2001	西王集团有限公司	300	—	山东滨州
1998	江苏联峰实业股份有限公司	14.5	集体股25% 个人股75%	江苏张家港
2007	江苏新长江实业集团有限公司	100	集体股95% 个人股5%	江苏江阴

经过一段时间的运行，我国农村社区股份合作制经济组织在运行管理方面取得了一定的成功经验。第一，完善产权制度：设立"集体股"，

---

① 股权收益分配，一般将当年的各项收入，减各项合同支出，减应缴纳的税金后，按规定的比例进行分配。

② 孔有利、刘华周：《农村社区股份经济合作社产权分析——以江苏省村级集体经济组织股份合作化为例》，《中国农学通报》2010年第23期。

"个人分配股"应有继承权。第二，完善分配制度：坚持以按劳分配为主，股红分配为辅的分配原则；把握好积累和消费的比例，税后利润的60%用于扩大再生产，40%用于股金分红、集体福利基金、职工奖励基金等；合理提高股份合作企业经营者和技术骨干的报酬。第三，完善内部管理制度：股金管理制度、基金提取制度、民主理财制度、股息红利分配制度、工资奖金分配制度、福利制度、固定资产折旧制度等。[①] 农村社区股份合作经济组织的建立及其运行管理经验对于发展农村社区集体经济和营生保障产生了更好的推动作用。

（六）发展社区营生保障经济需要优化配置社区福利资源

落实集体营生措施，实现营生保障目标，社区必须将部分集体经济收入转化为生活福利资金，拿出一部分集体收入改善社区家庭及其成员的生活水平。以此增加社区居民对社区经济的信心及其关注度、参与度，实现社区居民对社区经济给予的营生保障期望。案例4-9和案例4-10说明农村社区在用集体经济收入提高社区居民的生活福利水平上的高度自觉性。

案例4-9　东岭村借助社区经济平台发展社区生活福利事业[②]

位于陕西省宝鸡市金台区陈仓镇的东岭村，是我国社区经济发展的翘楚，也是将部分集体收入转化为社区居民生活福利的典范。该村利用集体收入建立了如下生活福利制度。

（1）发展住房福利。东岭集团利用集体收入，修建了大批住房，免费供给社区家庭。目前，村民全部搬进新东岭欧式住宅小区，家家户户都有两套住房，人均住房面积超过100平方米。

（2）发展退休福利。20世纪90年代，东岭村就开始实行退休制度。

---

① 孙莉、耿黎：《农村社区股份合作制经济组织管理和运作模式探析》，《农业经济》2010年第5期。

② 笔者根据张海峰、乔海敏等《"村企合一"的东岭福利》（《中国社会保障》2003年第2期）整理而成。

多年来，退休人员一直享受社区养老保障待遇。2002 年之后，在东岭集团，退休人员每年至少能领到 7000 元的生活补贴。而宝鸡市政府机关工作人员的月平均退休工资只有 1000 元，企事业单位职工的月平均退休工资只有 660 元。可见，东岭集团的退休待遇已和城镇企事业职工的退休待遇不相上下。

（3）丰富社区居民的文化生活。东岭村利用集体收入建立社区网站、组建电视拍摄制作团队、兴办"一报三刊"（内部）。组建村老年协会、老年活动中心、家长学校，并支持这些社区组织常年开展活动。组建村合唱团、自乐班、秧歌队、管乐队、舞蹈队等，培养村民及子女的文明、和谐、健康生活方式。购置健身器材，建起了多功能活动室、游乐场、灯光球场等，经常开展比赛活动。

现在的东岭村，40% 的家庭有私家车，村民年收入都在 5 万元以上，户均资产达 150 多万元。可以说，社区家庭的营生能力得到大幅度提升。

案例 4-10　西王村借助社区经济平台发展社区生活福利事业[①]

位于山东省滨州市邹平县韩店镇西王村的西王集团是中国企业 500 强之一、中国制造业 500 强之一。西王村实现了生活福利化、管理社区化。村民年人均纯收入已超 10 万元，建立了社区福利体系，从"摇篮"到"坟墓"所经历的上学、工作、养老，村民都不需要花一分钱。

（1）发展教育福利。从 2001 年起，西王村规定村内小学到初中、高中和中专、专科、本科等不同层次学生的补助和奖励标准。从那时到现在，村委都定期足额发放奖助金。2005 年 5 月，西王集团设立 300 万元的教育基金，奖励、救助韩店镇的优秀生和贫困生，考上大专、本科分别奖励

---

① 笔者根据徐舒映《美丽乡村的村民幸福梦——西王村社区自城镇化中的福利考察》（《山东青年政治学院学报》2016 年第 1 期）、王留彦《西王村：一粒玉米创造新的奇迹》（红色文化网，2017 年 10 月 3 日）整理。

5000 元、10000 元。村里派遣出国留学生，由西王集团出资保送村民的子女到发达国家留学深造，学习科学技术、企业管理、会计、法律等方面的知识。

（2）发展生活福利。2001 年 9 月起，西王村每位村民每年享受的福利待遇达到 3000 元。在村庄经济高速发展、社区结构膨胀的条件下，福利往往是村政功能的重要目标。现在，西王村民的生活已基本上实现了福利化，所有生活资料由企业统一供应。村里对到企业上班不再种地的村民实行生活补助，每人每月供应 30 斤面粉。2007 年起，每人每月发放 100 元的生活补助，并成为制度性的福利。

（3）发展老人福利。投资兴建了老年公寓，65 岁以上老人全部入住老年公寓，对全村老年人进行集中供养。对年满 60 岁、55 岁的男女村民每月发放 100 元老年生活补助金。为搞好老人生活，西王集团为老年公寓拨出专款。入住公寓的老人，在每月按人头划拨到食堂的生活费之外，集团还分给每人每月 130 元零花钱。逢年过节，集团还额外给老人过节费。西王老年公寓，设有专门的室内活动室，配备了适合老人运动和活动的各种健身器材和娱乐设施。室外活动项目主要是做早操和打门球，成立了专门的老年门球队，经常参与并组织县内外的老年门球比赛。组织各种文艺表演、参加节庆文化活动成为展示西王老人风采、活跃老人文化生活的经常性工作。老年协会组织了扇子舞队、秧歌队、腰鼓队、太极拳队等，每逢喜庆节日，老人们敲起锣鼓扭起秧歌，表演太极扇、中国功夫等。

（4）发展医疗保障。为村民和企业职工缴纳社会养老保险，并建立新型合作医疗体系。除了村民都享有的社区公费医疗，老人们还另有每年 120 元的医疗补助。

现在的西王村实现学有所教、劳有所得、病有所医、老有所养、住有所居。社区企业是社区民生保障及其他公共事业的财力后盾。

（七）发展社区营生保障经济的基本命题

社区为了保障其居民的集体营生，兴办的企业，以及由此发展起来的企业集团，属于社区的集体经济。社区企业发展到一定阶段都是混业经营、多业经营，呈现多种产业齐头发展状态。在治理权力上，随着社区集体经济的壮大，社区企业董事长逐步成为社区两委的负责人，出现党组领导权、行政领导权、企业领导权三权合一的治权结构。为社区集体经济支持社区营生提供了事权保障，保证社区集体经济的营生性质和生活保障目的实现。

发展社区营生保障经济有五个基本命题。第一个命题是自我发展命题。即社区营生保障经济是社区完全依靠自我积累原始资金，利用社区资源兴办企业，并将企业越办越大，由单一产业变成产业体系；由小企业变成企业集团，最终成为具有较大市场竞争力的规模经济。第二个命题是能人引领命题。从兴办社区企业的渊源以及发展成企业集团的过程来看，社区产业都属于能人型经济，都是由社区经济能人带动和引导而发展壮大的。而且在壮大社区企业过程中，社区经济能人逐渐成长为具有较高经济素质和经营技巧的著名企业家，并培养出社区经济能人群体，成为社区经济进一步发展的人力资本。第三个命题是经营空间扩大命题。社区营生保障经济不像小农经济，不以地理空间为界限，其经济活动空间以社区为中心，不断向外扩大，直至发展到国外。当经营规模达到一定程度的时候，社区企业集团都会在国内大城市和国外建立分公司或经营机构。社区企业集团的经济实力和知名度声誉远播、企业品牌越来越响亮。第四个命题是企业股权改革命题。为了建立现代企业管理体系，我国的各地农村社区从2005年开始逐渐将社区营生保障经济改制为社区集体营生保障股份合作经济，将社区企业股份分成集体股和个人股两类股权，并将社区集体股权设置在25%～85%。第五个命题是集体营生命题。兴办和发展社区企业的一个目的就是保障社区居民的营生，提高社区居民的生活福利水平。社区兴办企业的原始动机就是为了摆脱贫穷和苦日子。企业兴办成功、企业发展壮大了，有了集体收入，就要给社区每个家庭和每个居民分派集体收入，让家家户户过上好日子。为了进一步让每个社区成员关心和参与社区营生保障经济的建设，必须让社区成员直接分享社区集体营生保障经济的成果，包括优先获得社区就业岗位、配享社区企业股权、参与社区企业分红、分享社区公积金和生活福利，从而使社区居民获得稳定的生计来源。可见，社区营生保障经济是社区集体营生的可靠渠道。从效果看，社区集体营生保障功能远比家庭营生和劳动者个人营生保障功能强许多。

四　社区营生保障经济之不足与促进策略

从现有的农村社区发展营生保障经济的实际情况来看，我国社区营生保障经济还存在一些缺陷，需要采取有效措施加以弥补。

（一）社区营生保障经济存在的不足

检视近 40 年的中国社区经济发展历程，可以看到社区营生保障经济存在一些不足。

（1）社区严重缺乏高水平的经营与产品研发人才。在 20 世纪 80 年代的社区企业初创时期，社区企业家和经营团队或许通过吃苦耐劳和锲而不舍的干劲，能打开一片企业发展空间，但是，进入商民社会和知识经济时代，社区经济人才队伍就显得竞争能力不足。

（2）社区的天然资源依赖型经济难以转向知识资源开发型经济。一旦天然资源开发利用殆尽，而社区又难以开发知识资源，社区经济就会失去资源基础。

（3）社区难以推行现代企业管理制度。经过长期运作，原来社区企业的创始人，逐渐树立了个人权威，成为社区治权的控制人，逐渐建立起社区经济权威型管理模式，并成为社区经济管理模式的最终归宿。一些经济发达的行政村将社区经济管理大权甚至整个社区的管理权传递到家庭二代身上，就是这种表现。

（4）一些社区缺乏经济发展所需要的资本。资本对社区经济的发展至关重要，但长期以来被忽视了。其因，一是社区组织不是紧抓机遇，而是"瘸子打围坐着喊"，不行动，依赖政府获得"首长项目"以便取得财政保证，依赖政府给予"抹账"，以便坐享其他的利益等。无论是生产要素，还是资源配置都处于僵化状态。二是政府财力有限，资金投向社区的数量毕竟太少。三是一些社区尤其是城市社区自有财力较弱，财政仅能维持一般工资支出，是吃饭的财政，除此之外，无力担当投资发展经济的任务。

（5）社区责权利不统一。近年来，虽然国家一再强调将权力下放到社区，为社区经济发展和居民生活条件改善创造外部条件。但是各地对社区发展经济，认识不同，使各地社区的权力得不到保障。有些地方，大量的工作事务压到社区，"上面千根线，下面一针穿"，居民需要社区解决的事情，社区只能起协调作用，没有解决能力，使居民对社区的作用产生怀疑，也使社区在开展工作等各方面受到阻碍。

（6）政府部门对社区的帮助不够。随着社区宣传工作的深入，有些政府部门已经意识到发展社区经济的重要性。但同时，一些重要部门的卡、拿、要现象依然存在，许多部门对社区工作不支持，使原本可以享受的优惠政策不下放，甚至出现拖拉、积压等现象，使社区开展经济工作难上加难。

（二）促进社区营生保障经济发展的基本策略

我国社区营生保障经济存在的不足容易造成社区营生保障经济的发展困境。克服这些不足，发展社区营生保障经济，需要政府采取一些促进策略。

（1）实施社区营生保障经济发展战略。政府将社区营生保障经济的发展后劲置于区域续性发展战略中；将社区营生保障经济的发展目标置于服务居民生活上；将社区营生保障经济的管理放在完善机制上；将社区营生保障经济放在健全组织层面上。通过这些战略措施，为社区营生保障经济创造发展空间。

（2）开辟社区营生保障经济增收渠道。一是探索社区服务市场化、社会化、产业化发展路径。按照不同消费层次兴办社区服务实体，开展全方位、多层次服务，提高社区服务水平。按照市场要求，建立网络化、公司化的社区服务组织，采取民办公助、公办民助、股份制、合作制等方式，鼓励社区单位、民间组织、居民甚至海外人士以资金、房产、设备、技术、信息、劳务等多种形式投资入股，走以有偿服务养福利性服务的路径。二是树立市场经营理念，开发社区公益项目。要大力发展老年公寓、老年医院、老年活动中心、老年医养中心等服务设施，积极提供老年家庭服务、医疗护理服务、保健服务、关怀服务等服务项目，建立社区服务经济体系，开辟社区经济发展新路。

（3）深挖社区公共资源和营生保障经济发展潜力。鼓励驻区单位参与社区经济发展。发挥驻区单位经济实力强、联系业务广泛、信息灵通的优势，为社区经济发展提供厂房、资金、技术等方面的支持。把社区资源优势与市场建设结合起来，依托资源办企业，壮大社区经济实力。

（4）构筑社区营生保障经济招商引资支撑平台。一是通过完善社区功能、提升社区品位，加大社区经济发展的硬环境建设力度。二是维护发展社区经济的市场竞争秩序，形成公平、公开、公正、竞争的社区经济发展市场环境。竭尽全力服务招商引资，为投资商户提供便捷、周到、优质、高效的服务。

（5）制定并落实社区营生保障经济推动政策。一是政府部门和社区应合理对社区产业进行准确定位，使社区经济的发展方向更具前瞻性和科学性。在此基础上，认真开展社区经济起步资金、经营场地、办公设施、人力资源等具体问题的研究，并针对上级部门出台的各项优惠政策，制定操作性强的社区经济发展措施，用有效政策和制度促进社区经济快速、健康发展。二是制定服务社区经济组织发展政策。对社区营利性经济组织要用市场机制进行管理；对非营利性经济组织的注册登记、领导体制、组织机制、投入机制、约束机制等实行法制化和制度化管理，进行税费减免、财政资助；对福利性和公益性社区经济、自办的微利型社区经济实体、下岗职工从事的社区服务业，给予财税支持和优惠。

（6）大力培养社区营生保障经济能人。社区经济能人是社区经济发展的推动力量，是社区企业走上集团化的领导者，能为社区家庭致富提供多方面支持，也引导社区其他劳动者成为经济能人。培养社区经济能人的具体措施如下。

第一，扶持现有社区营生保障经济能人。首先，社区营生保障经济能人在市场经济也会遇到各种实际经营困难，社区要时刻关注经济能人的经营过程，要了解实情，解决困难，为他们进一步做大做强创造良好的社区环境。其次，为社区经济能人提供优质服务，落实技术人员进驻能人企业，进行现场指导，解决技术难题；帮助经济能人获取市场信息；开展产品质量认证和争创品牌活动。待他们的经济实体有一定规模和取得良好效益后，就开始给他们分配带动社区其他家庭致富的任务。最后，加强对社区营生保障经济能人的引导与监督，防范可能出现的不良动机或者违法违规行为。

第二，要针对社区营生保障经济能人化状况分类分期培养更多的社区营生保障经济能人。首先，采取有效措施提升现有集体营生保障经济能人的经营管理水平和在促进社区营生保障经济发展上的能效。其次，培养潜在的社区营生保障经济能人，潜在经济能人与现实的经济能人比较接近，在特征上没有明显的区别，最容易被经济能人带动，对经济能人或其他人所从事的生产活动表现出敏感性，非常关注并迅速模仿这些生产活动，属于发家致富的"易感人群"。但是由于渠道、资源、资金等因素的欠缺，他们不能像现在的经济能人一样从事专业化生产并获得成功。所以着力培养潜在的社区营生保障经济能人，针对具体情况为他们解决渠道、社会资源、资金等困难，促使他们向经济能人转变，这是社区营生保障经济发展和发展集体营生保障事业的重要任务之一。

第三，大胆引进外地经济能人进社区投资兴业，发展社区营生保障经济。在扶持本地经济能人的同时，要制定优惠政策，吸引外地经济能人来本社区发展实业。筑巢引凤，为外来经济能人解决住房、户口、安全等问题，吸引多方经济能人来本社区投资创业，给本地劳动者带来新理念，起示范作用。

第四，把善经营的党员培养成社区营生保障经济能人。社区党员是社区先进生产力的代表，在社区经济建设中应该起先锋模范作用，而且社区党员关心群众、政治素质较高，所以将善经营的社区党员培养成社区经济能人，就能起到带动更多家庭致富的效果。首先是科技引路，对善经营的社区党员开展技术培训。请专家和有实践经验的教师进行授课，大规模地培训一批基层党员，使社区党员掌握生产实用技术。其次是项目带动，建立示范基地。以创设党员示范岗为契机，鼓励党员干部创办经济实体。最后是典型示范，培养党员科技示范户，促使他们早日成为社区经济能人，带动广大群众致富。

五　基本结论

社区营生保障是社区生计保障的主要途径和谋生方式，是社区生计保障结构的重要构成要素。社区营生保障具有强能性、间接性、自力性、差异性、效率性、发展性、品质性、亲情性等生活保障特征。社区营生保障的实现基础是社区集体经济。社区营生保障具有消除就业困境、促进社区建设运行发展、开辟富民强民渠道、发展民商社会的特殊功能。

社区发展集体营生保障事业是社区及其所辖家庭的特质决定的。家庭谋生能力的有限性、家庭缺乏抵抗谋生风险实力，是社区发展集体营生保障事业的主体性致因；建构公共营生平台、克服居民生活风险、增强社区生活保障本性、为社区运行与发展奠定物质基础，是社区发展集体营生保障事业的社会性致因。

我国社区发展集体营生保障的实践经验告诉我们，发展社区集体营生保障必须发展社区集体经济，没有集体经济就没有集体收入；没有集体收入就无法开展集体营生保障。发展社区集体营生保障的唯一途径是发展社区营生保障经济。发展社区营生保障经济的基本要求是：需要社区经济能人带动；需要拥有一定的社区资源；需要建构适宜的社区产业体系并做大做强社区产业；需要推行社区产业集体所有制；需要进行福利资源的优化配置。

发展社区营生保障经济，社区必须遵循：依靠自我积累原始资金和利用自有资源大力兴办社区企业，坚持走规模经济发展道路；必须着力开发社区人力资源，依靠具有经营素质和经营技巧的能人群体，不断壮大社区企业，坚持发展社区能人经济；必须不断扩大企业经营空间、打造企业品牌、将社区企业办成拥有跨国公司和国际知名度的经济集团，坚定不移地走全球化的发展路子；必须建立现代企业管理制度，将社区企业发展成为社区股份合作型企业，坚决选择股份经济发展模式；必须以提高社区居民生活水平为经营目标，保证社区企业成为社区居民的可靠生计来源，让社区居民直接分享发展社区经济的成果，毫不动摇地选择福利性经济发展模式等五个社区营生保障经济发展命题。

促进社区营生保障经济的发展，必须实施如下促进策略，包括实施社区营生保障经济发展战略、开辟社区营生保障经济增收渠道、深挖社区公共资源和营生保障经济发展潜力、构筑社区营生保障经济招商引资支撑平台、制定并落实社区营生保障经济推动政策、大力培养社区营生保障经济能人。

第五章　社区就业保障

就业指在法定年龄内的有劳动能力和劳动愿望的人所从事的为获取报酬或经营收入进行的生计活动。就业是民生之本、安国之策。作为家庭的主要劳动力，为人子、为人女，为人父、为人母，谁不敢仰事俯畜。这就要求家庭的主要劳动者必须就业，否则，就没有上赡父母、下育子女的资本。从属性上判断，社区就业是社区家庭和劳动者个人谋生途径。对于经济落后地区的城乡社区和尚未建立社区经济体系的城乡社区而言，实施社区就业保障，也不失为推动社区生计保障事业发展的一种有效措施。从社区就业保障来看，作为社区的一项生计渠道，就业保障与营生保障在行为动机上存在一定的差别。营生保障是社区主动实施的生计策略，具有主动性；就业保障是社区应对政府就业工作部署而实施的生计策略，具有应景性。社区实施就业保障体现了国家和政府对老百姓就业问题的关心，客观上，给社区劳动者及其家庭的生活保障带来了额外福利。

一　社区就业保障的特质

（一）社区就业保障的本质含义

社区就业源自工业革命时代。工业化使传统的以家庭为生产单位的生产模式发生了变化。工业生产是机械、流水线、大规模生产，不可能在家庭手工作坊里进行，需要修建专门的工厂和生产车间，使用特定的生产工艺和技术进行生产。没有掌握相关技术，就不可能进入工厂进行流水作业。而且若工业生产岗位供不应求，必然出现部分劳动者难以找到工作的现象。因而，工业社会存在大量失业人员。为了解决失业问题，各国政府出台社区就业政策，鼓励社区劳动者在社区就业。

20世纪50年代之前，欧美国家学者将在社区范围内的就业称为社区就业。但是，随着就业流动性的增强，社区就业逐渐突破地域范围，欧美国家的一些学者基于劳动力市场二元分割理论，将处于次要和边缘劳动力市场的就业称为社区就业。社区就业体现出低工资、低技能和地方化取向，成为二战后反贫困政策的重要内容之一。全球化的金融危机和青年失业问题逐渐改变了学者对社区就业的认识，社区就业的概念界定也发生了根本性的变化，如李北群、储杨将社区就业界定为政府、企业、社区和福利组织在社区层面为难以就业的劣势群体提供的就业机会与就业支持服务。[1] 西方学者杜英格和帕雷认为社区就业是政府、企业、社区和福利组织在社区层面为难以就业的劣势群体提供的就业机会与就业支持服务；[2] 科尔认为社区就业其实就是地域社区范围内的劳动就业活动。[3]

2000年，劳动和社会保障部召开全国社区就业工作会议，标志着中国社区就业概念与政策的诞生。会议要求开辟崭新的社区型就业渠道，从地域社区和功能社区两个角度全面拓宽就业渠道，尽可能为失业下岗人员和劣势群体提供更多更好的就业机会；大力发展第三产业和社区服务经济，多渠道、多形式开发社区就业岗位。2001年，劳动和社会保障部颁布《关于推动社区就业工作的若干意见》，提出将社区建设与扩大就业有

---

[1] 李北群、储杨：《积极福利视角下的大学生社区就业问题研究》，《中国高等教育》2013年第10期。

[2] P. Doeringer, M. Piore, "Interal Labor Markets and Man Power Analysis", New York: Sharpe, 1971.

[3] C. Kerr, *Labor Markets Wage Determination: The Balkanization of Labor Market and other Essays*, Berkeley: University of Califomia Press, 1977.

机结合起来，拓宽社区就业门路；引导和帮助更多下岗职工和失业人员在社区党建、社区教育、社区服务、社区环境、社区科普文化娱乐体育、医疗卫生和计划生育、环境保护、社会治安、法律援助等领域就业；鼓励支持下岗职工和失业人员创办便民利民社区服务企业、中小企业等社区经济实体。2002 年，我国学者杨宜勇提出社区就业是把扩大就业与社区服务结合起来，依托社区阵地，发动和组织社会力量开展社会化服务，向社区要岗位，为社区居民提供服务和方便的活动。[①] 周捷提出社区就业就是政府、企业、社会联合起来，依托社区大力发展社区经济，并通过开发岗位、职业培训、职业介绍等就业扶助使就业困难群体实现就业。[②]

根据如上学者提出的社区就业概念，我们将社区就业保障概念界定为：社区利用公共资源帮助家庭劳动者获得就业岗位，并通过劳动获得个人及其家庭生活消费资金的各种措施。社区就业保障的本质就是帮助劳动者如何通过劳动手段获得生活来源。其前提是保证每个劳动者有一个稳定地获得劳动收入的就业岗位。因而，社区开展就业保障，还是要将工作重点放在为社区劳动者提供就业岗位上。

（二）社区就业属于灵活就业

对于灵活就业，劳动和社会保障部劳动科学研究所课题组在 2002 年撰写的《我国灵活就业问题研究报告》将其界定为：劳动时间、收入报酬、工作场地、社会保险、劳动关系等方面不同于建立在工业化和现代工厂制度基础上的、传统的主流就业方式的各种就业形式的总称。在内涵上，灵活就业与全日制就业和正规部门就业相对。灵活就业包括社区就业、非全日制就业、临时就业、兼职就业、远程就业、独立就业等形式。社区就业具有如下特性：①劳动关系不固定。社区就业，在劳动标

---

① 杨宜勇：《城市社区就业发展前景巨大》，《理论与改革》2002 年第 1 期。
② 周捷：《河北省产能过剩失业人员的社区就业路径分析》，《现代经济信息》2017 年第 10 期。

准、劳动关系协调、就业稳定度方面，有别于正式就业。社区就业多为短期就业、派遣就业、季节就业、自主就业。而这些就业形式的劳动关系不可能长期不变。②劳动时间安排较灵活。在劳动时间弹性方面，社区就业有别于单位就业，多为非全日制就业、阶段性就业、远程就业、兼职就业。这些就业环境的劳动时间安排基本上由社区就业者自行安排。③劳动支配具有自主性。一些社区就业形式，如承包就业、自营就业、独立就业、家庭就业等，在劳动自由方面，社区就业者可以自行支配劳动时间。由此可见，社区就业具有灵活就业的特性，属于灵活就业形式。但是，在我国一些社区经济发达的企业集团里就业，还要受严格的管理制度约束，社区就业者就不能随心所欲，因为社区经济发展到企业集团水平之后，都建立了现代企业管理制度，会用严格的现代化管理制度管理自己的员工。

（三）社区就业属于非正规就业

非正规就业，广泛地存在于多个行业和领域中，是一种在劳动时间、劳动场所、劳动报酬和劳动关系等一方面或几方面具有不稳定性特点，处于正规经济活动边缘的经济活动。非正规就业概念，是由经济人类学家哈特于 20 世纪 70 年代提出来的。他认为非洲国家有相当一部分人处于颠沛流离、收入很低的状态，若把政府有组织的就业（正规就业）作为参照的话，这些过剩的劳动力大军实际就是非正规就业者。他在加纳进行实地调研，认为城市劳动者可以划分工资雇佣和自我雇佣两类。非正规就业属于典型的自我雇佣，是不依靠政府而实现自主就业的一种就业形式。非正规就业者包括正规部门内部的临时工、季节工、小时工等非全日制工和非正规部门（微型、小型企业或家庭作坊）中的雇主、雇员和独立服务者。在大多数国家中，非正规就业者占整个就业人口的比重均呈上升趋势，由非正规就业衍生出来的经济和社会活动已成为城市发展的重要组成部分，非正规就业也日益成为发达国家和发展中国家重要的就业渠道、新增就业岗位的来源，是未来的就业趋势。美国经济学家卡斯特斯认为非正规就业产生和增长的原因，是"20 世纪 70 年代后期以来全球性经济活动的'制度化'的弱化结果"，"二战以后，发达国家政府对企业在卫生、安全、社会保障和社会福利等方面增加了多方面的管制，无形中加重了企业经营负担。企业转而采用规避管制、减少成本的非正规化办法从事经营活动，也推动了非正规经济发展"。① 这为非正规就业提供了较多的就业岗位和就业领域。

社区就业属于非正规就业范畴。其理由如下。

1. 劳动岗位具有辅助性

与目前大中型企业和机关、事业单位的就业岗位相比，社区的不少就业岗位具有辅助生产、生活的特点。对城市社区的居民而言，没有社区提供的便民和利民服务，居民也可以自己做，虽然影响生活质量，这些工作却不是必需的；对企业来讲，原有的后勤服务就是辅助性的，非主业的。正是这种辅助性决定部分社区就业岗位的活动随意性大、居民需求欠稳定，在一定程度上增加了开发社区就业岗位的难度。

2. 劳动方式具有灵活性

社区就业是自主就业，不管是劳动者个人还是劳动群体，都是如此。由于社区就业岗位大多属于非正规就业岗位，许多工作具有一定的临时性，难以建立稳定的劳动关系。正是这种劳动方式的灵活性，社区就业岗位往往具有很大的弹性，这就为倡导的阶段性就业制度提供了很好的依据。

3. 入职门槛较低

社区就业者多数是缺少专业技能和专业知识的体力劳动者，多数是难以进入大中型企业、事业单位、政府部门就业的求职者。按照博克的劳动力市场分割理论的解释，劳动力市场分为第一类部门（用 P 表示）和第二类部门（用 S 表示），每类部门的就业岗位都受劳动待遇（包括劳动者的收入水平、责任、工作条件、社会保障等，用 I 表示）和劳动要求（包

---

① Castells Manuel, *The Rise of the Network Society*, Oxford：Blackwell，1996，p. 77.

括不同工作的任务、技能及级别等，用 E 表示）的影响。劳动待遇、劳动要求与第一类部门、第二类部门相互交错，其结果必然形成四种劳动力市场，即第一类部门内部市场（PI）、第二类部门内部市场（SI）、第一类部门外部市场（PE）、第二类部门外部市场（SE）。不同类型的劳动力市场分别对应不同的岗位要求、责任及福利待遇。不同劳动力市场所对应的技能专业化程度、培训时间长短、责任及自主权高低、职业稳定性和报酬等按由高到低、由大到小或由稳定到不稳定的标准排列，其顺序为：PI、PE、SI、SE。一类和二类劳动力市场之间因技能、知识制度等壁垒的存在，人员流动相当有限。劳动力市场分割理论实质上说明了这样一些就业问题：首先，劳动力市场分割是经济和社会不平等的体现，劳动者个人素质（技能、知识）的提升及主观努力并不会必然使其进入一级劳动力市场；其次，不合理的制度等社会因素是阻碍劳动力从二级劳动力市场向一级劳动力市场流动的主要因素；最后，产品市场与劳动力组织间存在着密切关系，产品市场越稳定越有利于劳动者进入一级劳动力市场，反之，不稳定的产品需求使企业更可能从属于二级劳动力市场。

社区就业者只能在劳动待遇差、劳动技能要求不高的 SE 方劳动力市场就业。因为 SE 方劳动力市场的就业门槛很低，自然其劳动回报很少。就拿小贩这个职业而言，因为只是销售小商品，不需要过多的专业技能，也不需要雄厚的资本，就能从事小商品买卖生意，所以，小贩职业具有从业门槛较低的特点。一是表现为本钱少，几十、几百元的本钱就能做小生意，最适合家庭困难的人入职。小贩的经营成本不高，小贩直接进货，直接销售，没有中间商的盘剥，进货成本低；有的小贩是直销自己生产的农产品，更不要进货成本；小贩不租门面，只要买一个流动摊车、购买小商品或食材、租用流动摊位就可以营业。据调查，在长沙一些城市社区，会对流动摊贩收取 300～600 元不等的摊位卫生管理费或租金。我国税收部门基本上不对小贩收税。可以说，小贩是经营成本最低的职业，是城市困难群体自我谋生的有效方式。二是表现为从业技能水平低，做小商品生意，只要能识货、认得秤、会算账、人勤快、吃得苦，就能做得好；在街面摆摊卖小吃，只要学会小吃制作技术，能弄出一点口味，就能赚钱。所以，小贩是无法在城市找到工作的农民工自我就业的职业。从经营成本低的角度考虑，小贩的从业门槛不高，即便是文盲也能经营赚钱，是社会底层百姓谋生之道，属于庶民经济；从经营规模角度考虑，小贩属于小商人的范畴，是商业活动主体的一个组成部分，但其经营目的不是营利，而是自己及其一家人的谋生手段。毛泽东在《中国社会各阶级的分析》一文中说，"小贩不论肩挑叫卖，或街畔摊售，总之本小利微，吃着不够"，点明了小贩的谋生特质。

4. 从业时间具有随意性

社区就业单位，不像正规企业，有内部规章制度，因纯属个体经营或家庭成员搭帮经营，许多自主经营的社区就业者没有制定相应的规章制度来约束自己的操业行为。所以，从经营行为角度考察，许多自主就业者的经营活动和经营行为具有随心所欲的特点，时间不固定，一切随遇而安，随情而变。营业时间会因天气、生活琐事、心情等因素随时调整。我们以城市社区的小贩为例，来阐释社区就业工作时间的随意性。

从从业周期考察，小贩属于过渡性职业，很难成为终身职业，从业者入职和退职都很随意。小贩一旦遇到经营风险，感觉生意亏本就会改行；一旦积累较多资金，就会购买门面，做起坐商生意，不再做摊贩走贩生意。可以说，小贩是一个退出自由的职业领域。采访中得知多数小贩并没有把小贩作为自己的终身职业，纷纷表明，如果有合适的工作机会，将会放弃小贩工作。一部分小贩将摆摊作为"资金积累期"，摆摊没有铺租，无须交税，相较于门面经营成本低廉得多。有这种想法的小贩通常是希望通过摆摊积累一定的资金然后转向租个门面进行固定经营。其经营管理具有随意性。我们针对小贩从业存续时段进行了问卷调查，详见图 5 - 1。

图 5 - 1 显示，在专职小贩群体中，23.2% 的小贩做了 1 年以内；21.7% 的小贩做了 1~3 年；15.9% 的小贩做了 3~5 年；26.1% 的小贩做

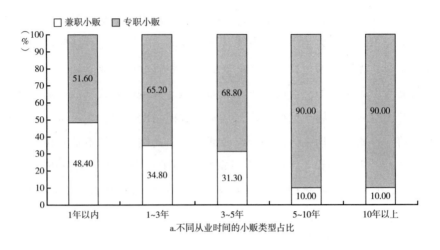

a.不同从业时间的小贩类型占比

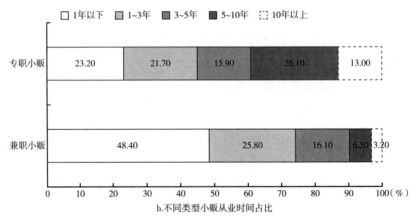

b.不同类型小贩从业时间占比

图5-1 小贩从业时间与从业类型交叉分析统计

了5~10年；13.0%的小贩做了10年以上。可以说，60.8%的专职小贩会在5年内放弃小贩职业。在兼职小贩群体中，48.4%的小贩做了1年以内；25.8%的小贩做了1~3年；16.1%的小贩做了3~5年；6.5%的小贩做了5~10年；3.2%的小贩做了10年以上。可以说，74.2%的兼职小贩会在3年内放弃小贩职业。也就是说，不管是专职小贩还是兼职小贩，绝大多数的小贩不会将摊贩生意作为长期职业。相对而言，专职小贩比兼职小贩在不同从业年限量尺结构中所占比例要高。从业时限在1年以内，专职小贩占 51.6%，兼职小贩占 48.4%；从业时限在 1～3 年，专职小贩占 65.2%，兼职小贩占 34.8%；从业时限在 3～5 年，专职小贩占 68.8%，兼职小贩占 31.3%；从业时限在 5～10 年，专职小贩占 90%，兼职小贩占 10%；从业时限在 10 年以上，专职小贩占 90%，兼职小贩占 10%。这说明小贩的从业年限，与是兼职还是专职存在明显的相关性。一般来说，兼职小贩的从业年限比专业小贩的从业年限要短些。可见，小贩是一种过渡性职业，多数小贩从业者，当自己的经营能力和资本提升以后，会选择更好的职业来谋生和赚钱。

从经营时间来考察，小贩的营业时间也不固定，完全取决于经营者的意愿和家庭开支状况。从我们对小贩营业时间进行的问卷调查结果来看，37% 的长沙小贩，营业时间为 2～4 小时；25% 的长沙小贩，营业时间为 6～8 小时；38% 的长沙小贩，没有确定的营业时间。就小贩营业天数来看，72% 的长沙小贩，每天都营业；12% 的长沙小贩只在星期六和星期日营业；16% 的长沙小贩根据天气或其他因素决定是否出摊。小贩职业的自由性吸引不少追求自由的城乡劳动者进入小贩职业领域，使小贩职业群体的成员构成更加复杂。①

5. 从业空间具有流动性

从经营空间考察，社区自主就业人员选择的经营地点难以固定，受外界因素制约程度高。他们根据自己所售商品的使用价值和满足消费者的实际需要不同，不断地选择消费对象，变更营业地点。他们是自由流动、自由转移、流窜经营，哪里生意好就往哪里去。即便是有经营许可证的固定商贩，也会经常更换门店，以求获得更好的经营效益。同样，以小贩为例，小贩是最原始的商业贩子，不像正规企业，拥有自己固定的营业场所，一般依靠打广告扩大产品的社会影响、吸引消费群体的眼球。小贩的营销策略不是打广告促销，而是靠选择人流密度较大的公共场所作为营业

---

① 资料由笔者指导的 2014 年中南大学国家级大学生创新训练项目"角色理论视域下的城市小贩管理模式转变研究"课题组提供。

摊点。可以说,哪里人流量多,哪里就有小贩的摊点。他们将在街道散步、过路、办事的路人作为消费对象,向路人销售小商品、食品、蔬菜、水果等商品。为了了解小贩选择营业空间的偏好,我们做了相关抽样调查,其调查结果见图5-2。

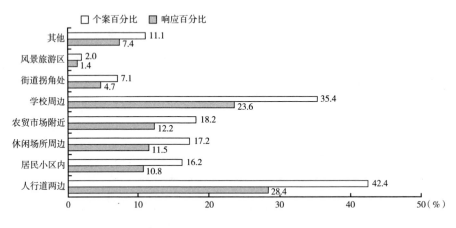

图5-2 城市小贩营业地点统计

图5-2显示,人行道两边和学校周边是小贩摆摊设点营业的首选场所;其次,小贩会选择农贸市场附近、休闲场所周边、居民小区内等人流相对较多的地方做生意,这三处是小贩营业的次选场所;不乐意去的地方是景区和街道拐角处以及其他地方,这三类地方是小贩营业的不选场所。显然,人流密集处是小贩选择营业地点最重要的依据。当营业首选场所为先到者占满后,他们只好退而求其次地选择次选场所。但是,有些不"讲理"的小贩挤占他人的营业地点,就会导致"地盘争斗"。为了避免小贩为争夺摆摊地点打架,一些城市的城管和社区工作人员在小贩经常摆摊的场所划定摊位,并将其出租给小贩。但是一些小贩看到某地段人流量大,生意红火,明知自己没有摊位,也见缝插针地在固定摊位附近摆摊营业,甚至私自圈定营业摊位;有的小贩在这类地段流窜性地随意推着摊车做生意,结果造成该地段交通拥塞。据我们做的相关调查,在人流密集的地段做生意的小贩,18%的人有固定摊位;39%的人没有摊位但有固定摆

摊位置；43％的人随意摆放摊点。没有取得固定摊位的小贩，一般有两种情况：一种是自己不想出钱租用摊位；另一种的确是人流密集地段的摊位供不应求。①

从这些属性分析来看，社区就业契合非正规就业的特征，属于非正规就业范畴。社区发展就业保障事业，就应充分认识到社区就业的这些特征。

二　社区发展就业保障之缘由

社区发展就业保障事业是由多种原因造成的。既有宏观上的原因，也有微观上的原因。

（一）促使社区开展就业保障的宏观原因

从宏观上分析，促使社区开展就业保障的致因主要包括如下方面。

1. 国家劳动力供求结构矛盾造成富余劳力

一是现在我国已经进入信息化社会，产业和经济进入机械化、自动化、电气化、技术化、智能化时代，技术替代人工的速度在加快，不需要技术的体力劳动行业和工种日益减少。二是求职者人数不断递增，就业岗位更替速度却在减慢，很多职位已经达到饱和的状态。三是现在许多高端行业对人才的需求量并不是很大，各大企业和公司都认识到培养一个懂专业的业务熟练的人才非常复杂、非常漫长、非常有难度，越来越多的企业和公司不愿意花费太多时间和成本去招纳并培养新人。随着城市化进程加快和农业劳动生产率的提高，农村大量剩余劳动力向城镇及非农领域转移，高校毕业生队伍也不断壮大。虽然新增劳动适龄人数量有所下降，但劳动力总量持续增长，城镇新增就业人口规模已经处于较高水平。在全球

---

① 资料由笔者指导的 2014 年中南大学国家级大学生创新训练项目"角色理论视域下的城市小贩管理模式转变研究"课题组提供。

经济发展速度放缓的趋势下，我国经济增速有所回落，现有市场规模对劳动力需求有限，劳动力市场将长期存在供求失衡的情况。① 由此造成劳力需求减少、供给增加的结构性矛盾。

2. 国家宏观经济政策的改变造成富余劳力

在计划经济时代，我国实行全面就业制度，国民劳动就业是国家计划管理的重要内容，政府负责安排每位劳动者就业，不允许国家公职人员、国有企业和集体企业工人从事私下生意。但改革开放以后，国家为了搞活经济，在农村实行土地家庭联产承包责任制；在城市全面推行企业私有化改制运动，发展股份经济、私有经济，将国家的经济管理模式改革成市场经济模式。为了达到提高企业经济效益的目的，所有城市国有企业和集体企业都大批裁减员工，造成几千万的城市失业人员。虽然各地市政府通过"再就业"工程解决了部分城市失业人员的就业问题，但是仍然有不少城市劳动者无法进入主流就业市场，造成劳动力富余。可以说，来自城市的劳力富余是国家公有制企业发生结构性变革的产物；来自农村的富余劳力是农村土地经营制度发生结构性变革的产物。当国家将农村土地集体经营制度转变为家庭联产承包责任制后，农村土地经营中的隐性失业变成显性失业，造成2亿多的农村剩余劳动力。这些农村剩余劳动者进城打工谋生，更是增加了城市劳力富余程度。不管是来自城市的富余劳力还是来自农村的富余劳力，都是在无法正规就业的情况下，成为难以就业的劳动群体。这是国家经济体制改革所付出的必然代价。

3. 市场竞争不利造成失业群体

在市场机制的作用下，我国一些企业受到资金、技术和管理等因素影响，经营状况不景气，生产效率低于社会平均生产效率，存在"隐性失业"的现象。一些企业兼并重组或者停产，尤其近些年的"去过剩产能"经济政策的实施，关停了不少中小企业，减少了不少就业岗位，新增不少

---

① 周捷：《河北省产能过剩失业人员的社区就业路径分析》，《现代经济信息》2017年第10期。

失业人员，增加了劳动者就业难度。另外，第三产业本是吸纳劳动力最多的产业，而产能过剩地区的第三产业比重仍然偏低，新兴行业规模较小，吸纳就业有限，失业人员很难重新找到合适岗位。①

4. 政府的公共就业服务体系不完善难以增加就业岗位

一是财政支持力度不够，安置职工的资金不足。政府以财政奖励基金的形式对产能过剩企业补贴，这笔资金不是安置职工的专项资金，还可用于偿还债务、企业转产。企业更倾向于先把钱用于转产，对产能过剩失业人员就业资金投入有限。二是公共就业服务机构职能交叉，数量偏少。我国职业介绍机构种类多，有人才市场、职业中介、猎头公司，按照服务对象不同分割劳动力市场，不利于劳动力自由流动，而且造成就业服务体系资源浪费和功能欠缺。三是政府、企业、社会机构之间安置就业缺乏协调，各项政策之间缺乏关联和衔接。一些部门机构局限于自己的职权范围和以部门利益考虑问题，执行力差，优惠政策难以落实。四是创业缺乏切实可行的项目和场地。一些失业人员有创业意愿，可是缺少相关管理知识，创业信息闭塞。② 这些因素导致主流就业市场难以增加更多就业岗位。

这四大宏观原因造成我国主流就业市场容量难以扩大。当国家主流就业市场无法吸纳供过于求的富余求职群体时，政府只好动员社区吸纳富余劳力或动员劳动者个人创业、自主就业。在这种情况下社区不得不开展就业保障工作。

5. 政府要求社区开展就业保障工作

2002 年 12 月，劳动和社会保障部召开全国街道社区劳动保障工作座谈会，时任部长的张左己在座谈会上发表讲话，要求全国劳保系统统一思想，充分认识加强社区劳动保障工作的重要性和紧迫性。要社区承担起下

---

① 周捷：《河北省产能过剩失业人员的社区就业路径分析》，《现代经济信息》2017 年第 10 期。

② 周捷：《河北省产能过剩失业人员的社区就业路径分析》，《现代经济信息》2017 年第 10 期。

岗失业人员再就业和企事业单位退休人员管理、服务工作的责任，社区应成为开发社区就业岗位的主体和实施就业服务的依托，对就业困难群体实施有效的就业援助。这是政府给社区开展就业保障工作的一种鞭策和压力。

自全国街道社区劳动保障工作座谈会召开不久，各地劳保部门和街道都积极地行动起来。如黑龙江省劳动和社会保障厅就按照《中共中央、国务院关于进一步做好下岗失业人员再就业工作的通知》（中发〔2002〕12号），于2002年12月出台了《关于加快建设街道和社区劳动保障工作平台的意见》。湖北省委省政府于2004年建立了党委、政府领导，民政部门协调，有关部门配合，社会力量支持，群众广泛参与的领导机制和工作机制。全省社区服务业的从业人员达34万人，多渠道开发社区就业岗位，建立省、市、县、街道和社区劳动力市场信息网络，为下岗失业人员提供及时有效的就业服务。到2007年7月，江苏省所有城市社区都建立了劳动保障服务站，并明确了社区劳动保障服务站的工作职责，开展了相关服务工作。

正是政府意识到解决就业问题的艰难，看清主流就业市场难以扩大就业容量的事实，才要求社区开展就业保障工作。社区只好根据政府安排，积极开辟就业岗位，安置更多社区失业人口。

（二）促使社区开展就业保障的微观原因

从微观上分析，促使社区开展就业保障的致因主要包括如下方面。

1. 从社区角度看，就业是社区实现生计保障的重要途径

营生经济是社区集体营生方式，劳动就业是社区劳动者个体营生方式和家庭营生方式。发展就业保障，虽然是社区帮助家庭劳动者获得就业岗位，通过劳动获得个人及其家庭的生活消费资金，但实际上，这减轻了社区建构生计保障的压力。劳动就业与营生经济的生活目标是一致的，只不过营生经济是以兴办企业的路径为社区居民建立生计保障，而劳动就业是以获得劳动收入的路径为社区居民建设生计保障而已。社区开展营生保障

的根本措施是给社区居民配置生活资金；社区开展就业保障的根本措施是给社区劳动者提供就业岗位，让社区劳动者为个人及其家庭谋取生活资金。社区为劳动者提供的岗位有生活服务类如家政、维修、护理、餐饮、学业培训、商店超市经营等，公益服务类如社区联防、绿化、义工、环卫等。这些岗位的职业门槛较低，就业弱势群体实现再就业相对容易。

2. 从劳动者角度看，社区总会存在就业弱势群体

在竞争社会的劳动力市场中，总存在就业弱势人群，国内国外概莫能外。如在德国，从 20 世纪 90 年代至今，移民人口、青年人、50 岁以上劳动者、未经学徒培训的人口、女性劳动者，属于就业弱势群体，其就业率远低于可比劳动人口。[①] 在我国当今社会，社区服刑人员、贫困人口、下岗工人、进城务工人员、村改居人员等，因缺乏劳动技能、创业本钱、社会资本、文化水平偏低、年龄偏大，难以找到合适的工作岗位。这些类型的就业弱势群体，很大一部分长期处于失业状态。如据徐平仪等的调查，北京市昌平区有 36.4% 的社区服刑人员一直找不到就业岗位，处于失业状态。[②] 就业弱势群体生活在社会的最底层，其经济收入少、社会地位低下，他们不怕苦，最怕没机会，需要社会力量给予就业帮助。社区就业是就业弱势群体的期望目标。

3. 从用工者角度看，企业存在减少员工规模的趋势

在经济全球化加剧的情况下，市场竞争日益激烈，市场需求变得小规模化、个性化，使企业采用灵活的用工制度，即固定一定数量的核心员工，根据业务订单变化情况，灵活雇用非核心员工。这样可快速应对市场变化，实现低成本和高效益的经营目标。当今企业的用工趋势是逐渐减少劳动关系固定的用工数量，由此造成失业群体的扩大趋势。企业就业规模的缩小，必然造成个人自主就业和社区就业规模的增加。

[①] 李博颖：《德国弱势群体社区就业扶助先进经验及其对我国的启示》，《山东纺织经济》2016 年第 11 期。

[②] 徐平仪、母杰华、吕明凤：《关于构建社区服刑人员就业服务保障体系的研究——以北京市昌平区为例》，《中国司法》2017 年第 10 期。

三 社区就业保障的发展范型

中国的社区就业保障事业是在政府推动下发展起来的，主要表现为社区劳动者自主就业和家庭就业。目前，已取得较大成绩。从从业规模来看，我国城镇非正规就业的人数基本占到城镇部门总就业人口的51%。[①] 2017年，个体工商户达6052.78万户，个体私营经济占市场主体总数的94.7%，个体私营经济从业人员达3.1亿人。[②] 从实施效果来看，社区就业已成为下岗失业人员再就业新的增长点，对国家新增就业产生了1/3的贡献率，缓解了我国劳动力市场的结构性矛盾。从运行机制来看，社区发展就业保障已形成特有的实践框架和运行程式。

（一）普遍建立社区劳动保障服务机构

克服就业市场失灵、解决失业问题，国家劳动保障部门转换职能，从只管国有企业职工，转变为负责全体劳动者的劳动保障事务；从只管正规方式的就业，转变为包括各种灵活就业方式的大就业；从单纯的行政管理，转变为寓管理于服务之中；从依托企业组织管理，转变为依托社区进行社会化管理。社区就业实际上是中国政府克服就业市场失灵、解决失业问题的措施之一。社区就业对于刚建立起来的社区而言，是一件新事物，只有建立相应的服务机构，才能有序、持续地开展好就业工作。从性质上分析，社区就业服务机构是社区为灵活就业人员提供就业保障服务的窗口、是社区劳动保障的工作平台。按照当时的劳动和社会保障部的要求，社区就业服务机构名称叫作社区劳动保障工作站。同时吸收下岗失业人员来承担工作，并对其进行业务培训，建立工作目标责任制。落实社区劳动

[①] 彭德倩：《城镇非正规就业人数占"半壁江山"》，《解放日报》2007年12月21日。

[②] 桂杰：《我国个体私营经济从业人员目前达3.1亿人》，《中国青年报》2017年5月18日。

保障的工作经费，并纳入当地政府财政预算，使经费来源有切实保证。社区劳动保障服务要有固定办公场所和服务制度，统一就业服务流程，使失业登记、求职登记、职业指导、职业介绍、失业保险金申领发放、职业培训、鉴定申请、岗位开发、就业援助等工作有机结合。实行多窗口衔接、"一站式"服务，接受群众监督，将工作和服务制度上墙公示，增加工作的透明度，树立良好形象。开展社区下岗失业人员的调查统计，对困难群体提供就业援助。

（二）编制社区劳动保障办事指南

为了方便社区失业人员就业，社区劳动保障工作站编制劳动保障办事指南。其内容包括：①开具失业人员再就业优惠证明。到户口所在地的社区劳动保障工作站填写"再就业优惠证"申请表；审核后出具"就业（失业）状态证明"；并张榜公示3天。再报送街道劳动保障事务所审核签章。区劳动保障部门审核后，核发"再就业优惠证"。②申办"4050"岗位性补贴和社保补贴。所谓"4050"补贴，指截至2011年12月31日，达到"4050"标准（男性年满50周岁，女性年满40周岁）的没有单位给交社会保险的灵活就业者，都可以申请并参加国家给予的社会保险补贴，期限是最长不超过三年，补贴标准为申请人实际缴纳的基本养老保险和基本医疗保险费的全额。申请"4050"补贴，每月填写《申请岗位补贴和社保补贴月报表》和《单位招用再就业重点对象花名册》，交社区劳动保障工作站审核签章，并张榜公示3天。然后街道劳动保障事务所审核签章、区劳动保障部门审核签章、市劳动保障部门审核签章，每年第一季度将资金拨入用人单位账户，社保费拨入社保费专户。③申办小额担保贷款。借款人向社区劳动站领取并填写《下岗失业人员小额担保贷款申请表》，连同其他申请贷款资料送相关银行申请。然后，贷款经办行进行贷款审查审批、担保公司进行审核，最后，签订相关合同，办理贷款发放手续。④灵活就业认定。首先，社区劳动保障工作站审核签章；其次，街道劳动保障事务所审核签章；最后，到社会保险代办窗口按有关规定缴纳社会保险费。⑤下岗失业人员灵活就业认定。先到户口所辖社区劳动站填写《下岗失业人员灵活就业认定表》并进行认定。再持户口簿、身份证、失业证、再就业优惠证，凭市社保流动窗口的社保缴费凭证复印件到街道劳动保障所审核。经街道劳动保障所审核后，持以上原件及复印件每月20日至月底到区劳务派遣公司申报。⑥社区职业介绍。下岗失业人员先填写《下岗失业人员情况登记表》，再到社区劳动保障工作站建立台账，待有适合岗位，社区劳动保障工作站与其联系。有了就业服务指南，社区失业人员就能便捷地办理社区就业手续。

（三）夯实社区就业基础服务工作

1. 实行就业实证管理

对社区的法定劳动者进行失业和就业登记，对找到就业单位的劳动者发放"就业证"；对与原单位解除劳动合同的失业人员发放"失业证"，并接转失业人员的档案材料；为符合条件的下岗失业人员核发"再就业优惠证"；对辖区内的小型私营企业和个体工商户用工实行就业管理；对在本辖区内从事经商、家政等社区服务的外来劳动者提供就业服务。

2. 开展就业介绍业务

社区劳动保障工作站及劳动保障协管员经常走访调查，一方面收集社区失业人员求职愿望；另一方面收集驻区用人单位的用人需求。然后，将辖区内有求职愿望的失业人员介绍到有用工需求的用人单位，实现社区就业。

3. 建立就业台账

社区劳动保障工作站及劳动保障协管员了解居民的家庭情况，特别对困难家庭，进行重点调查，明确了重点援助和服务对象，掌握第一手材料后，建立失业台账、特困人员台账、就业台账以及新成长劳动力、进城和外来务工人员、退休人员等规范化台账，将以上台账录入电脑管理系统，实行动态管理。

4.建立健全社区就业服务制度

为了促使社区就业服务有序进行、持续开展，社区劳动保障工作站应建立健全公共就业服务制度、失业登记和免费服务制度、困难群体就业援助制度、政府购买培训服务成果制度，一边实现社区就业服务制度化，一边提高就业服务的效率和水平。

这些基础就业服务工作，能使社区劳动保障做到心中有数、工作有据可依，提高社区就业服务的工作效率和工作成效。如下两个案例有力地证明此理。

案例5-1　红旗路社区开展就业基础服务工作

位于天水市麦积区的红旗路社区，地处天水市麦积区城乡接合部，常住居民3038户6748人，是集机关、学校、商贸于一体的综合性社区。社区始终把关系民生的劳动保障工作当作首要工作任务来安排部署，为了能做好就业再就业和社会保障工作，社区把落实各项优惠政策与促进创业工作结合起来。一是利用多种形式宣传各项就业再就业和全民创业政策，提高社区居民对政策的知晓度，让下岗失业人员主动运用就业政策。二是建立健全统计报表，对辖区内就业工作心中有数。自2003年成立劳动保障事务站以来，该站共建立就业再就业工作台账8本，分别是：《麦积区下岗失业人员基本情况》台账、《下岗失业人员求职登记和就业去向》台账、《再就业援助及"4050"人员求职登记和就业去向》台账、《办理各种证卡人员花名册》台账、《下岗失业人员小额担保贷款情况》台账、《再就业救助对象基本情况》台账、《职业培训》台账、《麦积区持再就业优惠证享受各类优惠政策落实情况》台账。每月按时上报街道劳动保障事务所、区劳动和社会保障部门《下岗失业人员求职登记和就业去向》《再就业援助及"4050"人员求职登记和就业去向》《办理各种证卡人员花名册》《招聘单位用工信息申报登记》四种台账报表。三是分派专人负责与辖区内各用人单位联系，广泛收集辖区内的用工信息，有效实现求职、用工信息资源的有效对接。四是设立专门的服务窗口，为下岗失业人员提供政策咨询、信息发布、职业指导、推荐培训等一系列服务，实现了下岗失业人员的动态管理。①

案例5-2　北街社区开展就业基础服务工作

隶属于江苏省常州市郑陆镇的北街社区，辖区面积约1.2平方公里，涉及6个小区，设置56个居民小组。现有户籍1332户，户籍人口3506人。开展就业基础服务工作，包括：第一，建立社区劳力资源数据库，社区工作人员深入住户调查摸底，对下岗失业人员、困难家庭做到心中有数，登记造册，摸清下岗失业人员底数，全面掌握社区劳力状况，登记外来务工人员基本情况，了解和掌握劳动力的就业愿望，为针对性地开展职业技能培训和职业介绍工作、增强职业技能培训的实用性、充分提高劳动力素质、提升社区就业水平，同时为企业发展储备和输送各类劳动力提供了依据。第二，建立下岗失业人员、就业困难人员，零就业家庭等台账，实现了电脑化管理，逐步做到了五个"清"：失业原因清、家庭状况清、择业意向清、技能水平清、收入情况清，平时做好这些人员的动态管理和跟踪管理服务工作，从而为开展创建充分就业示范社区工作夯实了基础。第三，从宣传就业政策入手，通过政策宣传、入户走访、建立台账、职业指导、开发岗位等多项措施，为本社区失业人员提供全方位一条龙优质服务。社区利用宣传橱窗，发放宣传资料等，开展就业宣传和创业优惠扶持政策的宣传，通过宣传引导就业困难人员利用政府帮扶政策，加速实现自身的失业再就业，确保符合条件的就业困难人员在就业再就业的进程中都能享受到政府的优扶政策。第四，为就业困难人员提供就业服务。对所有在档的失业人员都逐一做了动态情况调查。为帮助社区里困难人员实现再就业，联系辖区内单位，为失业人员搜集用工信息，挖掘就业岗位，为失业人员牵线搭桥，并组织辖区单位在家门口开展就业调查问卷和招聘会。

---

① 笔者根据"红旗路社区争创充分就业示范社区汇报材料"整理，https://max.book118.com/html/2016/1219/74521163.shtm。

第五，建立并完善社区劳动保障服务站工作制度。健全各种就业服务台账，设有失业人员动态管理台账、失业人员走访台账、失业人员就业台账、灵活就业台账、就业援助活动记录台账以及其他类等各种就业服务台账，准确记录了各项信息及动态管理情况。[①]

案例5-1、案例5-2说明社区开展就业服务，是政府劳动和社会保障部门统一安排的，体现了我国社区就业保障的行政要求性质。全国各地城市社区开展社区就业服务工作的基本要求和主要基础工作领域，都是统一的，只不过其工作质量、工作水平、工作深度有一定差别而已。自然，其工作成效不一样。

（四）开发就业岗位

开发就业岗位，安排社区失业人员，是解决社区就业问题的直接方式。所以，在建立就业保障体系中，社区都会开发一批就业岗位，安排一批就业困难人员就业。社区开发就业岗位的措施，包括：第一，挖掘社区空间资源，开发一批经营性岗位，如开发住宅小区沿街门面、利用社区空地开辟夜市场所、利用社区楼宇开辟休闲娱乐场地等，为社区就业困难人员提供社区就业岗位。第二，挖掘驻区单位就业资源，整理社区用人单位招聘岗位。及时收集驻区单位的空岗信息，为就业困难人员提供就业岗位，积极引导、鼓励、扶持驻区企业吸纳下岗失业人员就业。第三，开发社区居民生活服务、社区公共管理服务等服务行业就业资源，为下岗失业人员提供服务性就业岗位。第四，开发社区公益性就业岗位。主要是结合社区住宅小区院落守护、清洁卫生、公共绿化等公益性岗位的需求，协调联系就业渠道。第五，建立社区就业孵化基地。在驻区大型专业批发市场、专业超市建立社区就业孵化基地，输送社区就业困难人员，安排介绍

---

① 笔者根据"郑陆镇创建省级充分就业示范社区汇报材料"整理，https：// max. book118. com/html/2016/1219/74533270. shtm。

工作，缓解下岗人员的就业压力。第六，社区出面将就业困难人员组合起来，建立就业服务组织，实现就业困难人员自主就业。这些开发就业岗位的措施，都能收到实在效果。案例5-3、案例5-4能证明这一点。

案例5-3 苏州中小企业为社区就业提供保障

苏州中小企业发达，许多民营企业直接驻扎在社区中，一方面社区提供土地、劳动力等生产要素，另一方面驻区企业也为社区提供就业岗位，作为社区就业保障的重要渠道。苏州市船用动力系统股份公司、若邻生产加工外包服务（苏州）有限公司、苏州市中山职业培训中心等三家驻区企业，于2011年与所在社区结对，建立长期合作关系，社区提供场地和学员，公司提供青年岗位、培训中心提供师资及教材，为社区居民免费提供职业技能培训，培训内容包括电脑培训、育婴师、家政月嫂、插花等。苏州软件园培训中心是以培养中高级软件开发人才、动漫创作营销制作人才、BPO服务外包人才和电子商务实用人才为目标的教育培训机构。2012年8月，苏州软件园培训中心与浪花苑社区商讨合作需求。在实地了解苏州软件园培训中心的硬件、软件设施后，社区与培训中心签订结对协议。经双方探讨并结合社区实际情况，培训中心特为社区居民及外来务工人员开设电子商务、影视动画、物流管理等多个免费培训项目。驻区企业为社区劳动者提供高层次的实用技能培训，使社区劳动者实现就近求职、便捷就业、体面就业，为社区居民的求职就业提供了技能平台。①

案例5-4 青山社区组织就业困难户自主就业

位于陕西省商南县青山镇的青山社区，长期以来贫困户外出打零工收入不稳、信息不畅、维权不便等难题一直是制约贫困户就业的一大顽疾。青山社区在充分调研、与群众多次座谈后，对症下药，开出一剂"良方"——建立社区就业服务工作站。由支书任组长，各行业能人大户为

---

① http://news.sipac.gov.cn/sipnews/jwhg/2012yqdt/08/201208/t20120816_166596.htm.

副组长，小组长为成员。工作站首先对社区有劳动能力的贫困户进行排查登记，并上门对接就业意愿和技术特长，再分门别类梳理。由该社区建筑老板谢涛牵头组建"建筑服务工作队"；由餐饮能人李泽水牵头成立"餐饮服务工作队"；由社区干部张四新成立"家政服务工作队"。组建了 6 支社区就业服务工作队，覆盖 58 名贫困居民和 112 名一般居民，并建立微信工作群，哪里有务工需求，一条信息就能招来若干劳力。就业服务工作队组建以来，陆续发布用工需求 23 条，解决用工岗位 260 多个。在帮助解决社区就业方面成效显著。①

案例 5 - 3、案例 5 - 4 显示，社区就业潜力很大，只要肯动脑筋，社区完全可以开发出满足社区劳动者就业需求的就业岗位。就其解决就业困难的效果来看，开辟新的就业领域、开发新的就业岗位，是社区开展就业保障比较可靠的途径。由于组织得力、工作扎实，通过开发就业岗位解决就业困难的社区，不仅受到上级主管部门的表彰，也会受到社区居民的好评。

（五）开展就业技能培训

社区就业困难群体之所以出现找不到工作的情形，主要原因是求职者缺乏就业岗位所需要的工作技术和工作能力。要解决社区就业困难群体的工作问题，就必须先对他们开展针对性的实用技能培训。人力资源之父舒尔茨认为人的知识、能力、健康等人力资本的提高对经济增长的贡献比物质资本、劳动力数量的增加重要得多，人力资本投资是经济增长的主要源泉。人力资本投资是回报率最高的投资，人力资本投资回报比物质投资更持久。所以，从长久考虑，社区应大力加强就业困难群体的技能培训。人力资本理论创立者加里·贝克尔认为，在职培训是人力资本形成的积极方法；劳动者的技术水平越低，越易失业；年轻人比老年人更容易得到更多

---

① 《青山社区就业扶贫有"妙招"》，商南县人民政府网站，http：//www.shangnan.gov.cn/info/1033/73233.htm。

的在职培训；有能力的人比能力差的人更容易得到培训机会。可见，社区就业困难群体更应积极参与社区组织的技能培训，社区更要动员和安排社区年轻劳动者参加技术培训。社区要以提高劳动者的就业能力和培养企业急需的技能人才为出发点，将职业培训做大做实，将技能鉴定工作做细做好，将职业资格证书制度做快做强。案例 5-5、案例 5-6 可以证明社区开展技能培训的重要性和实效性。

案例 5-5　咸嘉新村社区的技能培训

位于长沙市岳麓区的咸嘉新村社区是湖南省首个按"留地集中安置，综合开发建设"模式建设的现代新型社区，非常重视社区就业困难群体的技能培训工作。一是整合资源优化培训环境。按照"选好培训项目，确保培训资金，讲求培训效果"的原则，极力为培训创造良好的环境。社区相继与长沙市继湘酒店管理职业学校、长沙猎鹰驾校等单位携手举办了厨师培训班、服务员培训班、汽车驾驶 B 照培训班。2005 年，社区被确定为岳麓区失地农民劳动技能培训试点单位。2006 年，咸嘉物业管理有限公司被确定为岳麓区物业管理员定点培训基地，现已累计举办物业管理员培训班近 20 期。二是激励机制提高参训积极性。社区创新培训机制采用"奖学金"方式激励参训者，即与参与培训人员签订《劳动技能培训资助协议》，以奖代拨，帮助参训人员缴纳培训费，从而极大地规范了参训学员的行为，有效地提高了参训者的积极性，保证了培训的整体质量。一些接受培训的社区劳动者成为"就业明星""自主创业先进个人"，社区每年都会表彰一批"就业明星"或"自主创业先进个人"，让他们以身说法，用自己的亲身经历带动周围的居民就业。在社区劳动保障工作人员的努力下，辖区内 452 名失业人员，已有 448 人实现了就业，就业率达到了 99%。咸嘉新村社区也连续获得"国家级充分就业示范社区"。[①]

①　长沙市就业服务局：《创新就业服务模式打造全国示范社区——咸嘉新村社区"三有一无"就业模式纪实》，《中国就业》2011 年第 10 期。

案例 5 - 6　红旗路社区的就业技能培训成果显著

位于甘肃省天水市麦积区的红旗路社区，自 2003 年建立劳动保障事务站后，利用辖区内单位众多的优势，采取各种方式，利用各种就业政策，开展社区技能培训。2009 年，社区组织 130 多名下岗失业人员参加社区就业培训中心和妇联组织的计算机、家政、美容美发、厨师等 9 个专业的免费培训，通过培训分别推荐家政就业 30 人、打字复印行业就业 10 人、美容美发就业 25 人、厨师就业 7 人、缝纫就业 9 人。另外，社区的大学毕业生王先生，毕业后一直没有工作，多次找政府上访要求安排工作未果，后经过社区的联系介绍，宣传讲解有关就业方面的优惠政策，并推荐他参加了区就业培训中心组织的创业培训，帮助他申请了 5 万元的小额担保贷款，在桥南四马路开了一家百岁鱼庄火锅店，并吸纳了 30 多名失业人员就业，打开了创业就业的新天地。[①]

案例 5 - 5、案例 5 - 6 说明，社区技能培训是社区就业保障不可缺少的工作，是社区就业困难群体走上就业道路的"敲门砖"，是其通往成功就业或创业的致富桥。不仅印证了人力资源理论关于培训的观点，而且使难找到就业岗位的社区失业人员、无业人员变成就业人员，甚至变成拥有几十名员工的老板。

（六）实施就业援助措施

鉴于社区就业困难群体的就业机会比较少、就业能力较弱、就业关系比较薄弱，社区开展就业保障，就必须实施就业援助措施。首先就要建立健全社区就业援助制度，做到就业日常援助与就业集中援助相结合、就业定期援助与就业不定期援助相结合。将各项援助活动变成制度性安排，将帮扶活动中需要的人、财、物等资源变成制度性安排，以此

---

① 笔者根据"红旗路社区争创充分就业示范社区汇报材料整理"，https：//max. book118. com/html/2016/1219/74521163. shtm。

保证各项就业帮扶措施取得实效。其次，为有就业愿望但未丧失劳动能力的就业特困群体提供就业援助。一是实施社区就业政策援助，向他们宣传社区就业政策，为他们落实社区就业政策。二是提供岗位援助，包括挖掘社区就业资源，为社区就业困难群体提供经营性就业岗位；协调社区保洁、保绿、保安等岗位为社区就业困难群体提供公益性就业岗位；组建公益性公司，对特困就业群体实行托底安置，解决就业特困人员的就业问题。社区实施就业援助措施，可通过以下两个案例展示出来。

案例 5 - 7　平利社区开展社区就业援助情况

位于陕西省安康市平利县的平利社区是移民搬迁形成的社区。有的家庭积蓄少，有的劳动力缺技术，有的没有稳定收入。为了让搬迁群众在家门口挣钱增收，平利县经过调研发现，劳动密集型加工企业，其产品大部分工序需要手工完成，大多采取以件计酬，对工作时间、场所限制不严，具有上手操作快、管理相对松散的特点，非常适合需要照顾家庭、不能外出打工的妇女就业。平利社区就把就业创业、招商引资和移民搬迁有机结合起来，大力引进劳动密集型企业进驻搬迁社区，创办以家庭手工业为主要业态的社区工厂，为贫困户提供就业岗位，引导搬迁群众就地就近就业，成功走出一条"就业式精准扶贫"新路子。平利依托社区办工厂，办好工厂带就业，走出了"总部在园区、工厂在社区、车间进村庄"的路子，在全县全面发展社区工厂。"社区＋工厂"，一方面实现了"搬得出、稳得住、能致富"的目标，有效解决了"三留守"等社会问题并改变了人们的生产生活方式；另一方面，"社区＋工厂"更是为秦巴山集中连片特困地区精准扶贫蹚出一条新路子，激活了各种生产要素，实现了农民、企业、政府的共赢，成为全国2017精准扶贫十佳典型之一。截止到2018年，平利11个镇有83家社区工厂，现代农业园区发展经营主体181家、10家电商公司和796家网店。全县形成毛绒玩具、服装手套、电子元件、手工艺品4个社区工厂产业集群，为搬迁群众提供就业岗位 6000 余个。①

案例 5-8 红旗路社区开展就业援助情况

位于甘肃省天水市麦积区的红旗路社区，地处天水市麦积区城乡接合部，常住居民 3038 户 6748 人，是集机关、学校、商贸于一体的综合性社区。社区始终把关系民生的劳动保障工作当作首要工作任务来安排部署，尤其是社区劳动保障事务站耐心细致地扶持辖区内失业人员创业，到目前社区已累计为 104 人办理下岗失业人员小额担保贷款 312 万元，仅 2009 年就为 24 人贷款 95 万元，贷款总金额 206 万元。扶持下岗失业职工、长期失业人员、复转退伍军人、残疾人、高校毕业生、进城创业人员等 104 人创办了自己的小企业，吸纳辖区 300 多人就业。2005 年为辖区内甘棉厂下岗失业人员胡小金申请到小额担保贷款 2 万元，创办了粮油加工厂，经过这几年的辛勤工作，她的固定资产已达到 10 万元以上，流动资金达 20 万元，是自主创业人员中的成功典范。曹纪鹏在 2001 年解除劳教后，一直无工作，他妻子也没有工作，属典型的"零就业"家庭，社区劳动保障事务站了解到他家的情况后为他申请了小额担保贷款，资金有了，就要选择项目，社区劳动保障事务站工作人员通过几天的市场协助调查，为曹纪鹏出主意，让他开一间儿童鞋店。投资小、风险也较小，还不愁生意冷清。经过十几天的筹备，曹纪鹏选好了场地，在二马路幸福商城楼下的纪鹏童鞋店 2006 年 9 月正式开张了。这不仅缓解了曹纪鹏一家的燃眉之急，也真正解决了他们全家的生活问题。

红旗路社区还自办家政服务站，安置了 15 名失业人员，并解决了 100 多人就近就业的问题，如单亲家庭人员温斌的感受最深，他自 2003 年与单位解除劳动合同后，因年龄大，又无一技之长，无法找到合适的工作，女儿在上学，老父亲常年卧病在床，这些让他几乎失去了生活的信

---

① 张斌峰、熊荣军：《安康平利：社区工厂成为就业扶贫"大产业"》，《陕西日报》2018 年 6 月 25 日。

心。社区工作人员在得知他的情况后，上门与他进行交心、谈心，帮助他树立生活信心，联系市总工会为他争取冰柜 1 台、桌子 2 张、椅子 4 把和烧烤车 1 台，并安置他在三马路道南小学门口摆摊，解决了他就业难的问题。辖区内的夫妻双下岗职工李胜利夫妇，单位破产后，生活无着落，儿子复员退役后未安置，又收养了一个孤儿。社区了解情况后，帮助他们夫妇俩重新定位，做了大量细致的思想工作，夫妇俩利用自身的特长，在区第二马路步行街摆了一个小摊点，早上卖豆浆油条，方便过路的行人，为自己找到了一份收入不错的工作，并且协助他们申请了灵活就业人员社保补贴。

社区开展就业援助，解决了不少社区就业困难人员的就业问题，兑现了党和政府重视民生的承诺，增强了下岗失业人员再就业的信心，也鼓舞了社区劳动保障一线工作人员的士气，还可对社区生计保障事业产生直接的作用。

（七）通过发展集体经济实现充分就业

兴办集体企业，发展集体经济，是社区解决就业问题最可靠的途径。相对于城市社区而言，农村社区拥有土地资源、空间资源、自然资源、人力资源等经营资源，具有发展集体企业和集体经济的优越条件。20 世纪80 年代初期以来，我国许多农村社区都利用社区资源，自力更生、艰苦奋斗，白手起家，兴办企业，建立起强大的社区集体经济。然后利用社区集体企业为社区劳动者提供就业岗位，实现了充分就业。河南省临颍县南街村和江苏省无锡市江阴城东周庄镇的三房巷村就是这方面的典范。

案例 5 - 9　南街村通过发展集体经济保障充分就业

河南省临颍县南街村，全村 842 户，3157 人，950 亩耕地，总面积不过 1.78 平方公里。从 1984 年到 1997 年，南街村经济由两个村办小厂发展成为拥有 26 个企业、12000 多名职工、产值突破 16 亿元、利税达到

8600 万元的国家大型一级企业集团，13 年间经济增长 2100 多倍。在南街村，由于集体经济的发展，凡是有劳动能力的村民都能根据自己的能力和愿望，被安排在企业工作。即使企业根据形势，需要裁撤员工，通常也是减少外工的雇用数量，保障本村村民充分就业。所以，在南街村内部，一般不存在下岗失业问题。就连那些年逾花甲的老人和主要从事家务劳动的妇女，也都有自己固定的工作岗位。比如，在南街村的马路上和绿地中，经常能看到一些中老年妇女（年纪最大的已有 70 多岁）在打扫卫生、清除杂草杂物。其实，她们都是村环保队的职工，村办企业发展起来以后，没有留在家里单纯做家务或者养老，而是在适合自己的岗位上做一些力所能及的工作。对此，南街人的解释是："在南街村，不存在退休问题，都搞终身制，到 60 岁也不退休，干不了重活干轻活，能干多少就干多少。"①

案例 5 - 10　三房巷村通过发展集体经济保障充分就业

位于江苏省无锡市江阴城东周庄镇的三房巷村，全村共有 38 个自然村，村域面积 7.85 平方公里，总人口 10064 人。多年来，三房巷村始终坚持经济富村，成为经济发达、村民富裕的新农村典范。三房巷村凭着敢闯敢拼的创业精神，走上了一条工业富村之路。1980 年，该村贷款 80 万元办起了江阴县合成纤维厂，当年就获利 49 万元。之后，又建成了江阴县染整厂、江阴县涤纶树脂厂、江阴县化纤布厂和化纤纺织厂，形成了从化纤原料进厂到成品面料出厂的一条龙生产格局，产品畅销全国 29 个省份，远销欧美和东南亚。2005 年，该村的工业总产值达到 143 亿元，实现利润 5.52 亿元，上缴利税 7.45 亿元，人均收入 12045 元。在发展工业的同时，三房巷村始终坚持三次产业齐头并进，走"优农业、强工业、兴三产"的集约发展路子。目前，三房巷村已形成集纺织、化工、建材、

---

① 左鹏：《村庄经济与村民福利——一个中部村庄社区福利制度的实证研究》，《北京科技大学学报》（社会科学版）2003 年第 2 期。

冶金、商贸、服务于一体，工、农、副、商全面发展的综合性国家级乡镇企业集团。2003 年 3 月，三房巷村和邻近的刘长巷、刘家桥、分水墩、谢巷村合并后，统一规划建工业区、农业区、生活区，实行"一村一制"，让并入村村民享受到同等待遇。为了解决并入村庄的社区劳动者的就业问题，三房巷村逐步安置并入的 4 个村的劳动力，优先安排特困户进三房巷村村办企业上班，为劳动致富奠定了就业基础。①

案例 5 - 9、案例 5 - 10 说明，集体企业和集体经济是农村社区发展就业保障的最坚实的基础和最可靠的途径。河南的南街村、江苏的三房巷村都是利用社区集体经济实施就业保障的典范。集体经济越发达，社区就业保障力度就越大，就业保障效果就越好。这对于尚未发展社区经济的农村社区来说，南街村和三房巷村的成功经验是值得学习的地方。

四　社区就业保障之不足与促进策略

虽然社区服务业具有固定投入少、劳动密集、吸纳成本低的特点，是一块能够吸收大量失业人群的巨大海绵，② 但是，毕竟社区只是一个很小的地域生活共同体，小家小业，实施就业保障面临不少困难。在常人眼里，社区就业保障面临的困难应由社区解决，这是一种错误的看法。就业问题是一个国际问题，是全球都存在的经济问题。世界上那么多经济发达国家都无法彻底解决就业问题，而且国际上界定的充分就业概念，也只是要求 95% 的劳动力就业，不是百分之百的劳动力就业。剩下 5% 的劳动力不能就业，对企业管理和劳动力市场发展非常有好处。失业是多种因素造成的，既有宏观上经济运行的原因，也有政府管理的原因，还有劳动者个人的原因。因此，不应将一个具有宏观性质的、普遍存在的就业问题交给

① 边纪：《中国经济发展强村——三房巷村》，《新农村》2010 年第 11 期。
② 陈宪：《发展城市社区经济的思考》，《上海经济研究》2000 年第 7 期。

一个微观主体——社区来解决，而应多层面、多角度地建构消解社区就业困难的治理体系。

（一）社区就业保障存在的不足

1. 社区无法提供权益保障

我国大约有 60 多万个农村社区、10 多万个城市社区。绝大多数社区尤其是城市社区开展就业保障，仅限于营造社区创业环境、提供就业岗位，无法像国有企业那样为就业者提供权益保障。社区就业实际上隐含着以牺牲劳动者的部分权益为代价，尤其是劳动者的社会保险权益受到了损害。在劳动力市场供过于求、劳动法制不成熟、劳动监管不到位以及全球性的强资本、弱劳工格局下，社区就业的劳动者比正规就业的劳动者因缺少了群体保护而更易受到损害。社区就业在某种程度上使劳动者处于更为被动的地位，他们很难通过群体的力量来维护自己的权益。[①] 社区就业人员的权益得不到应有保护。现实中，有关优惠政策不落实、劳动条件差、无理克扣工资、违法延长工时、加班得不到报酬等损害社区就业者权益的情况较为普遍。出现社区就业人员权益受损现象时，社区工作人员也无能为力。

2. 缺乏专门的法规和相应的社保措施

现行法规政策体系中，尚没有关于社区就业的专门规定，已有的一些相关法规政策不够系统和全面，社区就业尚未纳入劳动保障统计指标体系，对社区就业方式的发展缺乏统筹规划。已有的涉及社区就业问题的相关法规政策操作性不强，难应对灵活就业发展中出现的问题。[②] 尽管少数地区对社区就业人员的社保做专门规定，实施"4050"社保补贴政策，但也不超过 3 年。从总体来看，现行的国家社保制度基本将社区就业人员

---

① 曾燕波：《社区青年就业促进机制研究——以上海市 J 区社区青年为例》，《社会科学》2014 年第 9 期。

② 郭甜：《论我国灵活就业人员的社会保障问题》，《理论观察》2005 年第 5 期。

排斥在外，这是社区就业面临的一大困难。

3. 就业服务体系不健全

一是表现为就业信息服务、就业技能培训服务、创业与兴业办理服务、融资服务等就业服务制度不完善，工作效率不高，限制条件较多，手续繁杂，导致一些准备在社区创办小企业和从事个体经营的人得不到社区培训与咨询服务；许多微型企业、个体工商户或其他类型的社区就业者创业融资困难。二是表现为扶持社区企业、劳务派遣公司、经营性社会组织等社区经济主体力度不足，措施不得力，造成社区劳务服务组织不发达，吸纳失业人员就业能力有限。三是开发的就业新领域、新岗位较少，无法满足就业困难群体的就业需求。

4. 缺乏提升就业素质的意识和措施

劳改劳教释放人员、残障人员、年龄偏高人员等社区就业困难人员，其就业能力和就业素质不高。这些市场不愿、政府不能完全顾及的失业人员，在很大程度上要依靠社区经济来安置。即便得到社区就业扶持，获得社区就业岗位，还需要在工作中得到教育培训，不断提高经营素质、工作素质，才能在就业岗位上做好做强。如果得不到社区帮助，有可能再次进入失业状态。但是当今的社区劳动保障服务站及其工作人员尚未意识到就业素质提高的重要性，也没有精力开展就业素质提升工作，只把工作精力和工作任务放在开发就业岗位、安排失业人员就业上。因此，社区无法像国有企业、外资企业、民营企业一样改变就业困难群体的就业素质，造成就业者的职业能力低下、持续性不强、发展潜力不足。

5. 社区吸纳就业困难群体的企业生存与发展非常艰难

成本—利润理论告诉我们，一国的经济环境是小微型企业能否健康发展的重要因素。我国的社区企业大多属于小微型企业，作为社区就业的重要主体，其经营处境较大企业而言生存与发展比较艰难，面临来自同行的竞争，且融资难、融资贵的问题非常突出，又缺乏经营人才。虽然国务院于2011年制定的《支持小微型企业发展的金融财政政策措施》，在一定程度上改善了小微型企业的生存环境，但其政策措施还不能完全满足社区小微型企业发展的需要。这决定了社区小微型企业的存续时间不长。一些社区小微型企业持续一段时间后变成了僵尸企业、破产企业，就业人员再次失业。

（二）促进社区就业保障发展的基本策略

社区就业保障存在的这些困难，必须得到有效解决，否则会影响到政府的社区就业政策的实施效果，更会影响到社区生计保障的可靠性。

1. 从国家层面说，需要进行社区就业保障立法

制定出台"社区就业促进法"，明确社区在消化就业市场上的富余人员的责权利；保护社区就业者在就业合同、就业期限、工资报酬、休息休假、社会保险、职业培训、劳动保护、解雇限制等诸多方面的权益；规范对社区小微企业、个体工商户的工商管理、资金扶持、税费减免措施，为社区就业保障提供法制环境。

2. 从政府层面说，需要发展社区教育

农村或以乡镇为单元或以社区为单元，开办农村社区学院；城市或市区为单元或以街道为单元，开办城市社区学院，并明确城乡社区学院的职业技能培训或就业技能培训职责。社区学院办学要正规化、日常化，并根据社区就业的特点开展职业指导、职业介绍、技术培训、创业培训。对社区创业人员给予经营方法、营销策略、成本核算、服务技巧的创业培训；对就业人员给予就职要求、就职技术、就职能力、职业规划的就业培训。做到创业培训与技能培训相结合、培训与就业指导相结合、培训与咨询服务相结合，使社区创业人员和就业人员的职业水平、职业素质得到提升。

3. 从社区层面说，需要完善就业服务体系，注重打造就业文化

第一，社区需要完善就业服务体系。建立健全社区经营性组织，包括组建社区劳务派遣公司、社区就业服务工作队、商业性社区服务公司等，以民办为主，走产业化道路，大力发展社区实业，吸收社区劳动者尤其是就业困难人员就业；建立健全社区创业服务体系，包括社区创业工商管理

服务、税收优惠服务、融资服务、场地供给服务、社会保险服务等；建立健全社区公益服务组织，包括给予经费拨付、申请认定手续、经营指导、服务项目安排等方面的扶持；建立健全社区就业服务协调合作制度，同与社区就业有关的工商、税务、劳动保障、城管、卫生等部门协调合作，在合理分工的基础上，协调配合，简化手续，为符合要求的经济实体提供方便。① 第二，社区应注重打造就业文化。要将社区服务业做优、做强，做出特色，用文化包装社区服务业，打造社区服务品牌，吸引更多消费群体，营造社区就业高效空间，包括城市社区饮食服务一条街、休闲娱乐一条街、社区小商品批发一条街，农村社区农家乐产业园、生态养生谷、农业旅游走廊等。通过对社区就业人口、种类、空间、管理模式等方面的探究，从空间与管理方面建构社区就业优化策略，使社区的非正规就业更具规模化、特色化、秩序化、规范化、品牌化。对社区就业做出合理高效的引导，用文化提升社区就业空间。

4. 从就业者层面说，需要不断提高自身就业素质

一些社区劳动者之所以难以找到工作，主要原因是自身素质不高，缺乏必要的劳动技能。现在的劳动部门分工越来越明细，各种工种及其岗位都有特殊的工作要求，对求职者有自己的职业素质和劳动技能要求。因此，社区劳动者在求职之前要做好相应的知识、技能、角色规范等方面的训练。即便谋得一份差事，也要在工作中不断评判自己的工作，总结经验，克服不足，消除职业角色差距，做到顾客满意、领导满意，在自己的工作岗位上做出成绩，做成职业能手，不做再次失业的人。

5. 从管理角度看，需要建立就业贷款保障机制

按照澳大利亚华裔学者孔保罗的就业贷款互助循环保障理论的理解，失业现象之所以不能消灭，是因为新失业者不断增加；新失业者处于增加状态，是因为绝大多数失业者选择了仓促就业；失业者之所以仓促就业，是因为就业是他们及其家庭的唯一收入来源，没有工作就没有收入，家庭

---

① 杨宜勇：《城市社区就业发展前景巨大》，《理论与改革》2002 年第 1 期。

生活就会面临危机。这就是失业问题总是存在的根源。所以，解决失业问题的机制就是遵循社会就业调整规律。解决失业问题的措施是建立仓促就业的全面缓解机制，而不是创造就业机会。为此，要提出解决失业问题的新模型，即实施就业贷款保障，预支未来的工资给失业者。因为预支工资，失业者就可以理性选择就业，过去那种因生计所迫而频繁发生的仓促就业问题就会解决。缓解仓促就业的新模型，称为就业贷款互助循环保障理论。其理论观点是，社会保障体系先向金融信贷体系贷款，社会保障体系再贷款给失业者。失业者形成还款能力后逐步偿还给社会保障体系，社会保障体系再还款给金融信贷体系。根据孔保罗的就业贷款互助循环保障理论，政府管理部门应建立就业贷款互助循环保障机制，不应该要求社区一味地给就业困难群体创造就业机会、提供就业岗位，而应该由政府的社会保障部门先向金融部门贷款，社会保障部门再贷款给失业者，失业者形成还款能力后逐步偿还给社会保障部门，社会保障部门再还款给金融部门。这样，失业者就可以理性选择就业，不再会因生计所迫而选择仓促就业，减少仓促就业现象，减少失业发生。

五　基本结论

社区就业保障是社区利用公共资源帮助家庭劳动者获得就业岗位，并通过劳动获得个人及其家庭生活消费资金的各种措施。是社区生计保障的重要途径，是社区劳动者谋生的主要方式，在社区生计保障结构中处于重要位置，发挥着重要的保障作用。它的本质是帮助社区劳动者通过劳动手段获得生活来源。社区就业属于灵活就业和非正规就业。

社区开展就业保障事业是多种原因造成的。既有宏观上的原因，也有微观上的原因。从宏观上分析，促使社区开展就业保障的主要原因是国家劳动力供求结构矛盾和国家宏观经济政策的改变形成富余劳力、市场竞争不利产生失业群体、政府就业服务体系不完善难以增加新的就业岗位、政府要求社区开展就业保障工作；从微观上分析，促使社区开展就业保障的主要原因是就业是社区实现生计保障的重要途径、社区总存在就业弱势群体、企业存在减少员工规模的趋势等。

从运行机制来看，我国社区发展就业保障已形成特有的实践框架和运行程式，具体表现在：普遍建立社区劳动保障服务机构、编制社区劳动保障办事指南、夯实社区就业基础服务工作、开发就业岗位、开展就业技能培训、实施就业援助措施、通过发展集体经济实现充分就业。

促进社区就业保障事业的发展，从国家层面看，需要进行社区就业保障立法；从政府层面看，需要发展社区教育；从社区层面看，需要完善社区就业服务体系和打造社区就业文化；从就业者层面看，需要不断提高自身就业素质；从管理角度看，需要建立就业贷款保障机制。

第六章　社区生活救助

社区生活救助服务于社区生活困难群体和生活弱势群体，属于消耗性社区生计保障，是社区生活困难群体和生活弱势群体的谋生途径。对于长期处于生活困难状态和暂时处于生活困难状态的社区家庭或社区居民而言，社区提供的生活救助是其主要生活来源。因此，社区生活救助是社区生计保障不可或缺的途径。

一　社区生活救助的特质

从其业态表征来看，社区生活救助是独立于政府社会保障之外、运行于社区之中的生活救助制度，有其区别于政府社会保障的特质。

（一）社区生活救助的本质含义

社区生活救助是为社区生活困难家庭和居民提供生活资料救助和为社区生活不便家庭和居民提供生活服务救助的统称。社区生活资料救助指社区通过多渠道筹集资金，向无稳定收入、无家庭依靠、无生活来源并失去工作能力者，以及向生活在最低生活保障标准以下的家庭和个人，向遇到突发状况，如一时遭受自然灾害和不幸事故的遇难者，所实施的一种享受最低生活待遇的生计保障措施；社区生活服务救助指社区利用人力资源向高龄老人、失能老人、残疾人、婴幼儿、孕妇、重症病人等生活不便群体提供生活帮扶的一种生计保障措施。

根据救助对象分，社区生活救助可分为生活水平低于国家规定最低标准的社区居民生活救助；社区中的"三无"人员，即无法定赡养人、扶养人、抚养人，无经济来源，无劳动能力的社区居民的生活救助；遭受突发严重性灾害而使生活一时陷入拮据状态的受灾居民生活救助。

根据人工生活资料分，社区生活救助可分为食物救助、温暖救助、住房救助、用品救助、出行救助等。

根据救助手段分，社区生活救助可分为以发放现金的形式为救助对象提供帮助的现金救助；以发放物资的形式为救助对象提供帮助的实物救助；针对特殊的救助对象提供生活照顾和护理的服务救助。

根据救助时间分，社区生活救助可分为定期救助、临时救助和急难救助。定期救助指在时间上具有连续性的社会救助，它一般表现为在相对较长的一段时间里，社会救助管理机构按规定连续地、定时地为救助对象提供援助；临时救助指在时间上没有连续性，或者救助时间比较短的社会救助，它是为解决社会成员临时的生活困难而进行的社会救助；急难救助指社会成员在遭受灾害、意外等情况下，对其生活困难进行的社会救助。

（二）社区生活救助的基本属性

虽然社区生活救助与社区营生保障、社区就业保障，都属于社区生活保障范畴，都是社区生计保障的形式和途径。但是，社区生活救助具有与之不同的基本属性。

（1）属于物质性生活保障。因为生活困难家庭缺乏衣食住行用等人工生活资料，其日常生活开支难以为继，需要柴、米、油、盐、酱、醋、茶等饮食资料，需要衣物、棉被、燃料等取暖保暖资料，需要栖身的住房，需要桌、椅、板、凳、床、水、电、网、灶等家用日常基本生活用具等，这些生活资料都属于物质生活用品，所以，社区开展生活救助，就是为社区生活困难家庭或居民提供日常生活物品或购买日常生活物品的现金。开展日常生活援助，包括病员护理、家政服务、临时照看小孩、烹调、家电修理、购物、园艺等服务项目,属于物质活动。

(2)属于补充性生活保障。社区生活救助是建立在社区层面的生活救助,是独立于政府救助之外,运行于社区救助之中的生活救助制度,是社区为履行国家和社会责任,为保障困难群众的基本生活而建立的生活救助制度。通常是指社区内的居民在享受了国家和单位及社团的保障待遇的同时,因各种原因造成临时或长期的特殊困难,影响本人或家庭的基本生活,社区给予的一种补充性救助。

(3)属于补救性生活保障。没有出现生活窘境和生活困难的事实,社区是不会施以生活救助的。其救助对象一定是社区的低收入群体、下岗失业人员、老弱病残人员、遭遇自然灾害家庭等生活困难群体。为了帮助这些生活困难家庭或居民克服生活困难,渡过生活难关,社区才会采取筹资、募捐、动用公用资金、接受外援等措施,筹措生活物资和生活资金,然后,给生活困难家庭及其居民发放生活物资和生活资金。

(4)属于选择性生活保障。首先,社区生活救助的对象具有选择性。社区生活救助所辐射的范围由社区的大小和功能所决定。社区生活救助只能是给本社区居民提供救助,并不普遍适用于其他地方。其次,社区生活救助具有针对性。社区生活救助只对自我保障有困难而确需救助的家庭和居民给予救助。为此,社区一般通过财力审查和就业调查来确定申请人领取救助金的资格。财力审查即对申请人及其家庭成员的收入及资产状况进行审查,不足特定标准时才予以救助。针对性是社区生活救助最为突出的特点,它能保证有限的社区生活救助资源切实地用到最需要的社区困难家庭和困难居民身上。凡是超过最低生活保障线和有固定收入来源且能满足家庭生活需要的家庭和居民是不会得到社区生活救助的。

(5)属于低水平生活保障。从政府保障体系看,社会保险、社会福利是水平较高的社会保障制度,不仅保证社会成员的基本生存问题,而且还保证其一定的生活质量,防范因社会风险事件的发生而使社会成员失去生活保障。相对而言,社区生活救助则在于对已经遭受生活危险并处于生活困难中社区家庭及其成员给予生活帮助和生活支持,使他们渡过生活难关，具有救治性的目的，且其救助水平是整个生活保障体系中最低的，是生活保障安全网的最后一道防线，使每一个社区家庭和居民不至于在生活困难时处于无助的困境。同时，它的责任仅仅是使受助者的生活相当于或略高于最低生活需求，以避免受助者产生依赖心理乃至不劳而获的思想。

（6）属于短期性生活保障。由于社区开展的生活救助目的在于满足基本生活需要，是最低的生活保障，故社区生活救助只能是短时期内解决社区的生活困难居民的生活需要，而不能起到预防、长期救助、发展性支持的作用。在短时期内可以给予生活困难家庭和居民生活帮助，这种生活帮助，无论是从范围还是从内容上来说，都不能够支持个人的长期发展需要。除了一小部分长期救助对象外，大部分社区生活救助对象是突然遭遇生活困境者，对这部分贫困人员的帮助是临时性的，如救灾、重大严重疾病者救助等。一旦救助对象的生活困境解除，收入超过最低生活标准，其基本生活有了保障，社区的生活救助行动即告一段落。

（7）属于地域性生活保障。社区生活救助是一种属地式的生活保障。这种属地的特征体现在两个方面：一是社区生活救助服务对象限于居住在社区内的生活困难家庭和居民；二是社区生活救助的内容和形式会受到社区资源、生活需求、社区人口结构特征和社区文化等要素的影响。不同社区实施的生活救助，在救助标准、救助方式、救助结构上具有不同特点。

（三）社区的生活救助与政府的社会救助的关系

政府的社会救助是政府对于遭受自然灾害、失去劳动能力或者其他低收入公民给予物质帮助或精神救助，以维持其基本生活需求，保障其最低生活水平的社会保障措施，是政府对家庭人均收入低于最低生活保障线的贫困者实施的一项低层次的、最基本的保障制度。其资金源自政府财政拨款，其对象是无生活来源、无劳动能力，以及无法定赡养人、扶养人或者抚养人的公民，或者虽有一定收入，但人均收入低于当地居民最低生活保障标准的家庭，包括在职的、下岗的、退休的和失业人员领取失业救济金期满仍未就业的劳动者。政府对其进行社会救助，需要事先对其进行生计调查、核实和批准。社会救助作为政府保障制度体系中的一个子系统，在贫困问题的解决、保障公民的基本生活权利和促进社会安定方面发挥着重要的作用，被称为社会保障制度的最后一张安全网。提供救助是政府的一项法定责任和义务，而享受社会救助亦是符合法定资格者的一项权益。公民只要达到享受社会救助的条件，便可主动申请救助。社会救助的提供者与受助者之间是一种以相关法律制度为依据的平等关系。社会救助是只看结果，不看原因的救助制度。只要贫困人口或家庭达到社会救助的标准，就可以得到社会救助的给付，而不管造成个人或者家庭贫困的原因如何。社会救助制度是国家政府部门运用掌握的资金、实物及一些服务手段，通过专门的救助机构和一些专业人员，依据科学的工作方法而实施的行动措施。

社区的生活救助是社区内的居民在享受了国家和单位及社团的保障待遇后，因各种原因造成临时或长期的特殊困难，影响本人和家庭的基本生活，由社区给予的一种补充生活救助。社区生活救助是社会救助体系的一个重要组成部分，是社会保障制度的重要内容。现在中国城市社区的社区生活救助体系依托于政府，以行政化服务为主，帮助政府落实社会救助政策。同时社区是进行社会救助的良好平台。因为众多弱势群体均生活在社区中，社区生活救助更容易对社区弱势群体的具体情况进行集中的详细了解。同时，作为弱势群体，寻求社区的帮助也是最容易的途径。因此，随着现代社会管理的人性化和精细化，社区的生活救助越来越成为政府社会救助和社会管理的重要内容。同时，政府进行社会救助依托于社区这个基层单位，将部分社会保障及其社会救助业务的工作权力下放到社区，使社区代为管理，实行行政化职能，实施救助行为，同时进行社会救助指导、统筹社区生活救助的开展，使社区生活救助按照政府救助的大方向、宏观政策行进，并为其完善建设发展提供基层实践经验。

政府救助的本质就是生活救助。1965 年美国出版的《社会工作百科全书》对"社会救助"有一个解释,"社会救助是社会保险制度的补充,当个人或家庭生计断绝急需救助时,乃给予生活上的扶助,是在整个社会保障制度体系中,最富弹性而不受拘束的一种计划"。在我国,政府开展的社会救助,许多项目都是生活类的救助项目,最终目标都是使长期生活困难群众或短期生活困难群众摆脱生活贫困状态,过上自立自强的幸福生活。另外,在我国,政府的社会救助与社区的生活救助也有相互配合、共同完成的救助领域,这就是农村五保户供养领域。我国的农村五保户供养制度始于 20 世纪 50 年代中期。所谓五保制度,是针对农村中缺乏或丧失劳动能力、无依无靠、没有生活来源的老、弱、孤、寡、残疾人员,由乡、村两级组织负责向其提供保吃、保穿、保住、保医、保葬等五个方面的援助的一种社会救助制度。《农村五保供养工作条例》一些条款要求社区与政府配合。该条例第三条规定:国务院民政部门主管全国的农村五保供养工作;县级以上地方各级人民政府民政部门主管本行政区域内的农村五保供养工作;乡、民族乡、镇人民政府管理本行政区域内的农村五保供养工作;村民委员会协助乡、民族乡、镇人民政府开展农村五保供养工作。该条例第七条规定:享受农村五保供养待遇,应当由村民本人向村民委员会提出申请;因年幼或者智力残疾无法表达意愿的,由村民小组或者其他村民代为提出申请。经村民委员会民主评议,对符合本条例第六条规定条件的,在本村范围内公告;无重大异议的,由村民委员会将评议意见和有关材料报送乡、民族乡、镇人民政府审核。乡、民族乡、镇人民政府应当自收到评议意见之日起 20 日内提出审核意见,并将审核意见和有关材料报送县级人民政府民政部门审批。该条例第十三条规定:集中供养的农村五保供养对象,由农村五保供养服务机构提供供养服务;分散供养的农村五保供养对象,可以由村民委员会提供照料,也可以由农村五保供养服务机构提供有关供养服务。该条例第十一条规定:农村五保供养资金,在地方人民政府财政预算中安排。有农村集体经营等收入的地方,可以从农村集体经营等收入中安排资金,用于补助和改善农村五保供养对象的生活。

（四）社区生活救助的基本功能

社区生活救助作为体现生活公平、维持生活困难家庭或居民最低生活水准的生计保障措施，能够帮助社区的贫困者、老弱者、身心残障者、遭遇不幸的家庭，解决部分生活困难，具有特殊功能。

社区开展生活救助，对社区居民来说，具有如下功能。

第一，生活保障功能。社区为长期生活困难或暂时生活困难的家庭或居民提供生活资金或生活物品，使其平稳地渡过缺衣少食的艰难日子，让生活日复一日地过下去。没有社区对其进行济贫、救急，生活困难家庭或居民就无法生活下去。可见，社区对生活困难家庭或居民开展的生活救助，保障其克服生活风险，产生了生活保障功能。

第二，生活服务功能。社区的一些生活弱势成员，如罹患重病者、重度残疾者、失能老人、年老体迈者、儿童、待产孕妇等暂时行动不便者等，需要他人提供生活照顾或生活服务，包括病员护理、家政服务、临时照看、烹调送餐、家电修理、代购代缴、园艺维修等，社区组织队伍为其提供无偿服务、低偿服务和有偿服务。无偿服务主要是社区组织和社区志愿者为老、弱、病、残、贫提供义务服务；低偿服务主要是社区服务机构为病人提供的医疗服务、为失能老人提供的送餐服务；有偿服务是社区家政服务公司、园林园艺服务公司、家电修理部、超市、饮食店、理发店、幼儿园等商业性服务公司提供的按价收费的生活服务项目。社区组织、社区机构、社区企业提供的生活援助项目，较好地满足了社区特殊家庭和居民的特殊需求，为他们排忧解难，让他们的日子过得顺畅舒心。而且，社区施以生活救助，使每一个居民都达到生活自由、生活自立。

第三，生计保障功能。对于没有其他生活来源的特困家庭，无法定赡养人、扶养人、抚养人的社区居民，无劳动能人的孤寡老人，无依无靠的重症病人，是社区重点救助的对象。社区定期提供的生活救助资金和生活物品，就是他们的生计来源，是安全度日的依靠。除此之外，别无他法。所以，社区生活救助具有生计保障功能。

社区开展生活救助，对社区来说，具有如下功能。

第一，生活资源配置功能。社区开展生活救助，需要救助资源，包括人力资源、物品资源、资金资源等。社区将富裕家庭与生活困难群众对接，将生活富裕家庭或居民的生活资源无偿地捐赠给生活困难家庭或成员；将志愿者、服务机构、服务公司与需要特殊服务的生活弱势成员对接，让服务主体为服务对象提供有偿或无偿服务。以此实现社区生活资源优化配置和充分利用。

第二，分配社区财富功能。社区开展生活救助，实际上是用人文关怀精神将有钱人的财富转移到生活困难人的手里，这是社区进行财富分配的一种方式。社区生活救助的财富分配功能，客观上产生消减贫富差距的效果。

第三，促进社区和谐功能。社区救助生活困难成员，解除他们的生活困境，满足特殊成员的特殊生活需求，减少和消除社会歧视，增强生活能力，帮助生活困难居民更好地适应、融入社区，促进社区居民之间的和谐，形成和谐幸福社区。

第四，纠正政府救助失灵功能。社区实施生活救助是在政府社会救助的基础上开展的补救型生活救助。政府不是万能的，在许多方面也存在一定的无奈，这是政府失灵的一种表现。政府在社会救助上存在"缺位"现象，即本应做好社会救助，却没有达到社会救助目标，一些生活困难家庭或需要救助的贫困人口，没有得到救助或没有达到满足其基本生活需要的程度。正是由于政府在社会救助上的失灵，政府在提供社会救助时并不如想象中满意，出现救助效率低下、救助质量不尽如人意的现象。社区生活救助就可以将政府的政策性社会救助没有覆盖的生活困难家庭和贫困人口或没有满足其基本生活要求的生活困难家庭和贫困人口纳入社区生活救助对象，起到弥补政府生活救助缺陷的救助功能。

第五，增强社区自治能力功能。我国颁布的《中华人民共和国村民委员会组织法》和《中华人民共和国城市居委会组织法》都明确社区是实行自我管理、自我服务、自我发展、自我教育的自治单位。城乡社区开发利用自有资源，采取多种措施，对社区生活困难家庭和居民进行生活救助和生活服务，属于典型的自我管理、自我服务的自治行为。不仅展现了"自己管理自己、自己的事自己做"的自治风格，还促进了社区"自强、自立、自我发展"风气的形成。显示我国社区的自治能力在提高。

社区开展生活救助，对国家来说，具有如下功能。

第一，民生保障符号功能。社区开展生活救助，解除社区生活困难家庭的生活困难、满足生活特殊需求成员的生活需求，是将国家和政府关心老百姓生活的民生政治、民生理念落到实处的表现，是关心民生的象征与体现，具有彰显国家关心民生的符号功能。

第二，维护社会稳定功能。没有社区的生活救助，生活困难家庭和居民就会上访，找政府帮助解决生活困难问题，或者会走上乞讨、偷盗度日的路子，给国家和社会造成秩序混乱的不良影响。可见，社区生活救助具有维护社会稳定的功能。

第三，补充政府救助缺失功能。政府财力有限，无法满足所有家庭和国民的生活需求，总有一些家庭和国民处于生活困难状态。这需要社会力量参与国民生活救助行动。社区利用自有资源，采取各种措施，对辖区生活困难家庭和居民进行生活救助，补充政府力量在国民生活救助中的一些缺失和不足，具有明显的补缺功能。

二 社区生活救助的发展及其缘由

（一）社区生活救助的发展

生活救助是人类最早出现的社会保障制度，主要功能是满足贫困家庭基本生活需要，提供社会认可的最低生活保障。人类文明长期发展以来的人文关怀价值观和慈善思想，使人们形成了对生活困难群体的救助责任和态度。

　　早在春秋战国时代，中国的宗族社区就开始了灾荒救助和贫困救助。灾荒救助的方式有赈济、平粜、施粥、借贷和"补还积谷"等；贫困救助的方式有慈幼、振穷、宽疾、丧葬、嫁娶，大多以发放粮米、衣物、银两方式实施。但是，两千多年的封建统治使中国的生活救助事业发展停滞不前，没有跟上西方工业社会发展起来的现代生活救助制度。直到1943年民国政府才颁布我国历史上第一部国家济贫法《社会救济法》。但由于其历史局限，并没有发挥其应有的作用，流于形式。新中国成立后，《1956年到1967年全国农业发展纲要》提出，"农业合作社对于社内缺乏劳动力、生活没有依靠的鳏寡孤独的社员，应当统一筹划"，"在生活上给予适当照顾，做到保吃、保穿、保烧（燃料）、保教（儿童和少年）、保葬，使他们生养死葬都有指靠"。吃、穿、烧、教、葬，这五项保障简称"五保"，将享受"五保"的家庭称为"五保户"。这是新中国最早的生活救助政策。1994年，国务院颁布《农村五保户供养条例》，这是新中国第一部农村生活救助法规。1999年，国务院制定《城市居民最低生活保障条例》，这意味着我国在对城市居民提供最低生活保障时有了行政法规上的依据。但这些文件都不是关于社区生活救助的政策，是政府救助的政策。我国社区生活救助起步较晚，始于中国21世纪初期开展的社区建设。但是社区生活救助制度也使救助措施走进了社区居民的家，拉近了救助政策与居民的距离，救助项目涵盖了居民的衣食住行用以及日常生活援助。对于满足生活困难群体的物质生活需求、缩短贫富差距、稳定贫困家庭、消除社会不安定因素产生了实际作用。就农村社区而言，其不仅帮助政府落实了社会救助制度，而且自发开展了生活救助活动，如天津的村委会向社区困难居民发放困难资金，这是对于国家低保之外的一系列补充措施。现阶段，农村社区的自发性生活救助事业还处于低级阶段，需要进一步发展。就城市社区而言，各地自发形成了"爱心超市""慈善爱心物流站""慈善超市"等社区生活互助模式，这也是社区开展生活救助的表现形式，这说明在我国社区生活救助正在萌发。

　　西方的生活救助起源于中世纪英国教会社区开展的慈善救助。中世纪始，英国教会在宗教改革之前，将教会的什一税的 1/3 用于慈善救助。中世纪英国的每一座教堂、修道院，都有责任收容乞丐，救助老弱病残，并安排有劳动能力的流浪者自救，同时也有权劝说或强迫其所辖范围内的有产者捐款济贫。1536 年，英国政府颁布《亨利济贫法》，标志着政府开始从教会社区手中获得生活救助权。1601 年，英国颁布《伊丽莎白济贫法》，成为西方最早以法律形式确定的生活救助措施。当代英国的社区救助，最具代表性的一种模式是"社区照顾"。其是指在社区中由社区各类人士合作去为社区的老弱病残者及儿童提供生活照顾，以求改善社区居民的生活质量，尤其对老人的照顾已成为有别于传统养老的新模式。英国有关"社区照顾"的法令要求在社区内对老年人提供服务和供养，以便使他们尽可能过上独立的生活。其目标是在他们自己的家或"像家似的"环境中受到帮助。"社区照顾"实际上包含"社区内的照顾"和"社区照顾"两个概念。"社区内的照顾"就是运用社区资源，在社区内由专业工作人员进行照顾。如利用社区中的服务设施，对孤老及生活不能自理的老年人进行开放式的院舍照顾，老年人可以随时走出院舍，进入他们生活的社区。"社区照顾"就是由家人、朋友、邻居及社区志愿者提供的照顾。如为有各种需要的老年人提供家庭服务，这样老年人便不用脱离他们所熟悉的社区，过正常人的生活。社区照顾的主要内容包括以下几方面。第一，生活照料（饮食起居的照顾，打扫卫生，代为购物等）。生活照料又分为居家服务、家庭照顾、老年人公寓、托老所等四种形式。第二，物质支援（提供食物、安装设施、减免税收等）。第三，心理支持（治病、护理、传授养生之道等）。第四，整体关怀（改善生活环境、利用周围资源予以支持等）。①

20 世纪初，美国兴起私营的、开展公共服务的社区基金会，其资金应用于改善美国克里夫兰地区居民的物质生活水平。在当代美国社区生活救助中，社区生活用券是很有特色和深受欢迎的救助方式。因为通过

---

① 杨蓓蕾：《看一种新型的养老模式——英国的社区照顾》，《探索与争鸣》2000 年第 12 期。

"券"的形式不但解决了贫困群体在食物、教育、住房等方面的特定需求，而且"券"比现金使用效益高，不会出现资金滥用情况，比较好地克服了现金救助存在的弊端。①

日本的社区生活救助较为突出的是生活保护制度和社区货币行动。第二次世界大战对日本经济、社会创伤很大，这给日本百姓生活带来了许多影响和压力，国家比较重视生活保护。1950年日本内阁颁布《生活保护法》，不仅给居民发放适当的生活保护费，同时，还能提高劳动者就业积极性，推动和支援贫困者自立。日本内阁于2013年5月17日通过了《生活保护法》修正案，并于2014年4月开始实施，在内容上，其为生活贫穷者提供生活补贴、住宅补贴、教育补贴、医疗补贴、分娩补贴、创业补贴和丧葬补贴等最低生活保护；在手段上，其采取严格的收入调查和财产调查。② 社区货币行动发生于20世纪80年代。当时日本经济衰退，无家可归者众多，社保体系几近崩溃，青年人失业率增高，小区资源空空，国内经济欠佳，银行被视为风险因素。为了消除经营风险，日本神奈川县大和市出现救助社区贫困人口的"社区货币"行动。所谓"社区货币"是由某区域（城市、乡镇、小区）自行印制、发行的"钞票"，它可以在小区进行货品或服务交易，而且可以用服务换服务，用时间换时间，实现经济互助，增加使用者之间的信任与沟通。日本神奈川县大和市的一些街角商店的小老板认为"在自己的小区创造自己的小型价值流通循环"是一个好办法。社会福利组织在此基础上设计了一个方案，即通过小区组织与街区内的20多个商业点签约，完善小区"代用券"，使它成为真正可以合法流动的"货币"，促进小区救助。这种社区货币称为"R"，失业人员可以通过参与小区公益劳动，如社区照顾、环境保护、儿童辅导以及助残扶老等公益活动，或是从大街小巷清洁废物垃圾的

---

① 王锴：《英美社会救助制度的比较及对我国的启示》，《绥化学院学报》2014年第11期。
② 吕学静、王争亚：《日本社会救助制度的最新改革动向及对中国的启示》，《北京劳动保障职业学院学报》2014年第8期。

"大扫除"中获得社区货币。每个参加者工作一小时获得500 R。社区货币行动成为日本社区生活救助的运行机制，促进了社区生活救助事业的发展。

但是，国外社区生活救助开展得最好的还是新加坡。20 世纪 80 年代，新加坡政府按照西方福利多元主义理论，积极发展社区生活救助制度。旨在为"市场竞争的失败者"和"最不能自助者"提供基本生活保障，起到兜住社会"底线公平"的最后一张"安全网"的作用。其社区生活救助较有代表性的是于 2005 年建立的社区关怀基金。该基金旨在为 20% 的低收入新加坡公民提供各种资金支持、满足低收入者的各种需求。鉴于社区组织在将稀缺的福利资源分配给那些最需要的或最贫困的人群方面具有政府机构无法比拟的优势，新加坡社会发展、青年和体育部与新加坡国家社会服务委员会合作，将社区组织纳入"多方援助策略"中，共同为新加坡的贫困群体提供经济资助和社会服务。新加坡的社区组织，点多面广，包括社区理事会、家庭服务中心、邻里联络站、老龄活动中心、残疾资讯及转介中心等，它们根据自身宗旨积极参与贫民援助，还组建了"社区关怀基金本地网络"。新加坡的社区组织，对有工作能力者，帮助他们就业；对丧失工作能力者，如贫困老人和残疾者，每月给予固定数额的援助金；对因子女多而生活困难者，给予托儿所、幼儿园经济援助金，帮助他们减轻生活负担；对居住在政府组屋里的困难家庭，给予租金、杂费、水电费等优惠。通过社区组织多渠道的援助，新加坡约 21 万户低收入家庭从中受益。

据张暄等介绍，现在的美国、英国、日本、俄罗斯、法国等国城市社区生活救助已经比较普遍，形成了一个较能为群众所接受的模式，社区在衣食住行用等各方面已经为困难群体系统地提供生活救助。[①] 国外的社区生活救助主要表现为社区居民相互提供生活上的帮助，协助生活困难群体解决衣食住行用等基本的生活需要。但西方学界对社区生活救助的看法不

---

① 张暄等：《国外城市社区救助》，中国社会出版社，2005。

一，有的认为社区生活救助是政府逃避对城市贫困群体的福利责任的借口，有的认为社区生活救助利于社区成员形成互帮互助意识。

（二）社区生活救助发展的缘由

社区开展生活救助事业具有深层的社会原因，也有面临的现实压力。

1.社区逐渐成为社会存在形式

第一，社区是社会的细胞。一个国家是由若干层级的政府构成的，而最基层的政府是由若干社区构成的。从地理空间上看，社区是由特定生活共同体占据的地域社会；从层级上看，社区是一个国家的底层社会。一个国家就是由很多社区组成的大型区域社会。基层不牢、基层不稳，上层就难以巩固。第二，国家权力开始进入社区。各个政府部门甚至各级组织、各种社会团体都将工作落实到社区、将事权下放到社区，由此形成"上面千根线、下面一根针"的上下联动关系，使社区的重要性日益显现，社区的话语权与日俱增。第三，市场机制开始进入社区。市场机制在资源配置和工作效率提升方面具有特殊作用。为了提高办事效率，政府越来越多地用购买社会服务方式将社会事务以项目形式发包给社区完成，使社区的自治地位、自主地位得到强化。以致政府在许多社会事务方面需要听取社区的意见。第四，我国的社区建设完善了社区设施，壮大了社区力量，彰显了社区在社会治理与发展中的作用。这些社会变化使社区成为社会的存在形式，为社区生活救助的快速发展打造了社会基础。

2.社区承担生活保障责任已成定势

改革开放前，在计划经济体制之下，城市居民生活在单位住区，其生活救助由所属单位负责。1994年，我国实行向市场经济体制转轨，城市居民逐渐完成由"单位人"向"社会人"的转变，传统的单位住区生活模式逐步解体，脱离单位的城市居民变成社区居民，进入社区生活模式，其生活问题找社区解决成为百姓的生活常态。近些年，政府将单位、企业离退休人员转交社区管理，所有脱离单位的自由职业者、流动人口纳入属地化管理，社区逐渐成为百姓生活的家园和归宿。社区本是特定地域的生活共同体，为其居民提供生活服务，属职责所在。自然，居民出现生活困难，社区应该提供生活援助和生活救助，让他们渡过生活难关。而且随着国家对社区建设力度的加大，社区解决居民生活困难的条件越来越完善、解决居民生活困难的能力越来越强。

3. 社区分担政府社会救助压力理所当然

就国情而言，中国有近 14 亿人口，而人均 GDP 水平非常低，政府财力有限，无力解决全国所有家庭和人口的生活困难，需要社会力量分担一部分生活救助责任。生活困难家庭日常所需的衣、食、住、行、用等生活资料以及生活服务并非完全靠政府提供，有很多需依靠社区解决。关键问题是政府提供的基本生活保障水平过低，无法满足贫困家庭和人口的生活开支，需要社区给予一定弥补。因此，作为生活共同体的社区应该担当这种生活救助的责任。就农村而言，在计划经济时代，生产队实行国家负责与依托集体经济相结合的生活救助措施，但农村经济体制改革后，原来的生活救助资金出现很大的制度性缺口，需要重构生活救助体系。从 20 世纪 90 年代开始，全国各地农村逐步建立特困户救助制度、农村居民最低生活保障制度，并完善了农村五保户生活保障制度和灾害救济制度。但农村原本处于困难状态下的居民一直处于贫困状态，长此以往，国家因农村生活救助而承受的财政负担越来越重。可以说，仅依靠政府施以生活救助，解决不了农村生活贫困问题。所有农村困难户分散在一个个农村社区，自然而然，农村社区就应承担帮助生活困难家庭和居民克服生活困难的责任了。

总的来讲，社区是老百姓生活的基本单元，也是生活困难的集中区。各种各样的生活困难，如贫困、失业、养老、生活安全、居住环境等，都在社区突出表现出来。特别是随着市场化程度的加深、单位人回归社区者越来越多，生活困难问题呈增多态势。只有及时有效地解决生活困难问题，社区才能和谐，社会才会稳定。因此，社区应开展消除生活困难问题的生活救助措施。

三 社区生活救助的发展范型

根据西方社区生活救助的发展经验和我国社区开展生活救助的实践，可以总结出社区生活救助的实践范型。

（一）动员社区主体积极参与生活救助

实施社区生活救助的主体，在城市社区是社区管理委员会的工作人员，在农村社区是村委会的工作人员。但是开展社区生活救助事业，仅靠社区工作人员是不够的，需要社区其他主体参与。因为社区实施生活救助，需要救助资源，一是需要救助资金，二是需要救助物资。这需要社区其他主体共同提供。社区的生活救助资金与救助物资来源分两种情形：一是拥有集体经济的社区，将部分社区公益基金转化为生活救助资金，可以称为社区生活救助公益资金；二是没有集体收入的社区只能动员社区力量捐献生活救助资金和救助物品，可以称为社区生活救助捐献资金（物品）。社区生活救助捐献资金是依靠社区工作人员动员社区的富余家庭、驻区单位、驻区企业、社区救助机构、救助团体、慈善力量等捐献而形成的救助资金。这实际上是社区动员所辖主体为生活困难群体提供生活救助。这种情况，在我国目前还是普遍现象。因为中国 60 万多个农村社区，绝大多数还没有集体经济。社区应鼓励和动员社区力量参与生活救助，整合生活救助资源，形成生活救助合力，把零散的生活救助措施整合为生活救助体系，发展生活救助事业。

（二）明确生活救助目标

社区实施生活救助需要确定工作目标，这样便于评价救助成效，也可以引导整个救助工作向既定目标发展。社区生活救助的目标，一是弥补政策性救助的不足，为政府救助没有覆盖的生活困难家庭和居民以及救助水平不能满足其生活需要的家庭和居民提供进一步的补充救助；二是开展生活服务救助，主要在于探索专业社会工作介入需要生活服务救助的家庭和居民，为他们提供家政、护理、代购代缴、陪护、保姆等生活服务。归纳起来，社区生活救助的目标就是满足生活困难家庭和居民的生活需求，建立基本生活必需品价格上涨与困难群体生活补助联动机制，确保困难群众生活水平不因价格上涨而降低，保障家庭生活的正常进行。

（三）确立生活救助标准

从理论上讲，确定生活救助标准有许多方法。①市场菜篮法，即根据一个人的生存和发展需要确定必不可少的基本生活消费需求，并按市场价格来计算生活消费需求，确定生活救助标准。②恩格尔系数法，即根据一个人的食物消费支出占全部生活消费支出的比例，确定生活救助标准。③生活形态法，即通过调查贫困家庭的生活方式、消费行为，确定生活救助标准。④国际贫困标准法，即借用国际组织确定的贫困线，确定生活救助标准。

世界组织确定的生活救助标准并不统一。国际劳工组织将救助对象的收入相当于制造业工人平均工资的30%，作为可以接受生活救助的标准。欧洲经济合作委员会将可支配收入低于平均水平的50%，作为可以接受生活救助的标准。1990年，世界银行将1美元/（人·天），作为可以接受生活救助的标准；2008年，世界银行将2美元/（人·天），作为可以接受生活救助的高标准、将1.25美元/（人·天）作为可以接受生活救助的低标准；2015年，世界银行将接受生活救助的低标准修改为1.9美元/（人·天）。2014年，亚洲开发银行将1.25美元/（人·天）作为可以接受生活救助的标准。

目前，我国政府确定的生活救助对象是："三无"人员、灾民、贫困人口。在具体实施生活救助的时候，是按照身份识别的办法发放生活救助物资和生活救助资金的。只要被确定为"三无"人员、灾民、贫困人口就能领到生活救助物资和生活救助资金，没有严格按照生活救助标准操作。所以，是否被确定为"三无"人员、灾民、贫困人口是享受生活救助的关键。我国城市贫困救助是以国家确定的贫困线为依据的。2008年以前，我国有两条贫困线：一条是"贫困标准"，另一条是"低收入标准"。前者相当于极度贫困标准，也即低贫困线；后者相当于高贫困线，是一种温饱标准。① 我国的农村贫困救助的标准是根据农民的特定生活水平确定的人均年收入。由于农村生活水平是变化的，故我国农村贫困救助的判断标准是变化的。2007 年，中国的农村贫困救助标准是人均年收入785 元；2008 年是人均年收入 1067 元；2009 年是人均年收入 1196 元；2011 年是人均年收入 2300 元；2016 年是人均年收入 4000 元。相对而言，对"三无"人员、灾民可以采取身份识别，而贫困人口只能采用贫困线标准进行识别。

贫困线是人定的，如果贫困线标准定得高，救助人口就越多；反之，就越少。2016 年 1 月，民政部根据中国每个城市所上报的低保统计，公布中国城市低保人口为 16801447 人。② 不过这个数字只是得到政府社会救助的人数。国际上通用的贫困线一般是世界银行制定的标准。如果按照世界银行 1 美元/（人·天）的贫困标准统计，中国就有近 2 亿贫困人口。③

就社区而言，生活救助是利用自有资金对辖区贫困家庭和居民进行生活补充救助。但是，我国社区存在城乡差别、地域差别，各地社区在确定生活救助标准中，应当充分考虑到本地的经济发展水平、救助实力、贫困程度，救助对象的生计状况，在此基础之上制定具有针对性的社区救助标准，以难免造成不良后果，有时甚至会与生活救助的初衷相违背。

（四）识别生活救助对象

困扰社区救助工作者的难题，是难以对生活救助申请者的家庭或个人生计进行衡量，致使不符合救助条件的人接受救助的事例屡见不鲜，增加

---

① 王晓琦、顾昕：《中国贫困线水平研究》，《学习与实践》2015 年第 5 期。

② 民政部：《2016 年 1 月份全国县以上城市低保情况》，http：//files2. mca. gov. cn/www/ 201512/20151224151115604. htm。

③ 李克强：《中国还有近 2 亿贫困人口是实实在在的发展中国家》，人民网，http：// bj. people. com. cn/n/2015/0315/c233086 – 24162035. html。

了社区生活救助的开支和筹资困难。因此，识别社区生活困难家庭与居民以及划分生活困难程度，是社区实施生活救助必须解决的前提，是社区开展生活救助的前置工作，是社区生活救助的重要工作环节。施救者将真正的生活困难的家庭和居民识别出来，才能有效地杜绝生活救助资金的浪费，避免有人多重受助而有人孤立无援的现象发生，使社区生活救助真正成为一道严密有效的生计保障防线。

识别生活救助对象是一套流程，第一步，要深入申请救助者家庭进行生计调查，包括家庭成员、家庭收入、就业状况、家庭财产等，掌握其家庭收入的变化情况，判断申请者属于哪种救助类型，属于生活困难救助还是生活服务援助，前者需要提供生活资金和生活物资，后者需要提供生活服务帮扶。第二步，进行对比，将申请者家庭收入情况与生活救助标准进行对比；将申请者家庭收入情况与其他申请者家庭收入情况进行对比；将每位申请者生活帮扶需求程度进行对比。第三步，根据申请者家庭收入情况，对所有申请者进行分类分层施救。一是对生活困难家庭进行分类分层排序，确定生活救助等级；二是对生活服务需求者进行分类分层排序，确定生活帮扶等级。就生活救助而言，一般将施救对象分成三类：接受政府社会救助后仍然不能解决生活困难问题的家庭与居民、没有享受政府社会救助但家庭基本生活达不到最低生活保障线的困难家庭和居民、因罹患重大疾病或遭受自然灾害而出现生活困难的家庭及其居民；并将施救对象分成三个等级：特困户、贫困户、低收入户。就生活帮扶而言，一般按照服务项目分类，如护理类、陪护类、家政服务类、保姆类、饮食服务类、生活代办类等，并将其分成特扶对象、助扶对象、轻扶对象三个等级。第四步，根据社区掌握的生活救助资源，如救助财力、救助物力、救助人力等，确定救助对象和救助次序。只有走完这个流程之后，社区救助人员才能开展实质性的施救工作。

（五）筹措生活救助资金

筹措生活救助资金是社区实施生活资料救助的关键和基础，比识别救助对象更重要。社区筹措生活救助资金分两种情况，一种是社区集体经济比较发达，社区本身拥有集体企业和稳定的经济收入，只需要将集体收入的一部分提留为社区生活救助公益基金，为生活救助提供可靠的资金来源；另一种是没有集体经济的社区，只能通过筹措的方式获得生活救助所需要的资金，无集体收入的社区一般向政府、富余家庭、驻区单位、驻区企业、社区救助机构、救助团体、慈善力量等主体"化缘"、募捐，然后，量力而行地开展生活救助。如济南市南辛庄街道所辖社区以前依靠政府拨款开展生活救助，现在改变了原来救助物资全部靠政府拨款的现象，实行"开源"措施，开发社会资源，对现有的救助资源进行整合，筹集到大笔生活救助资金。有资金后，便主动帮助社区受困群众，如为困难户申报廉租房补贴、对困难家庭给予生活援助、为轻度听力残疾人佩戴助听器、为贫困母亲送慰问品、为大重病人送医疗卡等。北京市朝阳区建外街道北郎东社区于2008年5月8日启动的救助"111工程"是非常有特色和实用的社区生活救助筹资方式。救助"111工程"要求社区的每一个单位或个人每个月捐助100元救助一名残疾人；一个单位负责一个家庭，每月开展一次包括理发、医疗、咨询、家政服务在内的活动；一个邻居负责身边的一位空巢老人，从精神和物质上给予帮助。通过这项工程，提供资金救助残疾人，提供服务帮助孤寡老人，提供岗位扶助失业人员。为保证"111工程"持续进行，北郎东社区建立了救助联席会机制。这种"主动"的态势，拓宽了资金来源，让更多社区生活困难家庭和居民得到救助。这种筹资措施值得大力推广。

（六）明确生活救助项目

按照不同依据划分，社区生活救助有不同的救助结构。从各国经验来看，社区生活救助存在两种划分方法。

一种是根据救助对象，将生活救助分为不同项目。如英国从年龄差异、家庭成员承担责任差异、"单身户"与"家庭户"差异的角度，将生活救助分成不同项目。英国的社区生活救助项目一般包括低收入家庭救助、老龄救助、残疾救助等。低收入家庭救助是对收入低于官方规定的贫困线家庭的救助，包括取暖费、免费牛奶、免费膳食、免缴国民保险费和房租补贴等；老龄救助是对年满 80 岁、没有资格享受养老金或只有少量养老金的老年人给予补助；残疾救助是对残疾人的生活救助，包括保姆补贴、活动补贴、重残补贴。

另一种是根据救助内容，将生活救助分为不同项目。如我们国家的各地社区将生活救助分为最低生活保障救助、日常生活援助、应急生活救助、住房救助等项目。

社区最低生活保障救助是以国家规定的最低生活保障线为依据，对社区家庭的衣、食、用等物质生活资料消费在享受政府社会救助之后，仍然达不到国家最低生活保障线的贫困家庭，给予长期或短期的补充性生活救助。如在衣食救助上，美国社区提供生活补助金和食品券，给予低收入家庭、老年人和残疾人基本生活救助。生活补助金以支票形式发给现金，[①]食品券只能在政府指定的商店购买食品，不能购买其他东西。符合申请生活补助金条件者同时给食品券补助，无须另外申请。又如我国青岛市南区社区针对困难群众生活难问题，完善物资帮扶制度，开设 5 处集物资供应、捐赠接收、食物变现于一体的救助超市，备有学生用品、衣服、食品、调味品等 200 多个种类，且食品保质，衣物保洁，提供衣、食、用等生活资料供给服务，并配备电脑，安装自主研发的"救助超市物流配送管理软件"，使全区救助物资实现共享。享受最低生活保障的家庭、孤寡老人、残疾人、军烈属和临时困难家庭，除享受政府给予的政策性救助外，根据生活困难程度，每户每年还可以到超市领取 200～500 元不等的"一卡通"，自主选择所需物品。在生活用品救助上，美国的社区慈善组织和教会慈善组织通过开办"旧货店"的方式为社区的单亲家庭、残疾

---

① 以 1993 年的数字统计，联邦政府每月下划到社区给无收入的伤残者个人补贴 434 美元，夫妇补贴 652 美元；为单身老人提供的资助达到贫困线的 88%。接受生活补助金的个人财产除了住房，所拥有的汽车现行市价必须低于 4599 美元，人寿保险单总面值低于 1500 美元，单个人自传型财产不得超过 2000 美元，夫妇不得超过 3000 美元。

人家庭、失业家庭提供生活用品。纽约市的社区有由非营利的慈善组织开办的以慈善目的出售二手货的商店（Thrift Shop）。商品包括婴儿玩具、成人衣服、锅碗瓢勺、家用电器、书报杂志、家具等，其货源是由社区的殷实家庭捐献的，商店员工将其分门别类处理，或消毒、熨烫整理后低价出售。其经营所得，除去营运开支外，一切利润归社区慈善组织，用于帮助社区里需要救助的贫困家庭。社区的教会组织开办的二手货商店，其货源来自社区要搬家的家庭和教区中过世老人的捐献（在遗嘱中将家具和家居用品捐给教会慈善组织）。由于有不断的捐献，社区里形成一个商品流通链：富裕家庭捐献衣物、生活用品给旧货店；旧货店将生活用品整理后出售给收入偏低但有一定经济收入的社区居民；其收入归教会慈善机构所有，用于帮助教区里的贫困家庭。而我国许多社区的做法是经营"爱心超市"。社区居民将家中剩余物资捐给"爱心超市"，包括为家庭所用的衣物、生活用品、家具、厨具、电器，为残疾人提供的拐杖、助听器、轮椅、假肢等康复器具，基本涵盖居民生活所需的生活资料，供社区低收入家庭和需要帮助的生活困难家庭随意取用。

社区日常生活援助指对生活不便的高龄老人、失能老人、残疾人、重症病人、孕妇、幼儿等社区居民提供生活服务，包括生活护理、家政服务、保姆、烹调、送餐、陪伴、照料、代购代缴、庭院修理等服务项目。如日本的社区为其居民提供生活援助，包括：①向日常生活自理有困难的老年人、残疾人、弱智儿童派遣家庭护理员；②为老年人、残疾人提供特殊床、假肢、轮椅、特用厕所、浴池、电话、报警器等，这些用品视服务对象的家庭经济情况，给予免费、减价等优惠；③开展临时看护服务，对有卧床不起的老年人、残疾人或弱智儿童的家庭，在其家人因特殊情况一段时间内无法照顾时，派人上门临时护理；④对那些不愿或者不便在家就餐的老年人，提供就餐场所；⑤为消除老年人的孤独感，社区服务中心还经常上门看望老人并为瘫痪老人提供定期上门洗澡服务。

社区应急生活救助指对因自然灾害造成暂时生活困难的灾民进行生活生产救助，包括紧急疏散、安全转移、生活安置、生命与财产抢救工作，保障其衣、食、住、医等基本生活需要。如 2008 年 5·12 汶川八级大地震直接影响区域的农村社区，其先是积极配合政府、部队、基金会、志愿者开展生活生产救助。包括选择安置点、派人买胶布、搭帐篷、分发援助物资、救助伤员，解决饮食和居住等温饱问题，恢复生活秩序，安定民心。之后是参与住房重建，配合参与重建的对口支持政府、单位、企业、基金会、志愿者等援建主体，将扶贫开发与社区各项建设结合，自力更生与政府支持、社会帮扶结合，参与整体规划及空间设计、农房建设、公共设施建设，恢复与发展生计，落实产业项目。

　　社区住房救助指解决社区低保及低保边缘家庭或无房居民的住房困难的补充性救助，主要采取集中建设和分散布点的方式，解决低收入居民家庭的基本居住需求、改善非户籍常住低收入人口的住房条件。如美国纽约雀尔西社区用旧房改造和"二八分租"措施为无房居民提供住房救助。该社区有两栋 5 层旧公寓楼，由希威曼哈顿组织的社区发展公司负责进行旧房改造，完工后实行"二八分租"，即 20% 的公寓套间以低租金向中低收入家庭招租；80% 的公寓套间以市价公开招租。社区申请廉租公寓的家庭收入必须低于一定的生活标准，也要通过犯罪记录调查、银行收入调查和家访等多个程序。入住居民一旦家庭收入提高或孩子长大成人找到工作，享受廉租公寓的住户就要搬出廉租公寓，以便使真正有困难的社区家庭能住进来。而英国的社区住房救助方式不同。英国的住房协会是为社区住户和低收入家庭提供住房的服务机构。提供的服务包括向房客提供房源信息、寻找合适住房、维修住房、帮助住户打官司、提供住房照顾津贴、帮助申请住房贷款等。社区贫困群体申请由"住房协会"提供的社区资助金用于购买家具或者床、家庭生活必需品，支付与住房有关的煤气和水电等开支，衣服和鞋、搬家费用，以及一些必要的旅行开支，但不能用于支付房租。如果要支付房租可另外申请一笔贷款付房租。

（七）规范生活救助流程

　　社区生活救助不外乎三种救助类型，即资金救助、服务救助、应急救助。为了保障这三类救助正常、有序、持续开展，社区在实施生活救助上，探索了救助流程。在资金救助上，形成"居民求助—面见救助者—入户调查—出具调查报告—救助审批—救助对象提交救助申请表—发放救助资金"的生活救助流程。在服务救助上，形成"居民求助—面见救助者—入户调查—出具调查报告—服务介入—结案签字—服务评价"的生活服务流程。在应急救助上，形成"应急小组入户—收集信息—小组评议—出具调查报告—制定救助标准—实施救助"的生活救助流程。

四　社区生活救助之不足与促进策略

虽然城乡社区在救助动员、救助目标、救助标准、救助对象、救助资金、救助项目、救助流程等生活救助要素上，取得一定成就，但是还存在一些问题，需要社区在生活救助实践中进一步完善。

（一）社区生活救助存在的不足

目前我国城乡社区开展的生活救助体系还存在一些缺陷，主要表现在如下三个方面。

1. 生活救助资本不充足

生活救助资本由财力、人力、物力、人脉等资源构成，但从全国各地社区实践看，社区还没有形成稳定的、持续的救助资源，救助资本缺乏持续性，影响社区的生活救助效果。第一，表现为财力资本不足。在除少数经济发达的农村社区外，绝大多数社区的生活救助缺乏稳定的财力支持，生活救助资金来源受限。虽然社区生活救助筹资来源广泛，但是还存在捐献额度不大、次数不多的问题，生活救助已经在一定程度上受到限制。政府没有为社区生活救助拨款，只是需要社区协助自己的社会救助工作，使社区失去了一个稳定的筹资渠道。第二，表现为人力资本不足。一是缺乏专业人才或施救人员缺乏专业素质和专业技能，缺乏对资源评估、救助需求测定、救助标准确定、救助程序设计、个性化社会服务与社会工作开展、救助效果评估、救助标准动态调整、救助制度修正等方面的知识和技术。二是都是兼职人员。据了解，现在的社区生活救助工作由社区干部代理，救助对象调查、救助物资和现金发放都是由社区干部代为负责，与救助专职化还有很大差距，也容易造成救助的随意性，甚至出现真正需要生活救助的居民没有得到救助，而事实上可以凭自己的努力过得较好的家庭一直享受着社区的生活救助的现象。三是缺乏生活服务救助人员，城市社区可以通过市场化机制解决生活服务救助人员不足的问题，但农村社区因成本过高、无利润空间，基本上无法通过市场途径来解决。第三，表现为社会资本不足。主要是城乡社区还没有形成良好的生活救助风尚。社区生活救助本来就是一种助人为乐的自主行为，依靠的就是人的自愿性与自觉性以及人为关怀精神。需要每一个人关心身边的每一个人，而不是自私自利。但是现在的农村社区喝酒、打牌、赌博等行为还是屡见不鲜；城市社区居民还存在"笑人无、妒人有"的心态，邻里之间经常为了一些小事而互相争吵，人与人之间还没有形成一种良好的互助气氛。这些现象对于社区生活救助的发展极为不利。就拿社区"爱心超市"而言，有生活困难的居民去"爱心超市"取货，无须花一分钱，便随心所欲。你也拿、我也拿、不拿白不拿，给"爱心超市"的可持续发展带来困难。第四，表现为缺乏持续运行机制。所有社区生活资料救助和生活服务援助项目都只有付出、没有回报，甚至无法收回劳务成本。如社区经营的"爱心超市"是无偿奉献、不图任何回报，甚至连劳务人员的基本工资都不算在营运开支内，长此以往能否经营下去也是一个问题。这与美国社区的旧货店经营模式、日本的"社区货币"经营模式都相去甚远。美国社区的旧货店的经营目的虽是非营利的，但它的经营过程严格按照商业赢利的要求运作，不仅可以收回工资成本，还有赢利并能回馈社区困难家庭。日本的"社区货币"经营模式将生活服务援助工作变成劳动力商品生产过程，引导社区居民都去做公益服务，还能促进社区经济繁荣。这种良性循环的生活救助经营模式可以说给我国社区"爱心超市"的发展提供了样板。正是缺乏救助资本，导致社区生活救助时断时续、救助效果欠佳。

2. 生活救助失灵现象比较突出

主要表现在以下几方面。第一，社区及其救助人员在工作中并不以追求困难家庭生活福利或社区利益为最高目标，转而追求自身的利益。第二，救助低效率。生活救助物品估价失误，对救助物品提供方式作出错误选择，救助人员工作方式和工作态度、救助工作缺乏竞争机制等因素造成生活救助行为低效率。第三，社区干部及其救助人员滥用职权，为腐败的滋生创造了条件。第四，家庭生计调查不准确，困难家庭财力变化信息了解不及时，影响生活救助工作的正常运转。第五，生活救助工作出现"缺位"和"越位"现象。"缺位"指本应当做好的救助工作，却没能达到救助目标；"越位"指热衷对市场职能的取代，本应当通过市场机制调节解决的问题，却通过人为手段来解决。第六，混淆生活救助与社会救助。生活救助是社区自为行为，社会救助是政府行为，社区只要配合政府工作，不是社区的本职，是社区服务站的职责所在。社区服务站是政府在社区层面设立的公共服务平台，与社区职责完全分开，社区服务站在政府的领导和政府职能部门的业务指导下开展工作。在社区落实政府救助工作是社区服务站的责任，不是社区生活救助的范畴。社区开展生活救助是社区自我管理、自我服务的体现。不能将生活救助当成社会救助，也不能用社会救助替代生活救助。正是由于上述社区救助失灵现象的存在，社区在提供生活救助资金与物品和提供生活服务援助时不尽如人意，如出现效率低下、服务质量不高、贪污腐败等问题，不仅造成救助资源的浪费，也无法解决生活困难家庭面临的生活问题。

3. 生活救助腐败现象时有发生

社区开展生活救助活动过程是社区工作人员向社区主体募捐，待筹资成功后，再进行生活施救。这个过程建构了救助资金捐献者—社区救助工作人员—救助接受者等三者的单向度关系。在这个关系中，捐款捐物者充当生活救助资金的供给主体；救助接受者充当生活救助的客体；社区救助工作人员只是一个生活资金或物资的传递者，充当施救者角色。实际上，社区救助工作人员是接受生活救助资金捐献者的委托，代行其救助之责，生活救助资金捐献者与生活救助施行者之间形成了"委托—代理"关系。这种委托代理关系实际上是一种契约关系，即生活救助资金捐献者授权给社区生活救助工作人员，让他们按照自己的要求将生活救助资金（物品）免费赠送给生活困难家庭和居民。这种关系产生的原因在于委托人和代理人双方，从委托人角度看，生活救助资金捐献者不了解救助对象的困难情况、不具有施救方法和经验，只有交给合适的社区救助工作人员才能实现生活保障效益最大化。从代理人角度看，尽管有施救优势或施救权力，但救助资金并不属于他们个人所有，只能利用施救权换取更大的收益。基于两者在生活救助上对于各自自身利益的追求，生活救助资金捐献者和社区救助工作人员的委托代理关系就形成了。委托人和代理人是在信息不对称和利益冲突的情况下处理双方委托—代理关系和问题的，第一，社区施救者享有信息优势，生活救助资金捐献者不易观察其施救行为；第二，生活救助资金捐献者不直接参加生活施救活动，与社区施救者之间存在信息不对称；第三，社区施救者作为理性经济人，追求自身利益最大化。由于社区施救者与生活救助资金捐献者的动机不一致、信息不对称，容易产生道德风险，即社区施救者并没按生活救助资金捐献者的意图将所有资金发给社区生活困难家庭或居民，而是挪为己用或发给与自己有亲缘关系的社区居民或有利益关系的社区居民。这也给一些社区施救者出租权力、一些社区居民进行利益寻租提供了机会和空间。这些都是生活救助上的社区腐败行为。

（二）促进社区生活救助发展的基本策略

为了克服生活救助问题或者为了预防生活救助问题的发生，社区应该实施如下生活救助促进策略。

1. 全面改进现行生活救助策略

首先，将生活资料救助改为人力救助。要充分认识到贫穷和生活困难的原因是人的谋生能力和生计素质低下造成的，同时看清贫困的多维性与代际传递性，改变把生活贫困看成缺钱和缺物的观念、改变直接为贫困家庭提供生活现金和食品援助的做法，将消耗性生活救助模式转变为发展性生活救助模式。确立促进人的发展、提高生活贫穷居民谋生能力和生计素质为最高目标的新救助理念，把生活救助纳入人力投资范畴，在施以生活救助的同时，安排人力培训、谋生思想教育。尤其要对贫困家庭儿童进行人力资本投资，促使其接受学校教育，增进其身体健康，打破贫困的代际传递、隔断贫困的代际循环，以实现长期内消除贫困的目的。其次，采用多种方式识别贫困家庭。目前社区都是采用单一的家计调查方式识别生活困难家庭，但是这种单一方式识别，其效果不佳，真正的穷人难以获得救助。现在应该采用家计调查、地域定位、代理家计调查、类别定位、家庭排序、社区公示等多种方式识别穷困家庭，提高识别准确率，经以上方式最终选出的家庭每三年需重新评估一次。再次，增加救助金附带条件。为了促使受助家庭和居民自力更生、奋发图强，社区在发放生活救助金时要增加劳动者参加培训或学习技艺、增加儿童完成义务教育的附带条件，促进家庭人力资本的发展。最后，扶持社区企业发展。生活救济不是救助穷人的最好办法，应该通过促进社区经济增长使社区总财富增加，最终使穷人受益。因此，生活救助工作应将社区经济发展放在首位。应积极扶持社区企业、商人、创业者，通过滴漏效应，惠及贫困群体。或者将社区生活救助资金注入企业，再陆续流入消费者之手，从而更好地促进社区经济增长。正如里根时期的预算总监大卫·斯托克曼的主张，维持自由放任将不但使市场中先富起来的人受惠，也最终使最贫困的一群人受惠。但社区必须建立一种引导社区富人救助穷人的激励机制或慈善文化，保证富人把福益"涓滴"到穷人身上，防止出现富人愈富、穷人愈穷的现象发生。

2. 全面提升现存生活救助资本质量

社区的生活救助资本是由财力、人力、物力、社会网络等要素构成的支持系统。提升生活救助的财力资本和物力资本，尤其保证救助财力和物力的持续供给，需要建构稳定的持续的供给渠道，如发展社区集体经济、用商业模式经营社区"爱心超市"、引进 PPP 模式开展生活服务援助项目。提升生活救助的人力资本，需要大力培养专业社工人员、孵化社区志愿者组织、建立社区生活救助职业队伍、提高生活救助工作人员素质、开展生活救助业务培训。同时，建立合理的社区救助人才引入机制，吸收专业人才。提升生活救助的社会网络质量，需要营造良好的救助氛围，首先施救者要去掉优越感防止受救者产生自卑心理，丧失自尊自强自立自主精神，衍生惰性心态；杜绝施救者采取高标准、严要求、多程序故意刁难受救者和进行人情救助。其次，倡导救助公德，不虚报家财、不多拿救助物资、不贪念救助资金，树立自力更生的谋生信念。

3. 全面建立生活救助腐败预防机制

现存的社区生活救助关系极易导致社区救助工作人员利用职务之便占用、挪用、贪用生活救助资金和物资，因此，需要针对生活救助的"委托—代理"关系以及救助失灵现象，建构生活救助腐败预防制度。譬如，建立透明公开的生活救助信息传递平台和有效的约束激励机制；建立生活救助资金转交、发放、签收监管制度；制定预防生活救助对象进行受救寻租和施救人员出租职权的规章制度；建立第三方评估救助效果机制等，防止社区救助工作人员追求私人利益，预防救助腐败现象出现。

4. 全面提高生活救助效果

第一，用减法救急、用加法救穷。对于因突发自然灾害、重大疾病以及其他不可抗逆因素致贫、致难的家庭和居民，需要及时给予生活救助，从快从速地提供生活物品和生活资金，解决其临时性生活困难，用减法原则，视救助对象的情况好转，逐渐递减救助水平，待救助对象能够自救时，再逐步取消生活救助。对于孤、老、病、残等，全部或部分丧失劳动能力且没有任何固定收入需要长期救助的家庭和居民，需要长期进行救助，持续性地为其提供生活资金和生活物资，用加法原则，根据社区经济发展状况和筹资情况，建立自然增长机制，确保救助对象的生活水平达到最低生活保障线。第二，培养谋生能力与提高救助水平并重。为了培养生活困难家庭和居民的自立自强意识，增强其谋生本领，必须将生活资料救助与培养谋生能力结合起来，在给予生活困难家庭和居民一定的生活救助现金或实物的同时，必须授予谋生技巧和方法。要在资金上给予扶持，鼓励其创业和授予其谋生技能，从根本上解决他们的生活困难。第三，奖励创业与处罚欺诈并行。只有创业发家致富才能断穷根，凡是有自主创业项目的家庭和劳动者给予特别的生活救助，采用"生活救助资金＋创业资助资金"的措施给予奖励；对于有创业意愿但一时找不到门路者，安排创业培训；对于骗取生活救助资金的，给予严厉处罚；对于超过救助标准而隐瞒不报者，追回所发生活救助资金。第四，生活资料救助与生活服务援助并施。将生活困难和生活不便都纳入生活救助范围，为生活困难家庭和居民提供生活资料救助，为生活行动不便居民提供生活服务援助。前者通过建立生活救助基金予以保障，后者通过有偿服务、抵偿服务、志愿服务予以保障，使社区生活困难群体和生活弱势群体都能过上安稳的日子。

五 基本结论

社区生活救助是为社区生活困难家庭和居民提供生活资料救助和为社区生活不便家庭和居民提供生活服务救助的统称。社区生活救助服务于社区生活困难群体和生活弱势群体，属于消耗性社区生计保障，是社区生活困难群体和生活弱势群体的谋生途径。具有物质性、补充性、补救性、选择性、短期性、地域性、低水平保障等特征。社区开展生活救助，对社区居民来说，具有生活保障功能、生活服务功能、生计保障功能；对社区来说，具有生活资源配置功能、分配社区财富功能、促进社区和谐功能、纠正政府救助失灵功能、增强社区自治能力功能；对国家来说，具有民生保障符号功能、维护社会稳定功能、补充政府救助缺失功能。

社区开展生活救助事业具有深层的社会原因，也有面临的现实压力。社区是老百姓生活的基本单元，也是生活困难的集中区。各种各样的生活困难，如贫困、失业、养老、生活安全、居住环境等，都在社区突出表现出来。特别是随着市场化程度的加深、单位人回归社区者越来越多，生活困难问题呈增多态势。只有及时有效地解决生活困难问题，社区才能和谐，社会才会稳定。因此，社区应实施消除生活困难问题的生活救助措施。

　　根据西方社区生活救助的发展经验和我国社区开展生活救助的实践，社区开展生活救助事业有一套工作程序，包括动员社区主体积极参与生活救助、明确生活救助目标、确立生活救助标准、识别生活救助对象、筹措生活救助资金、明确生活救助项目、规范生活救助流程等。

　　我国社区发展生活救助事业，需要全面改进现行生活救助策略、全面提升现存生活救助资本质量、全面建立救助腐败预防机制、全面提高生活救助效果。

第七章　社区生活福利

在社区生计保障体系中，社区营生和社区就业属于发展性生活保障；社区救助和社区福利属于消耗性生活保障。社区生活福利是社区集体改进全体居民生活水平和提升全体居民生活品质的谋生途径。社区生活福利保障服务于社区全体居民，是依赖于社区集体经济的生活保障措施，对于增强社区居民生活幸福感、获得感、满足感，提高社区居民的幸福指数，具有特殊意义。

一　社区生活福利的特质

从现有的研究来看，学界对社区生活福利的认识远比对社区生活救助的认识更偏离社区自治的内在要求。要么将社区生活福利看成是社会福利社区化的结果，要么将社区生活福利等同于社会保障。明确社区生活福利的范畴归属，有必要探讨社区生活福利的本质含义。

（一）社区生活福利的本质含义

当今中国的做法，一方面把社区福利以及社会福利纳入社会保障的体系，强调其福利性；另一方面又把社区福利纳入社区服务的范畴，强调其服务性。[①] 强调社区福利的福利性，是没有错的，因为社区举办生活福利

---

① 郭江花、张淼：《浅谈提高我国社区福利水平的措施》，《科协论坛》2011 年第 1 期。

事业，目的就是为了提高全体社区居民的生活水平、改进全体居民的生活质量；强调社区福利的服务性，也没有错，因为提高社区生活弱势群体（儿童、老人、残疾人）的生活质量，的确需要提供必要的服务项目。但是，将社区提供的生活福利纳入政府提供的社会福利范畴、将社区福利纳入社区服务范畴，不仅存在逻辑问题，而且既不符合现实事实也不符合历史事实。

社会福利是政府举办的，旨在提高国民生活水平和改善生活质量的社会保障形式。所以，没有理由将社区生活福利等同于社会保障。具体而言，第一，一个国家的社会保障制度是由旨在克服生活风险的社会保险制度、解决临时性生活困难的社会救助制度、旨在提高生活水平的社会福利制度，以及满足军人群体生活要求的军人保障制度等形式构成；第二，社会保障制度是政府实施的基本生活保障措施，而社区生活福利是社区实施的生活保障措施，两者的实施主体不同；第三，社区生活福利是社区根据自身的资源，力所能及地开展的旨在提高社区居民生活水平的生活保障措施，彰显的内质是社区在生活治理上的自我服务、自我管理、自我发展的内在价值。因而，将社区生活福利纳入社会保障范畴是不妥的。

社区服务指发生在社区范围内的，由居民以互助方式提供的，旨在满足生活需要的各种生活服务活动。社区服务机制是以服务方式满足社区居民对生活的需要；而社区生活福利机制不仅以服务方式更主要地以资金手段和完善的公共生活设施提高社区居民的生活水平和改进社区居民的生活质量，让社区居民过上幸福的品质生活。如果将社区生活福利纳入社区服务，就将社区福利资金和社区福利设施等两种重要的实施手段排斥在社区福利范畴之外了，显然这是不合适的做法。

检视人类以社区为单元治理生活的实践，就能说明将社区福利纳入社会保障范畴和纳入社区服务范畴的做法，是不符合事实的。社区福利并不是现代社会的新生事物，而是起源于人类社会早期。社区福利一般是指针对老人、儿童、残疾人和家庭的"食品、衣物、医疗和教育"等民生层次的福利项目，是最早出现的人类福利形式。[①] 在中国古代，宗族社区为了方便族民生活，修路、风雨桥、戏台、茶歇、凉亭、祠堂等公共生活设施；兴义学，供养书生，为考生提供路费盘缠；设义庄，赡养孤寡老人，并且每增十岁，其赡助额度随之增加。西方国家的社区福利起源于工业革命后的社区慈善运动，目的为困难群体提供福利服务，改善和提高社区成员的生活质量。虽然历史上的中西方国家的社区福利都具有选择性，但是，都确确实实地改善了社区居民的生活状况，足以说明社区生活福利早在政府社会保障制度之前就开始了。可以说，政府的社会保障事业是受民间的社区生活保障惯习之启发或鞭策发展起来的。就当今中国的情况而言，中央政府的社会保障预算经费，在生活福利上的开支，都用在老人福利、残疾福利、儿童福利等民政福利项目上了，根本没有用在社区生活福利或单位职工福利事业。根据媒体报道，我国只有极少数的地方政府给予社区生活福利事业财政扶持，绝大多数地方政府没有给社区福利活动拨款。我国的经济百强村，建立起来的社区生活福利体系，不管是按月按人头发放的生活补助金、修建的各种公共生活设施、提供的豪华住宅及其免费水电网络服务，还是为特殊群体提供的各种生活服务项目，都是从集体经济收入中提取的公益金开支的。即便是城市社区，也是依靠社区资源发展了生活福利项目。如深圳的桃源居社区，拥有近5万名社区居民，发展商出资1亿元设立桃源居公益事业发展基金会，为社区提供了众多的福利供给，包括健全的自治自助社区公共服务体制与公共福利体系。良好的福利环境让社区成员不仅积极参加各类社区活动，还纷纷加入社区义工与邻里互助组织，在营造文明健康大环境的同时，个人修养也实现了普遍提高。又如厦门湖里区高殿社区，在依靠自身的经济收入，为居民提供社区服务的同时，又陆续出资进行社区公益建设投入，修建了环村路、自来水、有线电视等基础设施，改造街道和排洪设施，建起社区文化活动中心、武馆、清洁楼等公益性建筑，成立专门的治安兼安全员队伍，逐步改

---

① 夏学銮：《社区福利与社区公益协同共进》，《社会与公益》2010年第9期。

善了居民的安全生活环境。①

因此，我们根据社区举办生活福利事业的实际情况，从生计保障角度，将社区生活福利界定为：在社区空间内，利用自筹或自有资源举办的，旨在提高社区居民生活水平和生活品质的生活补贴、生活服务、公共生活设施之总称。就此定义而言，具有如下内涵。第一，社区生活福利是社区利用自有资源或自筹资源举办的福利事业。属于社区的自治行为，不是政府安排的行政工作，自有资源或自筹资源是社区开办生活福利事业的物质前提。如果社区没有资源，即便政府强制社区实施福利项目，也是勉为其难。所以，不能将政府要求社区协助开展的社会救助工作当成社区的生活福利事业。第二，社区生活福利的目标是提高社区居民的生活水平和改善社区居民的生活品质，不能将社区的生活救助事业当成社区的生活福利事业。生活救助的目标是解决社区生活贫困群体的生活困难和生活弱势群体的生活不便。生活福利应是在满足社区居民基本生活需要的基础上开展的高档次的生活保障机制。因为就其发展过程而言，社会保障事业是从低档次的社会救助到中档次的社会保险、再到高档次的社会福利的发展过程。将低档次的社会救助当成高档次的社会福利，是不遵循社会保障事业发展历史的颠倒逻辑。第三，社区生活福利事业的服务对象是全体社区居民，在社区范围内，人人有份，平等享受，是普惠性生活保障制度，不能实行选择性的福利制度。

（二）社区生活福利与社会保障的关系

社区生活福利事业与政府实施的社会保障事业，有没有关系呢？有关系！第一，社会保障概念的外延包含了社会福利，既然社区生活福利属于福利范畴，这决定社区生活福利属于社会保障事业之列。第二，社区生活保障与政府社会保障同属国家社会保障范畴。因为社区是特定地域的生活共同体，是国家的微观单元，从地理空间来看，一个国家由所属社区构

---

① 夏学銮：《社区福利与社区公益协同共进》，《社会与公益》2010 年第 9 期。

成；政府是国家重要的组成机构，是国家进行统治和管理社会的机关。社区开展的生活福利事业和政府开展的社会保障事业，自然而然地同属国家社会保障范畴。第三，社区生活福利和政府社会保障同属生活保障范畴。因为社区生活福利的唯一功能就是提高所属居民的生活水平和改进所属居民的生活品质；政府社会保障的核心功能也是保障国民的基本生活。因而，两者的本质属性是一致的。可能是两者的关系逻辑致使部分学者将社区生活福利纳入政府社会保障范畴。如江立华认为社区福利建设的过程是政府放权到社区，充分发动社会力量进行福利建设的过程。[①]

但是，两者的区别也是一目了然的，也是很明显的。第一，实施主体不同。社区是由特定地理空间的居民组成的生活共同体，政府是国家统治和管理社会的行政机关。社区的运行机制是自治；政府的运行机制是服从。因此，社区开展生活福利活动与政府开展社会保障业务的方式方法，是有差别的。第二，业务支撑基础不同。社区生活福利开展的物质基础是社区自有资源或自筹资金；政府社会保障开展的物质基础是政府财政预算资金。第三，业务运行特质不同。社区生活福利业务开展具有灵活性，可以根据资源禀赋和筹资情况，决定是否开展生活福利项目、实施哪些福利项目以及福利水平；政府社会保障业务开展具有刚性特点，一旦被决定和公开，不管是通过法律方式还是政策方式实施，都必须按规定执行，不能更改保障项目、降低保障水平，否则将影响国家形象和政府的公信力。

（三）社区生活福利与社区服务的关系

社区生活福利与社区服务存在交集关系。第一，社区生活福利和社区服务都是由社区管理委员会、社区家庭、社区居民、社区社会组织等社区主体发起举办的生活保障事业。第二，社区生活福利和社区服务都在社区

---

① 江立华、李洁：《城市社区福利及其可行性分析》，《广西大学学报》（哲学社会科学版）2004年第3期。

空间内开展的生活保障活动，其服务对象都是社区居民。第三，福利性社区服务属于社区生活福利范畴。社区服务分为三类，即商业性社区服务、公益性社区服务、福利性社区服务；社区开展生活福利的方式分为三类，即给所有社区居民发放生活补贴和生活物资、修建免费使用的公共生活设施、提供福利性生活服务等。在社区服务范畴内，只有福利性社区服务项目才具有改进生活品质的效能，所以，只有福利性社区服务才属于社区生活福利的保障项目。因而，可以说，社区生活福利与社区服务交集于社区的福利性服务项目之上。正因为如此，有学者将社区服务视同社区福利，如刘伟能认为社区服务是在社区内为人们的物质生活和精神生活所提供的各种社会福利。[①] 而另一些学者将社区福利等同于社区服务，如蔡宜旦、孙凌寒提出中国的社区福利服务实际上作为民政部 1987 年开始倡导的社区服务的一部分而存在，对社区福利服务的认识基本上围绕社区服务而展开。[②] 沈洁就提出社区福利的目的是通过对正式或非正式的社区资源进行协调和整合，为那些生活不能达到自立的个人以及家庭提供家政、保健、护理并包括精神文化生活在内的社会性福利服务。使他们像正常人一样，居住在自己的家里，生活在自己的社区就能够获得自己需要的福利服务。[③] 还有学者认为社区福利包含社区服务，如江立华等提出社区福利的宗旨是解决居民生活问题及尽可能地提高居民生活质量。它包括社区福利性服务、公益性服务和微利性服务等内容。[④]

但是，社区生活福利与社区服务存在较明显的差别。第一，两者的业务目标有差别。社区服务的业务目标是改善社区居民的生活状况；社区生活福利的业务目标是提高社区居民的生活水平和改善社区居民的生活品

---

① 刘伟能：《社区服务的理念、功能和特色——为社区服务十年发展而作》，《中国社会工作》1997 年第 2 期。

② 蔡宜旦、孙凌寒：《对重构社区福利服务体系的思考》，《山西青年管理干部学院学报》2001 年第 1 期。

③ 沈洁：《城市社区福利服务体系与运作机制探讨》，《社会福利》2002 年第 12 期。

④ 江立华、李洁：《城市社区福利及其可行性分析》，《广西大学学报》（哲学社会科学版）2004 年第 3 期。

质。第二，两者的业务方式不同。社区生活福利主要用为全体居民提供生活补贴、免费提供公共生活设施、提供优质的福利性生活服务等方式，开展生活福利事业；社区服务主要用服务方式开展社区服务事业。第三，两者的业务构成有一定差别。社区生活福利主要由生活补贴、公共生活设施、福利性生活服务等项目构成；社区服务主要由商业性生活服务、公益性生活服务、福利性生活服务等项目构成。

（四）社区生活福利的特征

相对于社区生活救助而言，社区生活福利有明显的特征。

1. 高档性

在社区生计保障体系中，只有社区生活福利和社区营生保障的生计目标是提高社区居民的生活水平和改善社区居民的生活品质；社区就业保障和社区生活救助的生计目标是满足社区居民的基本生活需要。社区生活福利属于社区高档次的生计保障和生活保障。强大的集体经济是开展社区生活福利保障的经济条件，没有经济实力，就无法给社区居民分配豪华别墅、替交水电网费用、提供优质的高标准的福利性生活服务、发放生活补贴、修建高档次的公共生活设施。就目前我国社区生计保障发展状况而论，只有经济百强村实施了部分社区生活福利项目。绝大多数社区目前还只能为居民提供就业保障、生活救助保障、生活服务保障，只有摆脱贫困，社区经济发展起来以后，拥有雄厚的财力，才有希望全面实施生活福利项目。到目前为止，我国所称的民政福利、城市社区福利、绝大多数的农村社区开展的社区福利，从保障水平、保障标准、保障档次判断，当属生活救助范畴，只是暂时地略有改善社区生活困难群体、生活弱势群体和生活不便群体的生活境况而已。所有城乡社区全面实施高档的、长效的、持续的生活福利措施，是值得我国社区努力的生计保障发展方向。

2. 普惠性

社区生活福利和营生保障的谋生主体是社区集体，其成果的分享应该是公平的、普惠的。社区就业保障的谋生主体是社区家庭或社区劳动者，其成果的分享只能是家庭成员；生活救助保障的谋生主体是社区困难家庭、社区生活弱势群体，其成果的分享只能是社区困难家庭和生活弱势群体。由此决定社区生活救助和社区就业的生活保障性质具有选择性、社区生活福利和社区营生的生活保障性质具有普惠性。社区生活福利的普惠性也彰显了社区生活福利的公平性，最能体现集体主义分配原则的谋生类型，是深受所有社区居民欢迎和期盼的生计保障方式。

3. 灵活性

在人均 GDP 较低、尚存大量贫困人口以及返贫风险尚未消除、国民基本生活需求尚未充分满足、人民日益增长的美好生活需要和不平衡不充分的发展之间的矛盾尚未充分解决的情况下，追求享受性的、高档生活方式，显得不合时宜。但是，经济发达的社区用自身艰苦奋斗和生计智慧积累起来的雄厚经济实力和财力发展生活福利事业，似乎无可厚非。这使社区开展生活福利事业，充满了灵活性。具体表现在：可以实施生活福利措施也可以不实施生活福利措施；可以自由选择生活福利项目，也可以自行确定生活福利标准，全凭社区财力。社区实施生活福利和生活救助，可以这样说，对于社区居民而言，生活福利制度可以有、也可以无；生活救助制度可以有、且必须有。在社区没有财力开展生活福利事业的情况下，政府无须为社区买单，因为没有生活福利不影响社区居民的基本生活；在社区没有财力开展生活救助事业的情况下，政府必须为社区买单，因为没有生活救助，一些社区生活困难群体和生活弱势群体的生活就难以为继。就这种情形而论，社区生活福利的资源是单一的，社区经济和社区财力是社区生活福利的唯一资金渠道。这与社区开展生活救助事业不同，即便社区没有集体财力，但生活救助必须实施，否则会导致一些社区生活困难群体或生活弱势群体因无人救助而面临严重的生活危机。所以，无集体财力的社区必然多渠道"化缘"和筹资，包括向政府、企业、富裕家庭、慈善家、基金会、社会组织等筹资。社区生活救助就是以满足社区内居民基本生活需求为宗旨，社区施救机构及其救助人员通过链接各种资源所形成的生活保障机制。

4. 无限性

社区生活福利与社区生活救助的发展趋势不同。生活救助是暂时的，通过生活救助使生活困难群体成员逐渐减少，从而使生活救助规模日益缩小；生活救助有封顶线，即有救助标准，这个标准一般采用政府确定的最低生活保障线，凡是家计收入没有达到最低生活保障线的就可以得到救助，其救助资金数额为生计收入与最低生活保障线的差额。当然，社区也可自行确定救助标准，或高于或低于政府的最低生活保障线，都是无可厚非的，不过肯定不能超过社区居民的平均生活水平。社区生活救助可以承接政府举办的社会救助，弥补政府救助的不足，如没有被政府救助政策覆盖的社区困难家庭、政府救助不足以解决生活困难的家庭，都由社区的生活救助措施加以解决。社区生活福利是长期的，而且随着社区经济的发展、财力的增加，以及社区居民对生活品质的新要求，社区可能加大生活福利的保障力度，提高福利水平、扩大福利项目。所以，就财力许可而论，社区生活福利没有封顶线，其福利水平是不断提高的。正如江立华等所言，社区福利项目，要与社区内居民的结构和需求紧密相连，福利设施和福利层次也与社区内的资源拥有状况相联系。[①] 只要财力所及，社区一定不遗余力地发展生活福利事业。

（五）社区生活福利的基本功能

1. 提高生活水平

在社区生计保障体系中，社区生活福利是最高发展目标和最高发展纲领。社区生活福利的普惠性、公平性使社区每位居民都能分享到社区集体收入带来的品质生活，在衣食住行用以及精神生活等方面，得到高档次保障。不仅能调节和缓和社区矛盾，而且可以增强社区居民的幸福感、获得感。

---

① 江立华、李洁：《城市社区福利及其可行性分析》，《广西大学学报》（哲学社会科学版）2004 年第 3 期。

2. 促进社会融合

社区是百姓的生活家园，社区生活福利保障能让百姓在社区里维持生活，而且让百姓在社区享受到高水平的生活。不像政府民政机构提供的社会福利，使老年人、残疾人与社会隔离。与政府的社会福利机构相比，社区更能有效提高保障对象的生活水平，为保障对象提供融入社会的环境、防止社会隔离。同时还能提供人性化的优质的生活服务，能保护保障对象的隐私，增强保障对象的生活幸福感、快乐感、自在感。正是这一点，社区生活福利成为世界社会福利事业的潮流。如当今美国兴起社会福利去机构化运动，他们基于保障国民的生活环境中制约最少、尽可能保持独立生存权利的常态化原理，[①] 要求弱化社会福利机构的隔离服务方式，允许被保护对象在社区里生活，将生活福利与社区服务结合，改善生活福利服务质量。

3. 降低生活成本

社区建立的公共生活设施，免费供社区居民使用；社区分配的住宅以及为其住户缴纳水费、电费、网络费，甚至赠送大件家庭用具，着实减轻了居民的生活负担，降低了社区居民的日常生活成本。

4. 实现生活福利最大化

社区生活福利是普惠性福利和公平性福利，在社区范围内做到了福利均等化，同时社区也是尽力而为地增加生活福利项目，最大化地满足社区居民的生活需求。这种措施契合人类追求最大生活满足、追求最优生活品质的本性。因此，社区生活福利具有促使社区总福利最大化的功能。随着中国由生存型社会向发展型社会转变，随着社区建设的深入及社会管理方式的变革，社区福利已经成为当前满足社区居民全面、快速增长的公共需求的重要支点以及体现社会主义公平正义本

---

① Wolfensberger, W., "The Definition of Normalization", In R. J. F lynn & K. E. Nitsch (eds), *Normalization*, *Social Integration and Community Services*, Baltimore: University Park Press, 1980, pp. 71 –115.

质要求的重要平台。①

5. 保障国民生活福利权利

社区是国民的生活家园，百姓的日常生活与社区联系最为紧密。随着"单位人"向"社区人"转变，社区也日益成为社会整合的载体和平台。社区开展生活福利项目，能直接提高其居民的生活质量，是社会成员享受生活福利的有效措施，是保障国民生活福利权利的体现。

6. 减轻政府福利开支压力

我国有近 14 亿人，如果都由中央政府提供生活福利，可真不是一件轻松的事情。何况我国人均 GDP 比较低，国家财力有限，而国民的福利奢求是个无底洞。生活福利上的供给与需求的这种矛盾，只能由政府和社会力量共同消解。现在社区利用集体收入或自筹资金为辖区居民提供生活福利，尤其当全国各地 60 多万个农村社区、10 多万个城市社区都能这样做，足以减轻国家及其政府的财政开支压力。实际上，国家和政府正是这样考虑的。20 世纪 80 年代初，中国政府的社会福利费用占国民生产总值的比例为 0.05% ~ 0.06%，而到了 20 世纪 90 年代下降为 0.04%。② 这反映了政府的福利政策导向。政府少出钱，但老百姓的生活水平又提高了，这就是社区生活福利事业的突出功能。

二　社区生活福利的发展及其缘由

（一）社区生活福利的发展

社区生活福利，在中国可追溯到古代周朝和春秋时代。一是周朝和春秋时代的统治者就实施了生活福利政策。如周文王实施了"惠民""保

---

① 赵定东、李冬梅：《中国社区福利的逻辑及实践问题》，《社会科学战线》2012 年第 12 期。

② 张蕾：《我国城市社区福利发展的模式选择》，《长沙铁道学院学报》（社会科学版）2005 年第 1 期。

民"福利措施；管仲施行了"致民""安邦"福利措施；楚庄王实行了"老有加惠，旅有施舍"的福利制度。尤其是《周礼·地官司徒》首次提出了"安富"的生活福利思想。二是春秋时代开始，古代的宗族社区修建了道路、风雨桥、戏台、茶歇、凉亭、祠堂等公共生活设施；兴义学，供养书生，为书生提供路费盘缠；设义庄，赡养孤寡老人，每增十岁，赡助额度随之增加。但是，考查中国历史可知，民间的社区生活福利事业远比不上社区生活救助发达，其因是中国古代是封建小农社会，以家庭为生产和生活单位，受封建体制制约，民间百姓家庭都比较贫穷，只有极少数达官贵族才能变成富余家庭。因而，中国古代宗族社区的生活救助活动比较频繁，而难以筹集足够资金开展生活福利活动。中国古代的生活福利主要集中在封建帝王家族和都城郡治之地。整个封建社会，在帝王家族、达官贵人的豪门府邸之内安排着极其豪华奢侈的生活福利。但是，在穷乡僻壤的村村寨寨，家家过着捉襟见肘的苦日子，一遇灾年，生活难以为继，要么逃荒，要么等着救济。新中国成立以后，国家改变了古代宗族社区的生活福利惯习，着手发展民政福利事业和单位福利事业。民政福利旨在用机构收留孤寡老年人、残疾人、儿童，以便提高这些生活弱势群体的生活水平；单位福利旨在改善城镇工薪劳动者的生活待遇，以便克服可能出现的生活困难。民政福利和单位福利，从 20 世纪 50 年代到现在一直存在。从 20 世纪 90 年代开始，一些发展集体企业而富裕的行政村，开始实施社区生活福利项目，标志着我国现代社区生活福利事业的兴起。2000 年 2 月 17 日，国务院办公厅转发民政部等部门《关于加快实现社会福利社会化意见》的通知，强调社会福利社会化要坚持以居家供养方式为基础，以社区为依托，以社会福利机构为补充的发展方向，探索一条国家倡导资助、社会各方面力量积极兴办社会福利事业的新路子。该意见为社区、家庭、社会福利机构参与社会福利事业提供了政策依据。2006 年，我国开始进行城乡社区建设，社区生活福利被集体经济发达的农村社区纳入社区建设项目和社区自治内容。由此，中国出现民政福利、单位福利、社区福利三者并存的生活福利格局。

西方的社区生活福利可追溯至 1600 年英国颁布的《济贫法》。该法要求以社区为主体实施生活救助活动。在未进入工业化之前，生活福利的主要承担者是家庭、社区、教会和民间慈善团体，政府很少对公民提供直接的生活帮助。工业革命开始的时候，英国出现旨在为困难群体提供福利服务的社区慈善运动，社区慈善活动的开展，有效地改善和提高了社区成员的生活质量。19 世纪 80 年代，英国兴起睦邻组织运动，致力于发挥社区在助贫救困中的作用，鼓励志愿工作者进入社区活动中心为贫民服务。与此同时，德国为了预防和克服工业社会产生的生活风险，率先兴起国家社会保险制度，由国家或由政府、用人单位、劳动者三方共同承担国民的社会保险责任，将欧洲的社区生活福利制度转变为国家社会保险制度。从 20 世纪 30 年代开始，政府完全取代家庭和社区，成为生活福利供给的重要角色。20 世纪 40 年代，英国率先在世界上建立福利国家制度，国民的生活福利全由国家财政买单，建构了从"摇篮"到"坟墓"的覆盖国民人生过程的高待遇、全方位的生活福利体系，成为世界上的"福利橱窗"和令人羡慕的全民生活福利样板，吸引世界发达国家纷纷仿效。20 世纪 50 年代，英国针对院舍照顾存在的不足，兴起社区照顾。20 世纪 70 年代，英国等福利国家遇到福利支出困境、国民福利依赖现象日趋严重、工作伦理下降等问题，并受 70 年代末期兴起的福利多元主义理论的影响，一些发达国家开始在社会福利领域由政府转移到民间、从中央下放到地方、由一元福利变成多元福利。在这个转变过程中，福利社区化成为一种世界性的潮流。实际上，每个国家的福利社区化方式和转变过程并不相同。如日本的社区福利制度发展大致经历了三个阶段：第一阶段是社会福利协议会主导时期（1970 年代~1980 年代），社区福利服务主要是以"社区组织化"和"居家福利"活动为主。第二个阶段是行政化时期（1990 年代~2000 年代），社区福利服务主要是以"社区福利活动计划、充实居家福利、居民参与型福利"和"自治型社区福利"为主。第三个阶段是当前的"社区福利主流化"时期，社区福利成为日常社会生活和整个社会福利制度的基础性部分，而且医疗健康和社会福利政策成为社区福利战略重点。① 美国的福利社区化是通过社会福利去机构化方式展开的，大致经历了两个阶段。第一阶段（1957～1975年），颁布回归社区方面的法律。1957年制定的《社区精神保健法》，拉开美国去机构化政策的帷幕，将保护对象转移到社区，以社区为中心，提供各种精神、社会康复服务；1963年颁布《社区心理卫生中心法案》，将慢性精神病患者转移至社区，使他们接受以社区为基础的照顾；1973年颁布《康复法》、1975年颁布《残疾儿童教育法》，保证残疾人生活在社区中。第二阶段（1981～1999年），关闭隔离性服务机构。1999年，美国最高法院以ADA法案裁定各州应提供以社区为基础的服务，尽量避免机构安置与非必要的隔离。该法案指出，精神病患者应该和社会中其他人一样，享有权利和尊严，不应该因为精神上的障碍而受到排斥。② 去机构化帮助被保护对象增强在社区中的生活能力，在社区中享受各种福利，直接促进社区福利的发展。中国的社区福利走的是一条依靠集体经济发展生活福利事业的路径。20世纪70年代末，中国实行改革开放政策，农村逐渐获得自由发展经济的政策，一些行政村在经济能人带动下，开始艰苦创业，兴办企业，发展经济，在很短时间内就建立起强大的集体经济体系，为实施生活福利奠定了坚实的经济基础。如河南省临颍县南街村从1984年到1997年，由两个村办小厂发展成为拥有26个企业、12000多名职工、产值突破16亿元、利税达到8600万元的国家大型一级企业集团。从1986年开始，该村用集体收入，对村民的免费供给，由当初的水、电两项发展到水、电、面粉、食用油、液化气、鸡蛋、鲜肉、啤酒、住房、医疗、孩子入托上学、人身保险、文化娱乐等20多项内容，建立起社区生活福利体系。③ 中国的经济百强村和已经拥有集体经济的富裕村都是这样发展社区生活福利事业

---

① 谢志平：《日本的社区福利模式》，《中国劳动》2013年第4期。
② 金炳彻：《从机构福利到社区福利——对国外社会福利服务去机构化实践的考察》，《中国人民大学学报》2013年第2期。
③ 左鹏：《村庄经济与村民福利——一个中部村庄社区福利制度的实证研究》，《北京科技大学学报》（社会科学版）2003年第2期。

的。一些学者提出中国的当代社区生活福利事业是由政府民政部门组织实施的社区服务事业发展而来。这种提法与事实不符。从 2006 年 4 月 9 日国务院颁布的《国务院关于加强和改进社区服务工作的意见》来看，社区服务与社区福利没有内在关联。该意见共 6 部分 22 条，只有第二部分的第五条与社会保障有关，其他条款都没有涉及社区生活福利。而且，第五条只是提出"推进社区社会保障服务"，其要求是"加强企业离退休人员社会化管理服务工作，加快老年公共服务设施和服务网络建设"。这与社区生活福利的相关性不强。实际情况是中国当代的社区生活福利与社区服务是并行发展的。

从国内国外的实践过程来看，我国的城市社区福利模式与国外的社区福利模式不同。西方发达国家的社区福利制度经历了"从机构化到去机构化"的演变过程，福利机构利用市场机制开展社区生活福利项目。我国的城市社区生活福利主要依赖社区服务中心进行，政府在城市社区中处于强势地位，城市社区行政化趋势愈益严重。相对而言，我国农村社区的生活福利事业，完全由行政村自行开展，政府极少干预。另外，城市社区开展的生活福利项目，主要服务于社区生活弱势群体，事实上与生活救济并无差别，政府在满足社区居民的福利需求方面投入不够。但是农村社区建立的生活福利体系是建立在雄厚的社区集体收入基础之上的实践活动，其项目全、待遇高，是真正的高水平的福利供给，使社区居民的生活品质得到实际的提升。

（二）社区生活福利发展的缘由

从上文分析可见，社区开展生活福利是一种世界潮流。社区生活福利的发展，既有理论缘由也有现实原因；既有宏观致因也有微观致因。

1. 政府福利出现财政支付危机需要社区分担福利压力

这是导致西方福利国家将福利的单一政府供给模式转变为社会组合供给模式的主要原因。20 世纪 40 年代，西方发达国家之所以建构福利国家制度，是因为有雄厚财力支撑；20 世纪 80 年代，西方发达国家之所以对福利制度进行改革，是因为出现了福利的财政支付危机。除了极少数国家基于工作伦理的考虑，绝大多数国家都是因为财力不及才实行社会福利制度。福利社区化是其中的重要改革目标。西方的社区生活福利制度正是这种根源的产物。发展中国家之所以实行社会福利制度，动员各界各级社会力量办福利事业，就是基于国家财力不足的考虑。如中国，政府只有开办民政福利的财力，还需要用人单位举办职工福利；需要社区举办社区福利；需要慈善机构等各种民间力量积极参与社会福利事业。社区等其他社会力量举办福利事业，很大程度上减轻了政府财政压力。

2. 家庭福利功能弱化需要社区提供生活福利

原来人们以大家庭为单位进行生活，大家庭是联合家庭结构，几代同堂，子女结婚不分家，一起过日子。但是，随着家庭观念的变化、人口流动的加速、就业空间的变化、社会风险的加剧，家庭的规模、结构、功能发生了变化。原来的联合家庭架构变成了只有父母与未结婚子女一起生活的核心家庭结构、结婚不生子的丁克家庭、离异不再婚单独抚养孩子的单亲家庭；还有因生产事故、交通事故、重大疾病等形成隔代家庭、单亲家庭、无亲等残缺家庭，因劳力流动形成留守家庭、空巢家庭，因子女夭折形成失独家庭。这些特殊的家庭结构，不仅使原先由家庭承担的部分福利功能难以实现，而且带来了新的福利需求，特别是家务、老人赡养和儿童照看等急需社会化问题。非婚生子女和离婚后的单亲家庭子女数量日益增多，他们的抚养和教育也需要通过广泛的社区服务来支持。[①] 对于社区居民来说，家庭结构的福利功能减弱，需要社区来弥补。因为社区是居民的生活家园和人生归宿。

3. 国民福利追求的变化呼唤社区提供生活福利

现在的老百姓的福利意识明显增强。不仅是富余家庭，温饱家庭都有进一步改善生活状况的要求；不仅是机构外的普通老百姓，在福利院的老

---

① 江立华、李洁：《城市社区福利及其可行性分析》，《广西大学学报》（哲学社会科学版）2004 年第 3 期。

年人和残疾人也有参与福利和要求福利权利的意识。福利院和残疾人机构剥夺了老年人和残疾人的隐私权，造成其与世隔绝和无法行动自由，他们要求回到社区去生活。解决温饱问题之后的普通老百姓开始追求品质生活，不仅要求享受高档次的物质生活还要求享受高级的精神生活；不仅追求普惠性的共同生活，还开始追求与众不同的个性化生活。原有的政府福利和社会福利制度因而无法满足不同地区居民的特殊生活要求。由此，社区生活福利事业开始兴起。

4. 现行福利运行机制缺陷的克服引致社区福利模式

当代社会福利运行机制不外有两种，一种是被多数国家推行的政府直接干预社会福利运行的行政机制；另一种是利用市场提供福利服务的市场机制。从运行效果看，政府干预社会福利运行机制造成没有达到福利政策的预期目标、福利工作效率低下、工作伦理问题、财政支付困难等政府失灵现象。社会福利市场化运行机制造成福利项目发展不平衡、损害福利公平、部分福利供给不足等市场失灵现象。为了克服福利运行的政府失灵现象和市场失灵现象，两类国家共同选择了社区福利模式。这就是世界范围内出现的福利社区化潮流。沈洁也认为，自 20 世纪 80 年代起，各个国家都面临国家直接干预福利、依赖市场提供福利服务所带来的种种弊端和局限的问题，各国都试图通过借鉴两者的教训，开拓一条新的途径。社区福利正是在这样的社会背景之下获得支持和发展的。它是国家福利和市场福利的失败引起的一场社会改革。① 当然，社区福利机制的运行是否能产生克服政府干预运行的福利模式和市场自由运行的福利模式之不足，同时，产生两者难以企及的正功能优势，还需要拭目以待，更需要采用一些促进措施。

5. 单位福利制度解体催生社区生活福利

就中国而言，单位福利制度的解体，是社区生活福利事业产生的重要致因。自 20 世纪 80 年代初开始，政府进行经济体制改革，将国有企业和

---

① 沈洁：《城市社区福利服务体系与运作机制探讨》，《社会福利》2002 年第 12 期。

国家的集体企业改变成面向市场经营的、自负盈亏的、自我发展的现代企业，国有企业和集体企业原来所承担的劳动保护、生活福利、就业安排、子女入学入托、职工生老病死等生活保障责任便被推向社会。同时，因体制转轨、产业结构调整造成的失业人员、下岗人员大量增加，也需要新的社会主体来承接。最合适的承接主体就是社区。所以，城市社区不得不开展生活福利事业。

6. 福利多元主义为社区生活福利的兴起预设了理论背景

1948 年，英国宣布为"福利国家"，政府成为福利的主要承担者，福利范围"从摇篮到坟墓"无所不包，但是政府财政开支越来越大。20 世纪 70 年代中期，西方各国普遍遭遇经济衰退，直接危及高福利的开支。由此引发学界对政府的单方供给福利模式的反思。在对政府单方供给福利模式的反思过程中，孕育了福利多元主义理论。1978 年，英国的《沃尔芬德的志愿组织的未来报告》主张把志愿组织纳入社会福利提供者行列，提出福利多元主义思想。1986 年，罗斯发表《相同的目标、不同的角色——国家对福利多元组合的贡献》一文，提出福利是全社会的产物，市场、雇员、家庭和国家都要提供福利，放弃市场和家庭，让国家承担完全责任是错误的；任何一个国家都应建设一个由国家、市场、家庭共同提供社会福利的社会福利制度。1988 年，德国学者伊瓦斯发表《福利结构的转变：福利与社会政策转型研究的新途径》一文，提出福利三角研究范式，认为国家提供的社会福利和家庭提供的家庭福利可以分担社会成员在遭遇市场失败时的风险。1993 年，瑞典学者欧尔森（Olsson）发表《瑞典和其他欧洲国家的社会保障》一文，提出国家并不是人民获得全部福利的提供者，在福利三角中，国家和市场、家庭一样是人民获得福利的部分提供者。1996 年，德国学者伊瓦斯发表《福利多元主义：从社会福利到国家福利》一文，认为社会福利来源于市场、国家、社区和民间社会，民间社会是政府、市场、社区之间建立联系的纽带，使私人和局部利益与公共利益相一致。1998 年，英国工党政府发布《我们国家的新动力：新的社会契约》绿皮书，强调公私福利合作、调整国家与福利的关系、实现国家由社会福利的管理者向服务者的过渡；引入私人要素化解国家的福利垄断。福利多元主义主张政府与民间合作，共同提供社会福利的各项内容。福利开支将不再完全由政府来创造和分配，而是由政府和其他机构（包括企业）一起通过合作来提供。福利多元主义代表人物的观点都为社区承担生活福利责任提供了理论依据，不仅向政府单方福利供给模式提出了挑战，还为社区参与生活福利事业指明了发展方向，为社区生活福利营造了理论氛围。

三　社区生活福利的发展范型

从我国经济百强村开展的生活福利实践来看，发展社区生活福利事业有如下基本经验和规律。

（一）筑牢坚实的生活福利实施基础

社区集体经济是社区开展生活福利事业的坚实的、可靠的经济基础和物质条件。集体经济是劳动者集体所有、实行共同劳动、在分配方式上以按劳分配为主体的公有经济形式。农村集体经济分乡镇集体经济、行政村集体经济、村民小组集体经济。城镇集体经济分大集体经济与小集体经济，大集体企业受政府行业管理部门领导，参照全民所有制企业进行管理；小集体企业为城市社区经济，实行社区自负盈亏、自主经营。就社区生活福利所依靠的集体经济而言，农村社区集体经济指以行政村为单位发展起来的集体经济；城市社区集体经济指由社区自主经营、自负盈亏的小集体经济。就目前发展情况来看，农村社区的集体经济比城市社区的集体经济发展态势要好得多。只有强大的经济实力和雄厚的财力，才有可能举办高档次的、普惠性生活福利项目。那些没有集体经济和财力支撑的社区，只有通过筹资，才能开展生活福利项目，而且只够开展选择性生活福利项目。案例7－1、案例7－2、案例7－3就能说明发展社区集体经济才能提高社区福利供给能力的道理。

案例7－1　南街村通过集体经济举办普惠性生活福利项目

位于河南省临颍县的南街村，全村842户，3157口人。工农业年产值却达16亿元。近二十年来，南街村大力发展社区集体经济，从1984年到1997年，南街经济由两个村办小厂发展成为拥有26个企业、12000多名职工、产值突破16亿元、利税达到8600万元的国家大型一级企业集团，13年间经济增长2100多倍。正是村办企业的高速发展，为村民福利的不断增加提供了可靠的财力保证。从1986年至今，村集体对村民的免费供给已由当初的水、电两项发展到水、电、面粉、食用油、液化气、鸡蛋、鲜肉、啤酒、住房、医疗、孩子入托上学、人身保险、文化娱乐等20多项内容。此外，每年春节、端午和中秋，村里还发放各种节日食品。现在，村民居住的高标准现代化住宅，大套三室一厅92平方米，小套两室一厅74平方米，统一配备中央空调、彩电、电话、液化气灶、抽油烟机以及席梦思床、高低柜、床头柜、沙发、桌椅等全套家电家具，村民只需带上锅碗瓢盆、衣服被褥，不交一分钱就能搬迁入住。在村民享受多项福利的同时，从1992年起，供给制也开始向在南街工作的万余名外村籍职工拓展。村里专门为外籍职工兴建职工食堂和公寓大楼。食堂备有餐桌、餐椅，伙食标准每月120元以上，外籍职工就餐一律免费。每八个人一房间，房间内配有中央空调、床柜被褥、洗漱用具，供外籍职工免费使用。此外，企业还定期给职工发放工作服、毛巾、洗衣粉等劳保用品，职工洗澡、理发、借阅图书、文化娱乐全都免费，每年麦收和重大节日也发放食品。在此基础上，为了能真正留住一批对南街村发展做出较大贡献、又为南街村进一步发展所必需的外村籍有用人才，1992年南街村推出了吸收"荣誉村民"的政策：凡在南街村连续工作六年以上并被评为先进工作者的，均可取得"荣誉村民"资格，免费配给一套两室一厅的居室，生活、医疗、子女入托上学享受与村民同等的待遇；连续工作十年以上的，住房可调为三室一厅；连续工作20年以上的，可带一方父母随其生活，其父母与职工享受同等的福利。

南街村不断扩大公共积累，增加公益福利。这就奠定了雄厚的经济基础，使南街村有能力建立并维持一套"从摇篮到坟墓"的社区保障网络，使南街人自出生起便可享受到生活、教育、医疗等多方面的福利。十几年来累计投资 3000 多万元，建起了自己的幼儿园、小学、初中和高中，形成了河南省第一个村级一条龙教育体系。南街村的儿童两岁半即可送入幼儿园，由托儿班到小班到中班到大班，7 岁以后转入小学，继而初中，直至高中。这其间，不仅一切学杂费、书本费都由集体承担，就连学生的午、晚两餐也由村里统一安排。学生高中毕业以后，能够考取大学者，除学费继续由村里承担外，到省外就读的每月发放生活补贴 300 元，在省内就读的每月发放生活补贴 200 元；不能考取大学者，村里会根据企业发展的需要，选择对口专业，送到中等或高等院校委托培养，一切费用都由集体承担。南街村的老年人在退出企业一线工作以后，不管是否仍在做其他一份力所能及的工作，所享受的福利和正在企业工作的年轻人完全一样，生活上不会有任何后顾之忧。五保老人可以进入村里的"康寿园"（即敬老院），在那里享受比一般村民更高的生活待遇，并有专人护理照顾。有儿有女的老人既可和儿女一起生活，也可进入"康寿园"过集体生活。作为村民，除了每月按时领取面粉、鸡蛋、食用油等生活必需品外，就连作为主食的馒头、面条也不用自己加工。每到做饭时间，职工食堂都会做好送到楼下，各家凭证即可直接领取，做饭只是烧汤、炒菜。而且，日常生活所用开水也不必自己烧，每幢村民楼前都有锅炉房，做饭用水也到下面去拎，提高了村民生活质量。此外，搬进村民楼以后，每家都有了方便、舒适的卫生间，全天 24 小时热水供应。[①]

案例 7-2 进顺村发展集体经济举办社区生活福利项目

位于江西省南昌市青山湖区湖坊镇的进顺村是一个行政村。40 年前，该村还是一个贫困村，自改革开放后，该村锐意进取，勇于改革，逐步发

---

① 左鹏：《村庄经济与村民福利——个中部村庄社区福利制度的实证研究》，《北京科技大学学报》（社会科学版）2003 年第 2 期。

展成如今的亿元村，全国十大名村。但物质上的富裕，并不是进顺村的全部，该村深刻知道只有切实解决好居民的福利问题，该村才能真正成为名副其实的小康家园。因此，在加快经济发展的同时，该村还着力推进文化、教育、医疗、卫生等民生福利工程。

该村始终坚持"安排好住的、敬养好老的、教育好小的、照顾好弱的、兼顾好大众的"为民服务的"26字方针"，在社区集体经济大发展的同时，进顺村非常重视村民的福利待遇。1995年，进顺村在江西省率先给村民购买了社会统筹养老保险，并设立了长寿奖励制度。1999年，在村两委的提议下，村民代表大会一致通过了对村集体经济实行社区股份合作制改造方案，将"股份制"与"合作制"有机融合，让村民人人持股、个个当家，使村民每年都可享受股权分红。2007年，进顺村又率先为村民免费购买医保，设立大病救助基金等。如今，进顺村每位村民更是都享有19种福利待遇，包括退休工资、压岁钱、节日费、免费医疗、职工统筹养老保险、学生奖学金等。其中比较典型的例如考上大学奖励5000元，考上研究生奖励2万元，考上清华北大奖励10万元等。此外，村民免费办理城镇居民医保、退休村民春节有压岁钱、百岁老人发放10万元红包等。

现如今，进顺村村民富裕了，生活质量也更上一层楼。进顺村每位村民都能参与村庄发展进程，年年有分红，人人享福利。在2018年，进顺村股份分红红利总额便已达到920多万元。①

案例7-3　怡锦社区建构老人生活福利体系

位于深圳市龙岗区横岗街道的怡锦社区，是由6个花园和3个城中村小区组成的混合型社区。目前该社区60岁以上的老人近千人。面对老龄化"银发浪潮"的到来，横岗街道怡锦社区整合社会资源，奏响养老"三部曲"，逐步构建了"居家养老、亲情关怀、义工帮扶、邻里互助、智能服务"的立体式社区养老服务模式，确保老年群体老有所养、老有

---

① http://www.tibet.cn/cn/Instant/local/201812/t20181205_ 6441076. html.

所医、老有所学、老有所为、老有所乐，为社区老人筑造贴心"暖巢"，建成全覆盖、可持续的社区居家养老服务网络。

（1）以老助老，建立老年志愿者协会。怡锦社区成立了老年志愿者协会——"红枫叶"，以"自愿参加、无偿服务、老有所为、志在奉献"为服务宗旨，采取"公益慈善服务""岗位式志愿服务""文艺活动"等方式发挥老年人"以老帮老、助人自助"的作用，在每个小区建立了小分队，每周走访小区高龄、空巢、独居、病弱、贫困老人，灵活实施"一帮一或多帮一"形式的结对帮扶，并定期开展义诊、阅读、文娱、救护培训等活动，丰富老人晚年生活。

（2）引入资源，打造智慧养老体系。怡锦社区创新实践，与社会资本合作，携手一格信息科技有限公司，引入新型智慧养老服务平台，率先在全市试点"互联网＋"智慧养老项目。发放"李秘书"智能盒子，"李秘书"智能盒子采用"三位一体"＋"一键呼叫、24小时随时响应"模式，将老人与监护人、服务资源紧密地联系在一起，为居家老人提供安全、健康、情感等领域的70多项专业服务，服务细致到天气预报、小区活动、交通路线、聊天咨询、电话探视，广泛到医院预约挂号、家政服务、公益课堂、健康顾问、体检预约等，全方位地呵护老人生活，为子女解决后顾之忧。

（3）政府扶持，组建专业居家养老机构。怡锦社区在街道相关职能部门的帮助下，结合政府推出的"4050"优惠扶持创业政策，组建了以创业带动就业的专业居家养老服务社，吸纳百余名待业妇女，通过对其进行专业护理知识培训，为辖区户籍老、弱、病、残等弱势群体提供服务。

怡锦社区围绕"以人为本、尊老敬老、建设和谐社区"的宗旨，持续开展生活服务、家政服务、康复服务、综合服务、特殊服务及精神慰藉6大板块服务，较好地解决了户籍老人在生活、医疗上的问题，至今已服务800余人，获得了社区居民的信任和认可。①

---

① 谢莉、王娅菲：《社区奏响养老"三部曲"筑造老年人生活乐园——横岗街道怡锦社区居家养老工作纪实》，《新经济》2017年第12期。

案例7-1、案例7-2说明，没有发达的集体经济和雄厚的集体财力，就不可能举办高档次的、项目齐全的、普惠性的社区生活福利事业。目前，在我国只有像南街村、华西村、长江村、航民村、东岭村、南山村等经济百强村和像进顺村这样通过发展社区集体经济致富的富裕村，才建立起高档次的、项目齐全的、普惠性的生活福利体系，全面提高了社区居民的生活水平、改善了生活质量。案例7-3说明，我国城市社区因没有社区集体经济和社区集体财力做支撑，只能向政府、企业、社会组织筹资，举办选择性生活福利项目（社区老人福利项目），适当地改善社区老人群体的生活状况，相对老人过去的生活标准而言，现今的社区老人的生活水平得到一定提高。

（二）建构合理的生活福利体系

当今的中国城乡社区，以提升居民生活水平或改进特殊居民生活状况为实践目标，以社区全体居民尤其是孤、老、残、幼等特殊困难群体的生活需求为出发点和落脚点，将资源、权利、利益置于民生改善考量中，增强社区居民生活幸福感、获得感、公平感、归属感。在具体实施过程中，应立足于社区实际，尤其是社区集体经济的发展状况，确定生活福利水平；把解决社区居民面临的实际生活问题，作为生活福利实施方案设计的核心；将生活福利供给重心放在回应社区家庭不能够满足的福利需求。

中国社区的生活福利体系是由生活福利的实施原则、实施手段、实施项目等要素构成的。社区生活福利的实施有不同原则、不同手段、不同项目。

（1）按实施原则分，社区生活福利有普惠性社区生活福利原则、选择性社区生活福利原则。普惠性社区生活福利原则，要求普遍地、不加区别地给全体社区居民提供相同的生活福利待遇。这个原则操作简便，成本低；但开支巨大，不利于社区扩大再生产，效率和效果难以保证，会导致福利资源的浪费，可能造成福利依赖。选择性社区生活福利原则，以关照社区特殊居民为原则，选择社区生活弱势群体为服务对象，提供福利帮助。这个原则操作复杂，甄别困难，易给受助者带来污名，但开支较少，能提高福利服务效率，避免福利资源浪费，减轻财力负担，利于扩大再生产，降低国民对福利的依赖。

（2）按实施手段分，社区生活福利分成用现金手段开展的生活津贴福利、生活补贴福利，以及用服务手段开展的福利性生活服务等。生活津贴福利指社区企业补偿职工在特殊条件下的劳动消耗及生活费额外支出的工资补充形式，包括矿山井下津贴、高温津贴、野外矿工津贴、保健津贴等；生活补贴福利指社区为保证居民生活水平不受物价上涨或变动影响而支付的各种补贴，如副食品价格补贴、粮价补贴、房屋补贴、水电补贴、燃料补贴、照明电价补贴等，是社区用现金方式提高生活水平的福利措施；福利性生活服务指社区安排工作人员直接面向其居民，特别是社区的具有特殊生活需求的居民、家庭提供的服务，如生活护理、家政、日间照看、代购代缴、送餐等福利项目，都是使用服务方式为社区居民、家庭提供生活服务的福利措施。

（3）按实施项目分，社区生活福利可分为日常生活福利、健康福利、教育福利、劳动福利、住房福利等项目。日常生活福利指通过发放生活补贴，增强社区居民衣、食、行、用、水、电、网等日常生活消费能力，提高居民生活水平的福利措施。如南街村日常发放的面粉、食用油、液化气、鸡蛋、鲜肉、啤酒、家电、家具等生活资料以及为居民缴纳的水电费用。能保证村民的营养供给和提高村民的免疫力，增强村民生活幸福感、获得感。健康福利指通过筹集医疗保健基金，用来补偿社区居民的医疗保健开支，使社区居民在疾病的治疗和预防方面享受免费或优惠待遇的福利措施。如南街村为五保老人提供的护理照顾；金顺村为村民提供的免费医疗、职工统筹养老保险；怡锦社区为社区老人提供的康复服务、精神慰藉项目，都属于社区健康福利项目。教育福利指以免费或低费方式向社区学龄儿童提供教育机会和教育条件的福利措施，如提供助学金、奖学金、学业生活费等。劳动福利指社区企业为提高劳动者的生活水平，除工资、奖金收入之外，向员工本人及其家庭提供的货币、实物及其他服务的劳动报酬，包括综合补贴、年终奖金、年金、意外保险、休假安排等。住房福利指社区为所属家庭无偿分配住房的福利措施。如南街村、华西村、长江村、东岭村等经济百强村为其所属家庭免费提供的别墅和住宅，就是典型的社区住房福利项目。

将这三种划分方法形成的社区生活福利类型组合起来，就构成了当今中国社区生活福利结构或生活福利体系。就实施生活福利原则而言，中国经济发达的农村社区选择了普惠性生活福利措施；中国城市社区实施了选择性生活福利措施。就实施生活福利项目而言，中国农村社区实施了日常生活福利、健康福利、教育福利、住房福利、劳动福利等项目。就实施生活福利手段而言，中国农村社区实施了生活津贴与补贴福利；中国城市社区实施了福利性生活服务项目。可以说，当今中国农村社区福利事业形成了用普惠原则和现金手段，建构了由日常生活福利、健康福利、教育福利、住房福利、劳动福利构成的普惠性的、高档的、项目齐全的社区生活福利体系；当今中国城市社区生活福利事业形成了用特殊照顾原则和服务手段，建构了为社区残疾人、高龄老人、失能老人、重症患者等特殊群体提供生活帮扶的，主要由日常生活福利、健康福利、福利性生活服务等项目构成的选择性的、低层次的社区生活福利体系。

（三）探索适宜的生活福利模式

社区生活福利模式指将社区的生活福利资金筹集、生活福利项目实施、生活福利运作等基本要素结合起来的带有规律性的方式方法。这是社区生活福利事业发展中形成的有效经验。对于发展生活福利事业具有实践价值。在实际的运行过程中，我国城乡社区形成了两种社区生活福利运行模式：农村社区的生活福利制度化运行模式和城市社区的生活福利市场化运行模式。

农村社区的生活福利制度化运行模式是建立在集体经济和集体财力基

础上的全员公平分享公共福利的免费福利模式。这种运行模式将社区全体居民作为福利分享对象，彻底否定选择性福利模式的做法，认为生活福利不只是在家庭和市场不能满足个人需要时才介入，而是现代社会中必需的、常规化的生活保障措施，不能将生活福利看成是对生活弱势群体的"善行"，应视为社区居民的一项正当权利。社区应当将生活福利作为社区的基本生活保障制度，看成是社区为所属家庭和居民谋生的重要方式。农村社区生活福利制度化运行模式的基本规则：①给予所属家庭和居民生活福利是社区的一种基本制度；②社区必须大力发展集体经济，所有居民尤其是劳动者必须关心集体经济、积极参加集体经济建设，以便壮大集体经济实力，为生活福利奠定坚实的经济基础；③全体社区居民都应分享集体经济带来的福利成果；④必须平等、公正、有尊严地将集体福利分发给每位居民；⑤在保证集体企业扩大再生产的前提下，尽量将企业利润转化为生活福利基金；⑥追求生活品质、提高生活水平是社区生活福利保障的目标。这种以集体财力为运行基础、以制度为运行保证、以分配为运行方式、以普惠为运行原则的生活福利制度化运行模式，具有操作简便，实施成本低的运行特点；具有促进社区整合，降低社区矛盾，增强居民生活幸福感、获得感、公平感、归属感的特殊功能。其缺陷很明显：福利开支大，集体财力负担大，有损扩大生产，实施效率难以保证，容易造成福利资源的浪费，有可能养成福利依赖思想。

　　城市社区的生活福利市场化运行模式是以筹措福利资金或动员福利资源为基础的选择性的付费福利模式。这种运行模式将社区需要生活福利服务的特殊群体作为福利服务对象，其运行规则与普惠性福利模式相左，认为家庭和市场是满足社区居民个人生活需要的自然渠道，但在特殊情况下，如家庭解体、较大范围的经济萧条或个人年老、疾病等，这两个自然渠道不能正常发挥作用，被家庭或福利机构淘汰的社区居民，社区才出面为其提供生活福利帮助。这种运行模式是社区少参与的、消极的生活福利保障措施，属于"补救型"的社区生活福利措施，服务目标主要是针对社区生活弱势群体，如孤儿、残疾者、老人群体等，随着家庭和市场重新正常运作之后，社区实施的生活福利帮助也将撤回。[①] 城市社区生活福利市场化运行模式的基本规则，①社区必须常规性举办生活福利筹措活动，争取政府拨款、企业捐助、慈善捐款、居民捐献，为实施社区生活福利帮助活动提供必要的资金或物资；②必须组建社区志愿服务组织，建立志愿服务机制，为社区需要生活帮助的家庭和居民提供生活服务；③以市场取向为主，提倡社区服务的市场化，同时兼顾孤寡老人、孤弃儿、残疾人、优抚对象等生活弱势群体的生活利益，面向全体居民提供便民利民的经营性福利服务、面向生活弱势群体提供市场运作的生活福利服务；④政府、市场、社区三者必须协调运作，政府承担福利资金投入的主要责任、市场应承担合理配置服务资源的功能、社区应承担好生活福利市场化运作模式的执行责任并搭建市场化运行平台；⑤引进 PPP 模式、开展政府购买项目、引入福利企业、培育新型社区福利服务经营主体、组建社区经营性生活服务公司，通过多种途径利用市场机制，开展社区生活福利项目，允许民间力量参与社区生活福利服务，通过"民间活力"支持社区居民日益增长的生活服务需求，并通过同业竞争来提高生活福利服务质量；⑥形成契约精神和契约化机制，这是因为社区生活福利市场化运行模式是利用市场规则和机制提供生活福利服务的，不是行政手段在起作用。生活福利市场化运行是交换服务产品的市场行为，必然导致生活福利服务的契约化，生活福利的使用者和提供者会通过契约来约定服务内容和服务要求，以便减少福利服务矛盾。因此，社区要培育居民的契约意识，善于利用契约机制，保护自身的福利利益。这种以筹资为运行基础、以竞争为运行机制、以市场为运行方式、以选择为操作原则的生活福利市场化运行模式，具有操作复杂、实施成本高的运行特点；具有提高运行效率、社区开支小、节约福利资源、增强福利责任和工作伦理的特殊功能。我国城市社区发展尚不完善，存在以下问题：社区居委会角色定位不清、居民参与意识不强、

---

①　张蕾：《我国城市社区福利发展的模式选择》，《长沙铁道学院学报》（社会科学版）2005 年第 1 期。

社区福利资金不足、制度和法规约束不力等，城市社区的生活福利市场化运行模式的实现必然受到一定影响。如何搞好配套体制建设，应成为政府和社区高度关注的重要问题。①

（四）扎实开展生活福利主营业务

社区生活福利的谋生主体是社区集体，也就是说，社区为其家庭、居民承担生活压力，解决面临的生活问题。其生活功能就是改善社区居民的生活状况，要求实现的生活目标是品质生活，为此社区必须想方设法筹集生活福利资金，以便开展生活资料供给、修缮社区公共生活设施、开展生活福利服务等主营业务，提高社区全体居民的生活水平、改善全体居民的生活质量。站在保障对象角度看，社区生活福利制度是一种依赖性的生计保障途径，只有社区集体经济壮大之后，社区才有雄厚的财力开展生活福利项目。社区有财力才能为其居民提供丰富的、优质的生活资料，给所有社区居民发放生活补贴和生活物资；才有可能修建各种公共生活设施，然后免费给社区居民使用；才有可能组织志愿者队伍或专业队伍开展福利性生活服务，让行动不便和有困难的居民得到相应的生活服务。要扎实地、高效率地、高质量地开展这些生活福利业务，就要扩大福利服务项目、提高福利服务档次；就要实行普惠性福利制度，让全体居民享受到发展集体经济带来的好处、让生活特殊群体得到应有的生活照顾；就要公平、合理地分配社区集体创造的财富，使生活福利资源最大化。

（五）建构实施生活福利的社会资本

社区是一个国家的底层社会，开展生活福利的资源比较稀少。一个社区要开展生活福利事业，的确需要动员各种社会力量，才有可能集聚必要的福利资源。那些能为社区提供福利资源的各种社会主体，便是社区生活

① 张蕾：《我国城市社区福利发展的模式选择》，《长沙铁道学院学报》（社会科学版）2005 年第 1 期。

福利的社会资本。

社会资本概念是法国社会学家布迪厄于 1980 年提出的一个社会学概念，并将其界定为实际的或潜在的资源的集合体。美国社会学家科尔曼认为社会资本是从关系中获得的、现实的或潜在的资源。社会资本的结构基础是社会关系，可表现为权威关系、有意创建的社会组织。其特点：第一，社会资本是一种体制化的社会关系，不是如亲属关系的自然联系，存在于特定的工作关系、群体关系和组织关系中，要通过制度关系来加强；第二，只有当社会网络被行动者利用时，才能发挥资本在实践中的作用；第三，社会资本是在持久性的关系中的一种网络资源，每一个社会成员都可以从中受益，但受益的程度要依每个人实践能力的大小而有所区别。

社区开展生活福利事业，尤其是城市社区特别需要建立生活福利方面的社会资本。只有与具有提供福利资源的社会主体建立并保持稳定的、持续的社会关系，才能获得开展生活福利所需的资金、物资、人力。而且，社区是一定区域内有相互利益关系的居民组成的生活共同体，社区成员之间有某种程度的利害关系，也就蕴含着彼此帮扶与支持的可能，由此形成亲朋之间、邻里之间、社区成员之间天然的社会支持网络，这是社会福利制度得以落实的基础。[1] 所以，建构实施生活福利的社会资本成为社区的重要工作。

第一，社区要与其居民建立和维持业务关系，居民不仅是生活福利保障对象，是社区福利的接受者，更是社区生活福利项目的参与者、配合者、行动主体，是提供社区生活福利的重要力量。社区居民的参与意愿是决定局部的社会资本能否转化为社区社会资本的关键。[2] 为了维持与居民的关系，社区应通过社区建设促进居民长期定居，避免居民流出，因为这将会对既定的生活福利成本分担产生逆向累加效应，也容易导致参与不足

---

① 转引自王力平《适度普惠视角下的农村社区福利服务体系构建》，《河北理工大学学报》（社会科学版）2011 年第 5 期。

② 李洁：《中小城市社区福利建设中的资源动员模式探讨——烟台惠安社区福利建设个案解析》，《烟台师范学院学报》（哲学社会科学版）2006 年第 2 期。

而使生活福利制度运转虚置。为此，社区要保护生活传统、设立生活连带责任、倡导家庭责任和传统美德在社区福利体系中的独特价值；① 要维护居民的生活传统，维持社区正常交通秩序，保全居民的家、田地、墓地，提供生活、医疗、教育、育儿、养老便利；要让社区生活弱者在社区持续地住下去，建设好车站、商业街、邮局、公厕等生活资源，提供活动和交流空间；创造出不排斥社会弱者的地方就业机会；② 要动员居民参与社区建设，要动员居民组建各种社会组织，并开展活动；要培养居民的社区归属感，社区居委会要为居民排忧解难，表现自身的存在价值；要寻找有效的途径提高居民的参与意识和参与度。

第二，社区要与驻区企业建立和维持合作关系，企业是为社区提供生活福利资金的最可靠的参与主体，社区是接受企业退休人员安度晚年的服务单位和为企业输送劳动力的供给单位。社区与企业合作的途径就是基层政府与企业共建生活福利机构。如 2000 年，北京市丰台区政府部门与民办老年福利企业合作建立了社区养老资源站，实现民办公助，开展社区老年生活福利服务项目。

第三，社区要与驻区单位建立和维持合作关系，驻区单位是社区生活福利的资金、物品、生活空间的供给者和社区秩序的重要维护者。社区居委会与驻区单位要建立起信息沟通、动议咨询、共同举办联谊活动和公益活动等合作关系。

第四，社区要与地方政府建立和维护支持关系。政府对于社区开展生活福利事业而言，有提供政策和资金支持的特殊价值。在当今中国，地方政府民政部门是社区获得政策和资金支持的最可靠的主体。民政部门是主管社区建设和福利事业的行政部门，支持社区生活福利事业是其职责所在。民政部门是社区开展生活福利事业的可靠的、最有质量的社会资本。

---

① 谢志平：《日本的社区福利模式》，《中国劳动》2013 年第 4 期。
② 野口定久：《建设东亚福祉社会的视点——日本的地域福祉和中国的社区福利》，《社会保障研究》2007 年第 1 期。

社区与民政部门保持联系的方式主要有承接福利项目、参与政府购买服务、业务沟通、接受监督检查、服从安排等。

第五，社区要与群众组织建立和保持配合关系，因为社区生活福利的构造离不开各种群众组织整体性福利机能的发挥、各类福利协会对生活福利关系的协调。[1] 案例 7－4 是社区与群众组织建立和维持配合关系的典型事例。

案例 7－4　浙江宁波 L 村委会与老年协会配合共建社区生活福利[2]

老年协会是由老年人自愿组成的，反映老年人的要求、保护老年人合法权益的群众组织。L 村的老年协会成立于 1995 年 1 月，拥有会员 420 个，60 岁以上老年人入会率达 9.5%。协会自成立起，就成为该社区中最重要的社会力量，活动频繁，具有高效的社区内部资源的动员能力，为促进社区老年人福利及社区整体福利的发展发挥了重要的作用。

L 村老年协会为社区老年获得的福利有：①生活资料，高龄老人每年可获一笔生活补助费，老年协会决定 70～79 岁的老人每年发生活补助费 50 元，80～89 岁的老人每年发 120 元，90 岁以上的老人每年发 200 元，过老人节和春节时，每个会员可得到大约价值 45 元的物品；②生活关怀，每逢老人节时，为年龄到 70 岁、80 岁、90 岁的老人集体祝寿，买生日蛋糕；每年为老人进行常规体检，建立健康档案，看望并送慰问品给生病老人；③文化娱乐，修建 L 村老年活动中心，面积 80 多平方米，设有象棋室、阅览室、麻将室、电视室、乐器室，并配两名管理服务人员，组织文娱表演、体育健身活动；④权益保障，干预虐待老人行为、提供生活帮助、参与社区的发展。

老年协会促进社区整体福利的发展：①保存村落社区传统文化。保护

---

[1]　黄金卫：《日本的社区福利及町内会》，《探索与争鸣》2000 年第 8 期。

[2]　董海宁：《现代农村社区福利的产生与促进——对浙江宁波 L 村老年协会个案的考察》，《社会》2003 年第 11 期。

舞狮表演习俗，招募年轻人练习舞狮，由有经验的老人传授。每年春节，老年协会就会组织一支舞狮队，去村民家里拜年。通过老年协会的活动形成了淳朴的民风、良好的村治秩序，安定的社区生活，体现了村民的真正福利所在。②通过募捐在山上建休闲公园，包括两个亭子，一座寺庙，一条水泥道，为村民之用，每天清晨五点多，有四五十个老人在山上参加锻炼。③积极参与村落社区的公共事务，包括调解村民之间的矛盾、参与社区清洁卫生工作和社区绿化护理工作等。由于老年人的作用，达到了良好的村治。

老年协会与村委、村民精英、普通村民之间的互动：①老年协会与村委的互动，老年协会在村民委员会领导之下开展工作，村民委员会提供老年协会所需的经费、活动场地及其他资源；老年协会有义务协助村民委员会做好工作。它们之间的合作机制表现为村委与老年协会的联席会议经常召开，村委在会上向老年协会通报村务，寻求老年协会的支持，托付老年人办一些力所能及的事；而老年协会的一些重要决定，如发放高龄老人生活补助费、建村公园、修祠堂，也先由村委表态同意或支持才付诸实施，老年协会还经常向村委提出各种建议。它们之间的互动是内生的社区福利得以产生和促进的重要渠道。②老年协会与村民精英的互动。村内能人是村民精英，是参与社区事务的重要力量。L村老年协会相当重视与这一群体的联系，因为这一群体是协会的重要赞助者，由老年协会发起的公共工程建设，大部分需要精英的支持；对于村民精英来说，他们也清楚与老年协会的良好关系有助于增强他们在社区中的影响力，因此，对于老年协会的赞助要求一般都能响应。③老年协会与普通村民之间的互动，老年协会与普通村民之间具有亲和力，老年协会是连接村委与村民之间的桥梁，代表了村民的利益与村委沟通，并且监督村委的工作，而村委也总是通过老年协会来动员村民，老年协会处于中间层的位置。村民也时常会向老年协会捐款，同时村民则乐于享受由老年协会带来的福利，例如公园、干净的社区卫生、传统的社区文化娱乐等，老年协会的活动室也成了村民的活动室。

　　由老年协会带来的内生的社区福利并没有向国家要一分钱的投入，全都是由老年协会这一社区民间组织动员村落社区内部各种资源而生成的，这些资源包括物质资源、文化资源、人力资源、关系资源和组织资源等，由此产生的福利富有社区的生活特色，完全是村民们自觉追求更幸福生活的结果。内生的社区福利产生的过程也是社区居民增强对社区的认同感、阻止村庄共同体解体的过程，因此，还有社区整合的意义。

　　案例 7-4 显示：像老年协会这样的社区群众组织是社区发展生活福利事业的重要社会资本，是社区生活福利发展的内生动力。村内的老年协会将社区老人组合起来，对社区生活福利建设发挥了重要作用，主要是与村委、村内精英、村民之间建立互动关系，建构了社区生活福利的社会网络，显示了社区群众组织在生活福利建设中的特殊价值。社区可以通过资助活动经费、给予公共事务参与权、提供沟通信息等途径，与老年协会建立和维持配合关系，共同发展社区生活福利事业。

　　第六，组建生活福利建设共同体。鉴于社会组合产生新的社会力量，社区可采用建立事业共同体的策略，将基层政府、驻区企业、驻区单位、社区群众组织、社区居民等相关主体组合起来，建立社区生活福利建设共同体，挖掘相关主体的支持潜力，提升相关主体的支持能力。为促进生活福利建设共同体的正常运转，社区应明确参与主体在生活福利建设共同体中的角色分工、强化角色在生活福利建设共同体中的责任担当、赋予生活福利建设共同体应有的事权、开发社区生活福利信息共享平台、建立日常议事机制。组建生活福利建设共同体是社区为生活福利事业开发社会资本的重要措施，也能产生提高社会资本质量的效果。

四　社区生活福利之不足与促进策略

　　中国社区生活福利服务在过去十几年中取得的成就是有目共睹的。但是，社区生活福利概念与政府社会福利概念的内涵与外延都不明晰，社区的生活福利与政府的社会福利在社区层面的操作，也难以分开，导致社区生活福利制度存在一些问题。社区必须针对生活福利存在的问题，设计应对策略，并加以实施，以便促进社区生活福利事业健康发展。

（一）社区生活福利存在的不足

1. 社区生活福利市场失灵风险无时不在

虽然我国城市社区选择生活福利市场化运行模式，并采用政府购买福利服务、合同承包经营、特许经营、引入福利企业、孵化福利经营新型主体等措施，培育生活福利市场，但是我国城市社区的生活福利市场化运营存在大量市场失灵现象。主要表现在：第一，由于信息不对称，生活福利实施主体无法掌握福利接受家庭和居民的真正的家计信息，导致生活福利服务的不确定性。第二，城市社区的选择性生活福利享受的非排他性和非竞争性，决定福利服务难以实现等价交换，福利服务价格不能调节生活福利的供求状况。第三，农村社区的普惠性生活福利项目，实行全员平等分享，不存在福利产品的交易行为，所以，商人不愿意生产福利产品或福利服务，仅依靠市场调节无法提供足够的生活福利产品，使社区生活福利供给总是处于小于需求的状态。所以集体经济发达的农村社区只能实行制度化生活福利运行模式。但是，一旦出现集体经济衰退或破产情况，社区生活福利就无法持续下去。第四，在没有抑制垄断机制的情况下，市场化运行模式容易造成垄断现象，当生活福利经营出现垄断现象时，生活福利经营垄断者会利用对生活福利市场的控制，把福利产品或福利服务价格提高到均衡价格以上，引起福利消费者剩余和福利生产者剩余的损失，从而造成社区生活福利资源配置难以达到最优状态。第五，正是因为市场机制的作用，社区生活福利市场存在着垄断或不完全竞争经营行为，使社区生活福利项目并不总是产生最有效的结果。第六，市场行为的逐利性，尤其是市场主体追求利润最大化的本性，会直接威胁到生活福利产品的供给，因为一些无利可图的生活福利产品或福利性服务，是市场主体不乐意生产的，这就不能保证生活福利的有效供给，自然而然也就不能满足福利消费者的福利需求。由于我国城乡社区都没有控制这六个市场化运行问题的应对办法，因此，我国的社区生活福利市场化运行模式存在的市场失灵风险是无时不在的。

2. 城市社区生活福利事业缺乏独立运行空间

具体表现在两个方面。一是城市社区的生活福利不是归属于社区服务范畴就是归属于社会福利范畴，一直没有视为社区的生活保障形式和居民的生计保障途径，一直不是一种社区事业的独立存在，没有公允的判断标准和明确的规章制度；二是城市社区的生活福利事业一直处于政府相关部门的绝对主导之下。我国城市社区生活福利事业，与西方国家以政府主导为基础的自发性和自下而上的运行机制不同，已成为政府自上而下的行政主体行为。我国城市社区开办的生活服务项目绝大多数是受政府行政命令而开办的。举办的生活服务项目与政府的资金投入、政府的重视程度有绝对关联，实际上产生了一种对社区居民的排挤效应，这既不符合社区生活福利事业发展的一般规律，也不利于社区生活福利供给效率的提高。① 这两种情况都严重制约了社区生活福利事业的健康发展。

3. 社区生活福利供需脱节现象比较突出

具体表现在两方面。一是没有按需供应生活福利产品和生活福利服务。受政府部门相关政策的影响，社区福利服务对象、福利产品、服务项目都是既定的，不一定符合服务对象的需求。如高龄老人迫切需要社区提供生活照料和医疗服务，然而现实是，社区给老年人提供最多的是文化娱乐活动；至于社区居民急需的心理慰藉、康复训练、问题青少年行为矫正、暴力家庭辅导等知识含量较高的服务内容，还没有普遍开展起来；由于受社区福利服务质量、服务人员素质、设施、价格等因素的影响，一些已经提供的服务项目处于闲置状态，又造成了新的资源浪费。这说明，当前提供的社区生活福利不能满足真正的需求，或者说现在提供的社区生活

---

① 张一：《文化适应视角下社区福利服务体系创新研究》，《社会科学战线》2015 年第 5 期。

福利项目并不是社区居民急需的。[①] 这极大地限制了社区生活福利服务的针对性。二是没有给一些特殊生活弱势群体供给社区生活福利服务。由于城乡社区出现的空巢群体、留守群体、失独家庭、事实孤儿没有进入政府有关部门决策层的福利服务视野。因而，在设计社区生活福利项目时，并没有考虑空巢群体、留守群体、失独家庭、事实孤儿的福利服务需求，直接造成社区生活福利项目的缺失。如农村社区的留守儿童、事实孤儿，最需要生活陪伴、学业辅导以及生活费，但是农村社区都没有针对留守儿童、事实孤儿开展生活福利服务。

4. 社区生活福利供给动力不足

社区生活福利的目标不是居民的基本生活，而是提高居民的生活水平和改善居民的生活品质，这意味着开展生活福利事业所需要的财力、物力、人力比生活救助要多得多。但是，从目前城乡社区开展生活福利项目的实际情况来看，其生活福利的供给动力明显不足。一是社区生活福利资源供给不足。随着退休人员回归社区制度的实施，"单位人"变成"社区人"越来越多，退休人员的单位福利保障在弱化，但是新的社区福利制度和福利体系尚未成熟，自然而然，出现了"福利整合"的缺失。政府、社区、市场作为社区生活福利提供的三大主体，相互交叉，容易导致相互推诿。从逻辑上讲，企业是参与社区生活福利事业的市场主体；政府是"最后的调节者"和"权威的监督者"，对市场和社区不能解决的福利难题，承担必要的责任；社区应承担弥补"市场失灵"和"政府失灵"的责任。[②] 但由于国家没有相应的法规确定三大主体在生活福利上的责任，其在参与生活福利活动过程中，难以形成合力，社区生活福利资源供给不足。二是社区生活福利资金供给不足。我国的社区生活福利服务是在政府的统一领导下，自上而下地通过"放权"的方式逐级推进的，最后由社

---

① 董海宁：《现代农村社区福利的产生与促进——对浙江宁波 L 村老年协会个案的考察》，《社会》2003 年第 11 期。

② 赵定东、李冬梅：《中国社区福利的逻辑及实践问题》，《社会科学战线》2012 年第 12 期。

区居委会完成。在已开办的社区生活福利项目中，虽然大部分出于居民需求，但也有一些是属于政府动员型的，即由政府自上而下推动的社区生活福利项目，这些项目多是政府为了达标、出政绩，用行政手段强行推动的，它们的资金来源主要是由政府提供，且实用价值小，利用率低。[①]正是由于政府操控社区生活福利项目的实施，企业和非营利组织缺乏为社区生活福利项目提供资金的积极性，造成社区生活福利资金供给不足。三是社区志愿力量供给不足。随着人力资源市场的开放和发展，社区优质劳动者为了谋生都流出社区了，造成社区人力结构劣化，没有劳动者出来做社区生活福利项目的志愿者。而老人、妇女、儿童、残疾人有时间做志愿者，甚至有心思做志愿者，但也是心有余而力不足，难以做规模较大的福利项目和技术难度较大的福利项目。所以，当今社区劳力输出的城乡社区的福利志愿力量供给不足。

5. 社区生活福利事业容易滋生福利依赖思想

一视同仁的、平等的、免费的高福利项目容易养成某些社区居民的依赖心理。由于是免费上幼儿园、免费享用公共设施、免费获得各种生活资料等，一些居民认为不需要劳动就能过上安逸无忧的好日子，变成吃社区福利的"蛀虫"，只会"蹭吃喝"，成为不会劳动的懒人，而且不以为耻，反以为荣。从我国农村社区开展生活福利的历程看，一些社区居民也视社区集体为生活福利保障的唯一依靠对象，普遍缺乏自我保障意识，形成了福利找社区的依赖性生活意识。一些社区居民作为生活福利的被动接受者，将生活福利看作来自社区的天然恩赐。"蹭吃喝"的福利依赖者，虽然没有伤害到社区的其他人，但损害了社区的活力和发展，会把整个社区吃穷，会把集体搞垮。这是社区应高度重视的问题，应用战略眼光，制定应对策略，改变社区居民的生活福利观念，养成自力更生的、自食其力的、对社区发展有贡献的人。

---

① 董海宁：《现代农村社区福利的产生与促进——对浙江宁波 L 村老年协会个案的考察》，《社会》2003 年第 11 期。

（二）社区生活福利的促进策略

随着越来越多的"单位人"变成"社区人"，社区成为具有相对独立性和自主性的生活空间，社区生活福利事业成为社区重要的生活保障内容和居民依靠的生计途径。因此，社区应高度重视生活福利事业的建设，采取有效策略应对和处理在开展社区生活福利事业中出现的各种问题。

1.建构社区生活福利市场失灵预防机制

城市社区生活福利采用市场化运行模式，能提高福利实施效率，解决政府和社区福利资金供给不足的问题，但是该模式也容易导致市场失灵现象。因此，必须建构一些防范和治理机制。主要建构约束和监督社区生活福利市场主体的业务行为的关键制度，引导其经营活动向预防和克服市场失灵现象发生的方向发展。约束与监督制度是约束不法行为和损害消费者权益行为的机制，明确社区生活福利市场主体可以做什么、不可以做什么的措施。在实施社区生活福利活动中，引进市场竞争机制，并将防范市场失灵措施作为中标条件，也会引导社区生活福利市场主体做出合规行为。在福利产品或福利服务的提供方式上引入 PPP 模式，是提升福利供给效率和品质的适宜方式。原由政府和社区提供福利产品和福利服务的过程中并没有竞争机制，政府和社区难免出现工作效率低下的问题，公私合作正是将竞争机制引入福利产品和福利服务的提供过程中，同时整合私人部门的资金、技能、专业知识与管理经验，将提升福利产品和福利服务的质量。

2.建立社区生活福利自主发展机制

自立和共生是社区生活福利模式的价值诉求，而多样化或多元化的生活福利服务选择是社区生活福利模式相对于国家福利的优势所在，但要真正做到尊重个体差异，实现自主、自由选择福利服务，建立民主的生活福利参与机制，赋予居民享有自主参与的权利，使社区生活福利在社区分权自治格局中得到扩展。① 社区是中国基层社会的自治主体，民主发展是社

① 谢志平：《日本的社区福利模式》，《中国劳动》2013 年第 4 期。

区生活福利事业发展的巨大动力，是去行政权力、逐步还社区居民自治权的过程。要把社区居民的参与放在首要考量位置，充分尊重居民的知情权、参与权、选择权，建立健全以"赋权"为核心的各类社区居民的参与机制。通过民主化参与，让社区居民更好地融入社区，更有尊严地生活，实现社区福利服务的普遍化，建立起符合社区居民共同利益的社会福利体系。[①]

3. 利用市场化措施解决社区生活福利供需脱节问题

社区生活福利供需脱节之根本原因是具有行政性的僵硬的供给制度，政府干预社区生活福利供给，规定了不变的固定的服务对象、服务项目、服务标准，甚至服务时间，无法应对特殊居民的特殊的福利需求。因此，要解决这个问题，就应采用市场化的运行模式，引进市场主体，按照市场需求，供给生活福利服务。如武汉市硚口区、武昌区、黄陂区的一些社区建立了5家社区公益组织，这些公益组织按照市场规则开展生活福利项目。2012年5月，武汉市民政局批准成立"道能义工服务中心"。这是一家社区公益组织，目的是整合义工资源、搭建社会公益活动的平台。2013年3月，道能义工服务中心发起"道能幸福食堂"公益项目，其目的是通过助餐服务为社区老人提供"老年餐"，促进社区居家养老，提高独居老人的生活质量和生活水平。社区"老年餐"供给的属性应界定为生活福利项目。"道能幸福食堂"运行的基本模式是，由公益组织负责管理、组织和实施，利用高校平台，以大学生社工及社区志愿者为依托降低人力资源成本，由社区免费提供场地、设备和水电优惠，并申请政府购买服务为项目运行提供经济支撑。同时，食堂面向社会开放，对社会人士采用市场价格盈利，平衡公益项目的亏损。在该项社区生活福利服务中，政府、市场、公民都发挥了各自的作用，契合习总书记的"三手合力"论。[②]

---

① 张一：《文化适应视角下社区福利服务体系创新研究》，《社会科学战线》2015年第5期。

② 习近平总书记在中央城市工作会议上提出要求利用"政府的有形之手、市场的无形之手、市民的勤劳之手"同向发力，简称"三手合力"论。

"道能幸福食堂"在获得社区准入之后，对社区老人的基本就餐信息进行调查了解。在社区组织的支持和协助下，搜集整理老人的相关资料，逐一上门对老人的用餐口味和习惯进行了解，并记录制作专项档案。发放"幸福就餐证"给需要的老人。武汉市政府向道能义工服务中心购买2200万元的养老服务，向特殊困难老人提供送餐、家政服务以及心理辅导和精神慰藉服务。另外，道能义工服务中心还得到当地企业捐赠的50万元定向公益基金。政府采购的支持和企业捐赠，为"道能幸福食堂"的长久发展奠定了坚实的经济基础。道能义工服务中心联合了多所院校和大量社区，共同组成义工联盟并签订相关服务协议。约有2万名高校学生、企业老板及其员工、机关干部、部队战士、医护人员、下岗职工等主动加入"道能幸福食堂"，志愿提供敬老服务。志愿者中有1万名以上均为武汉市在校学生。这些学生通过预约自发地轮流到"道能幸福食堂"开展清洁、送餐、陪老人聊天等服务，志愿服务总时长3万多小时。"道能幸福食堂"实行"市场补公益"模式，蹚出了市场与公益结合的新路子。通过加强成本核算，凭借价廉味美的口碑，凭借公益品牌集合的社会信任，吸引了周边社区的居民及周边企事业单位的职工来就餐，这些人群按照市场价付费，从而获得一定利润用于弥补"老年餐"的亏损。规模做大了，饭菜的品种多样化了，也能够较好地解决老人们众口难调的问题。"市场补公益"的精髓在于，将针对公众"普惠"性质的市场服务与针对困难老人"特惠"性质的小众服务结合起来，精准投放、交叉补贴，做到盈亏平衡。①武汉市的道能义工服务中心实施的"道能幸福食堂"公益项目，就是解决社区生活福利供需脱节问题的有效措施。

4. 增强社区生活福利供给能力

第一，中国经济百强村的生活福利实践经验告诉我们，社区集体经济可以保证为社区生活福利事业提供财力支撑，发展社区集体经济是社区生活福

---

① 谢俊杰、游京颖：《社区福利供给的定性与主体界定——以武汉"道能幸福食堂"为例》，《中国社会保障》2017年第6期。

利事业发展的根本措施。因而，大力发展社区集体经济是增强社区生活福利供给能力的首选策略。同时，城市社区开展生活福利项目的经验也告诉我们，政府是生活福利事业在资金上的最大供给者和保证者，发展生活福利事业就要得到政府的资金支持。第二，增强社区生活福利供给能力，必须引入多中心供给机制。因为单靠政府对社区生活福利进行财力支持是不够的，而且现行市场还没有形成完全成熟的福利市场，需要由政府部门、企业、非营利组织、志愿者团体、家庭、居民、慈善家等多方共同提供资金，协同利用行政机制、互助机制、志愿机制、公益机制、市场机制，才能为社区生活福利事业提供财力保证。第三，增强社区生活福利供给能力，社区应该加强与非营利组织以及其他志愿团体的合作，非营利组织和志愿团体相对于政府机构有着自己独特的优势，可以弥补政府与居民生活福利需求之间的空白，能够有效地促进社区资源的整合和公众的参与。社区与非营利组织合作可通过合同承包、特许经营、项目补助、税收优惠等方式运作。① 第四，也是最关键的措施，就是社区要想方设法地建立社区生活福利发展机制，才能为社区生活福利营造持续发展动力。应成立社区生活福利服务中心等专业服务机构。社区专业服务机构要按照专干不单干、分工不分家的原则，在社区党组织和社区居民委员会统一领导和管理下开展工作，形成工作合力。第五，社区应积极培育社区服务性、公益性、互助性社会组织，尤其培育组建社区志愿服务队伍，增强社区的生活福利服务的志愿能力，以便有志愿力量协助社区公益组织开展生活福利项目。通过社区生活福利管理体制改革与创新，积极培育民间社会组织，建立社区生活福利公共财政制度，构建现代性的社区与非营利组织的分工合作机制，妥善处理好社区生活福利体系建构中政府与市场、政府与社会、自治与他治的关系，促进政府、市场、社会三大部门之间的体制和谐，持续增强社区生活福利供给能力。②

---

① 蔡宜旦、孙凌寒：《对重构社区福利服务体系的思考》，《山西青年管理干部学院学报》2001 年第 1 期。

② 杨发祥：《社区福利建构的理念与实践——基于广州市的实证分析》，《社会主义研究》2010 年第 6 期。

5. 实行家计审查预防居民形成福利依赖心理

生活贫困与个人劳动能力和态度有关，但同时也是一种社会现象。城市化和工业化使劳动人口特别是中产阶层高度集中，遇到经济危机，许多被大家公认的克勤克俭的中产家庭也难免沦陷于贫困状态，且这种情况有可能出现在每个富裕家庭身上。可以说，贫困是一种不幸，且非罪孽，理应得到福利关怀。只不过，要采取预防措施阻止贫困人口产生福利依赖心理。其最好的有效策略就是在实施生活福利项目的同时，实行严格的家计审查。通过家计审查，才能获得选择性福利支持。家计审查具有倒逼机制，鞭策人们在接受特殊福利关照时，产生依靠自身劳动早日进入自食其力状态的心理。

五　基本结论

社区生活福利是在社区空间内，利用自筹或自有资源举办的，旨在提高社区居民生活水平和生活品质的生活补贴、生活服务、公共生活设施之总称。在社区生计保障体系中，社区生活福利属于消耗性生活保障，是社区集体改进全体居民生活水平和提升全体居民生活品质的谋生途径，与政府实施的社会保障和社区实施的生活服务保障存在密切关系。相对于社区生活救助而言，社区生活福利在生活保障上具有高档性、普惠性、灵活性、无限性等特征。社区生活福利制度具有提高生活水平、促进社会融合、降低生活成本、实现生活福利最大化、保障国民生活福利权利、减轻政府福利开支压力等基本功能。

社区生活福利的发展，既有理论缘由也有现实原因；既有宏观致因也有微观致因。具体而言，包括政府福利出现财政支付危机需要社区分担福利压力；家庭福利功能弱化需要社区提供生活福利；国民福利追求的变化呼唤社区提供生活福利；现行福利运行机制缺陷的克服引致社区福利模式；现行单位福利制度解体催生社区生活福利；西方福利多元主义理论为社区生活福利的兴起预设理论背景。

　　从我国经济百强村开展的生活福利实践来看，发展社区生活福利事业有五个基本经验和规律：第一，筑牢坚实的生活福利实施基础；第二，建构合理的生活福利体系；第三，探索适宜的生活福利模式；第四，扎实开展生活福利主营业务；第五，建构实施生活福利的社会资本。

　　社区发展生活福利事业，第一，要建构社区生活福利市场失灵预防机制；第二，必须建立社区生活福利自主发展机制；第三，注重利用市场化措施解决社区生活福利供需脱节问题；第四，需要增强社区生活福利供给能力；第五，实行家计审查预防居民形成福利依赖心理。这些策略将有利于社区应对和处理在开展生活福利事业中出现的各种问题。

第八章 社区土地保障

土地保障指利用土地资源来保障自己及其家庭生活的谋生方式。简单地说，土地保障就是以土地为生。土地保障是有前提的，那就是拥有土地才会有土地保障。从现行的土地法规来看，只有村集体才有自己的土地，城市社区没有自己的土地；从职业主体角度看，只有农民才有土地占用权，城市居民没有土地占用权。因为现行的《中华人民共和国土地管理法》规定，城市实行土地国家所有制度，农村实行土地集体所有制度。中国60多万个行政村是中国农村土地的所有者。20世纪80年代初，我国实行农村土地家庭联产承包责任制，中国农民获得村集体土地的承包权和经营权。承包土地和经营土地成为中国农民谋生的可靠手段。因此，在当今中国，土地保障是农村社区的一种特有的生计保障类型。

一 社区土地保障的特质

相对于社区营生保障、社区就业保障、社区生活救助、社区生活福利等生计保障方式而言，社区土地保障具有如下特质。

（一）土地的生活保障价值受农户经营水平影响

土地是人类谋生的手段和资源，土地不会直接为人类提供生活所需的衣食住行用等人工生活资料，不会直接变成人类的生活财富。当人类经营土地时，或者把土地当成生产要素利用时，土地才会在农业、工业、商业、服务业等行业中成为产生财富的条件、手段和资源，才会产生生活保障价值。从这个角度讲，城市社区与农村社区一样都可以发展土地保障事业，土地也是非农产业的生产要素，也是市民的谋生手段和谋生资源，因为只有拥有土地，才能利用土地建工厂、工业园、物流园、服务区、交通设施等，才能从事非农生产。现在的中国城市社区之所以没有土地保障，那是由社会分工制度和现行土地制度造成的。就农村社区而言，农户或农民利用土地经营种植业、养殖业、林业、生态产业、乡村旅游业等产业，直接生产粮食、蔬菜、水果、家禽家畜、棉麻、蚕丝、木材等农产品，不仅可以为自己和他人提供衣、食、用等人工生活资料，而且可以将农产品变成商品，进行交换，获得货币收入。然后，用其购买建筑材料，修建住房或直接购买住房；用其购买交通工具，方便出行。这种谋生方式就是土地保障。显而易见，农户或农民的土地经营水平越高，劳动产出就越多，在农产品供需均衡的条件下，其交易收入就越多，其土地保障水平就越高。可见，土地的生活保障价值大小取决于农户或农民的农业经营水平。故农户或农民要提高土地保障力度就必须提高农业经营水平。

（二）土地保障是"三生效益"统一的生计模式

所谓"三生"指生产、生态、生活。"三生效益"即指生产效益、生态效益、生活效益。"三生效益"达到统一源自土地的资源性质。就农业生产而言，土地是农业资源；就生态繁育而言，土地是生态资源；就生活保障而言，土地是生活资源。土地的这种多重属性，决定了土地保障具有多种效益。所以，利用土地谋生就应该实现农业的生产效益、生态效益、生活效益的统一，使农业生产同时产生生产功能、生态功能、生活功能，达到农业的"三生效益""三生功能"的协调发展。但是，在农业生产过程中，做到"三生"协调发展是比较困难的。因为农户在追求农业的生产效益和生产功能的时候，容易忽视农业的生态效益和生态功能、生活效益和生活功能。如为了增加产量过度施用化肥、喷洒农药，直接造成生态环境的破坏；在重视农业的生态效益或生态功能的时候，容易轻视农业的生产效益和生产功能；在重视农业的生活效益和生活功能的时候，也容易忘却农业的生产效益和生产功能。在现实中，农业的"三生效益""三生功能"的互相背离和对立，说明实现"三生效益"统一存在较大难度。但是，只有追求农业生产的综合效益、综合功能，才能实现土地保障的总福利最大化。

（三）土地保障高度依赖自然条件

在农村社区，农户或农民利用土地谋生，基本上是利用土地做农业。经营农业必然以自然环境为基本生产条件，因为农业的生产对象是生物体，不管是种植还是养殖，都必定是在自然环境里进行。以动植物为劳动对象的农业生产，具有自然再生产与经济再生产交织统一的特性。动植物的品种、品质、数量、构成、分布以及它们周围的自然环境直接决定着农业的产量和产值以及经营效率的高低。因而，从事农业经营，首先想到的应该是保护好自然环境，不应该破坏自然环境。那种为了扩大种植面积，增加粮食产量，到处毁坏植被，开垦土地、围湖造田，只能破坏自然环境，打破当地自然要素的自我循环机制和平衡结构，恶化农业生产的自然条件，结果造成农业产量的降低。就中国而言，由于长期对自然资源的过度开发，破坏生态平衡，我国成为世界上自然灾害最严重的国家之一。各种突发性的自然灾害给农业生产造成巨大的经济损失。据媒体报道，水灾与旱灾使我国农业造成80%以上的效率损失，水灾使我国粮食生产每年减产约89亿公斤，旱灾使我国粮食生产每年减产约100亿公斤。[①] 这不得不引起我们的高度重视。此外，现代人类也应放弃农业化学化经营方式，因为这种经营方式要依赖工业为其提供的化肥、农药、薄膜和其他化学生产资料进行生产。这种生产方式虽然能大幅度提高农业产量，但对自然环境的破坏非常严重，能使自然界失去生物多样性；使土地失去有机

---

① 据2005年9月21日中国食品产业网报道。

性；能污染地面水体；能导致农业食品安全问题，危害人类身体健康和繁衍质量。现在的农业化学化经营已走上规模化、集约化经营轨道，农业产量的确得到了大幅度提高，但是到头来，会使为人类提供生存资料的自然环境转变成降低人类食物生产能力的杀手。因而，农村社区发展土地保障事业，就要改变农业掠夺式和化学化经营行为，树立保护农业赖以发展的自然环境的经营理念，增强农业生产的物质基础，使农业有可持续发展的空间。唯其如此，才能使土地保障更可靠、更有效。

（四）土地保障具有地域性

土地保障与其他形式的生计保障不同。对于农户而言，只有利用土地经营农业，才能使土地产生生计保障效能。农业经营要以生物体为劳动对象，而每种生物都是在特定的适应性的地理环境里生存和持续发展的，超过物种的生存地理范围，生物资源将日益枯竭，以至于不能再维持生物的生存和延续；况且，任何一种农业经营都只能在特定的地理空间内实施。所以，特定地理空间的各种自然要素和文化要素是农业经营的基本条件。就地理空间的自然环境而言，不同地理空间内的地形、植被、动物、土壤、温度、日照、降水量、水资源等自然要素共同形成当地发展农业经营的特殊的自然地理环境。就地理空间的人文条件而言，不同地理空间的人口密度、生产生活习惯、经济发展水平、水利设施、交通运输、市场条件等人工要素共同形成当地发展农业经营的特殊的人文地理环境。一般来说，地理空间不同，其地理环境和农业经营的条件就不同，决定着农业经营的劳动对象、经营项目、经营方式、生产领域、资源利用方式、产业结构、生产水平不同，也决定着当地农业经营为实现生态效益、生产效益、生活效益的统一所付出的代价不一样。就中国而言，地理面积广袤、地形复杂、所跨纬度较大，所以，不管是自然地理条件还是人文地理条件都有明显的地域差异。中国的东部与西部、南方与北方、高地与平原的自然环境存在较明显的地域分异现象。中国有 56 个民族，各地居民的风俗习惯千差万别。这种条件对于发展土地保障事业来说，并不是坏事，尤其是对于利用土地资源发展旅游农业是非常有利的，每个地方只有开发出与众不同的旅游农业项目才能吸引更多的游客，使经营者获得较丰厚的收入。总之，发展土地保障事业就应重视本地的地理环境和条件，不能一味地模仿他处的经验和做法，要遵循农业生产的地域分异规律。

（五）土地保障需要经营主体拥有特定技能

社区土地保障，与社区生活救助、生活福利不同，需要经营者去"捞钱"，要农户或农民在土地里"刨食"，需要一定的生产与经营技能，否则即便拥有"金土地"，也会饿死。农户或农民利用土地谋生，正如美国著名社会学家英克尔斯所说的那样，"如果在国民之中没有我们确认为现代的那种素质存在，无论是快速的经济成长还是有效的管理，都不可能发展；如果已经开始发展，也不会维持太久。在当代世界的情况下，个人现代性素质并不是一种奢侈，而是一种必需"。① 农民的现代性素质，在农业经营上，需要经营主体有先进的经营管理理念和科学知识，掌握市场经济运行规律、法律，善于不断革新和使用先进的农业生产技术、工具，甚至进行科技创新发明，具有不断开拓新领域和扩大经济活动空间的能力，具有积极接受新经验和社会变革的思想意识，具有较高教育和职业期望的意识，具有较强的个人效能感，具有较强的时间观和工作计划性，等等。因而，从事农业经营就需要把传统的农业社会的科技素质转换为现代的工业社会的农业科技素质，需要接受技术培训。

（六）土地保障要注重提高劳动效率

效率就是人们在实践活动中的产出与投入之比，或者叫效益与成本之比。效率用公式表达就是：效率＝产出（或效益）/投入（或成本）。从公式可看出来，效率与产出的大小成正比；与成本成反比。生产者要提高

---

① 阿列克斯·英克尔斯、戴维·H. 史密斯：《从传统人到现代人》，中国人民大学出版社，1992，第 67 页。

产品的劳动效率，就要看缩小某项商品生产的成本的可能性有多大，产出增加的可能性有多大。

农户以土地为生，主要用土地经营农业。农业生产产品的投入是多方面的，不仅有劳动力、还需要生产工具、原材料、生产的组织管理、产品销售投入等。把这些构成农产品生产的成本要素归纳起来有两类，即农业活劳动成本和农业生产资料成本。由此，提高农业劳动效率的办法有两个，一是提高农业活劳动效率；二是提高农业物化劳动效率（即生产资料效率）。农业劳动效率是农业劳动者生产某种产品的效率。[1] 用公式表达：劳动效率 = 产出成果数量/活劳动投入数量。公式中的农业活劳动投入数量，可以分别以农业劳动者人数、农业劳动时间为单位。公式中的产出成果数量可以用产品实物产量、标准实物产量、生产工作量和产品价值量（总产值、净产值等）等指标计算。农业劳动效率水平可以用单位时间内所生产的农产品的数量来表示，单位时间内生产的农产品数量越多，农业劳动生产率就越高，反之，则越低；也可以用农户或农民产品所耗费的劳动时间来表示，农户或农民产品所需要的劳动时间越少，农业劳动生产率就越高，反之，则越低。农业劳动量的耗费可以按不同劳动者的范围计算，如按全部劳动者计算，就是农户劳动生产率；按劳动者个人计算，就是农民个体劳动生产率。在现代社会，农业劳动效率的提高离不开管理者、销售者、生产者的努力。所以，按农户或家庭农场的所有劳动者计算劳动量的耗费是比较科学的。在市场经济环境里，农户要重视用劳动效率来考核效益提高的程度，同时，也要重视物化劳动效率的提升，因为一个

---

[1]　按照政治经济学观点，劳动效率分个别劳动效率和社会劳动效率。在个别劳动效率中，按个别劳动者的劳动效率计算的劳动生产率是个人劳动生产效率；按个别企业的劳动效率计算的劳动生产率是企业劳动生产率。以全社会的平均劳动效率计算的劳动生产效率是社会劳动效率。社会劳动效率是衡量全社会范围内生产先进和落后的根本尺度。个别劳动效率高于社会劳动效率，生产商品的个别劳动量就低于社会必要劳动量；反之，则高于社会必要劳动量。劳动效率同单位时间内所生产的产品量成正比，即劳动效率越高，单位时间生产的产品量越多；而同单位产品所包含的劳动量成反比，即劳动效率越低，单位产品包含的劳动量越大。

农户如果在农业生产中节约了生产资料，也能生产出同样多的农产品，说明农户家庭的农业经济效率也是提高了的。对农户来说，节约生产资料，提高生产资料的经济效率是有不可忽视的经济价值的。

如果把农业活劳动效率和物化劳动效率综合起来考虑，农户提高劳动效率的途径主要有：第一，提高农业劳动者的生产熟练程度。① 劳动者的生产熟练程度越高，农业劳动效率越高。第二，在农业生产中采用先进农业科学技术。使用的农业科学技术越新，而且越是被广泛地运用于农业生产过程，劳动效率就越高。第三，不断改进农业生产过程的组织和管理。主要包括农业生产过程中劳动者的分工、协作和劳动组合，以及与此相适应的工艺规程和经营管理方式。农业生产的组织与管理水平越高、农业生产的组织与管理技术和手段越先进，农业劳动效率越高。

二　社区土地保障的发展及其缘由

社区土地保障是人类最早的生计保障方式，基本上与人类历史共始终。就以地为生的发展规律和中国的实际情况而论，社区土地保障经历了如下阶段。

（一）社区土地保障的发展历程

1. 迁徙阶段的社区土地保障

追根溯源，社区土地保障可以追溯到原始人的群居生活。距今几万年到 8000 年之间，原始人形成群居生活，大约几十人在一起生活，往往寻找能提供丰富食物的，又能防御外敌侵袭的地方作为生活的固定处所。他们一般选择密林、山洞、崖洞等地方作为住地，形成原始的巢居群体、洞居群体、崖居群体。原始人群在选定的地域范围内共同劳动，共同享有劳

---

① 劳动者的生产熟练程度不仅指劳动实际操作技术，而且包括劳动者接受新的生产技术手段，适应新的工艺流程的能力。

动成果。一般是青壮男人去打猎，女人和较大的孩子去采集食物，老人留在住所照顾小孩、看管火种、制造工具。妇女用手中的骨棒或木棒挖取植物块根、扒鼠洞，她们经常把采集的经验传给孩子们，教他们辨别各种植物的方法。这段时期，人类只能靠狩猎、捕鱼、采集野果为生。食物只有在一定季节和一定地域找到，为了维生，人类祖先分散居住，迁徙不定，当原来的住区没有食物可采、没有野兽可猎、没有鱼可捕，他们就要迁徙到另一个食物丰富的地方。原始人群的这种因"逐水草而居"、不断迁徙而形成的生活就是迁徙土地保障。这个阶段的社区土地保障，以氏族为单位，以捡来的石头、棍棒为劳动工具，直接取用从土地生长出来的天然野生食物，还不能利用土地生产农产品，食物得不到保障，生活水平很低。

2. 暂居阶段的社区土地保障

约1万年前，昔日的渔猎和游牧活动被农业取代，四处奔波的渔民、猎人和牧民逐渐定居下来，并被固定的住所联结在一起，形成村落。由于1万年前的石器是简单的初加工石器，属新石器早期时代，原始的畜牧业和刀耕火种的农业还不能满足原始先民的生活需要，原始先民还有迁徙的可能，所以，这个时期的社区属于半永久性的村落式的社区，这个时期的社区土地保障只能称为暂居土地保障。将原始人的逐水草而居的游居生活转变为定居生活的主要力量是原始农业。原始农业是原始人用简单工具和方法进行种植粮食作物和饲养动物的生产行为，以动植物的驯化为先决条件。植物是在特定地理环境和固定地区生长成熟的，原始人须在收割植物区生活下来，才能按时收割成熟庄稼，由此形成暂居土地保障模式。原始农业人群发明许多从事农业生产和生活需要的简单工具，如点种棒、锄、耜、铲等石制和木制生产工具；研磨、杵臼等粮食加工工具；贮藏谷物、饮料和煮食物的陶器。在固定的地域空间里，利用农业生产工具在土地上从事农作物种植和动物养殖，就是典型的农业生活模式，标志着人类进入以农为生的土地保障阶段。

3. 定居阶段的社区土地保障

6000年前，人类进入母系氏族公社。在这个时期，人类祖先不仅学会制造精致的石器，且已开始使用金属工具，发明犁，属新石器时代晚期。新石器和金属工具使农业生产日益专门化，加剧人类社会劳动大分工，农业和畜牧业逐渐分离。在农业发展基础上，人类历史上出现真正的人类群体聚落——以农业生产为主的永久性居民点。农业聚落形成，人类进入具有相对完整性的"农"和"村"的社区生活时代。真正的社区土地保障制度，在我国大约出现在距今 7000 年的河姆渡古东夷部族。定居阶段的社区土地保障是一种刀耕火种、男耕女织的土地保障模式。

4. 户控阶段的社区土地保障

公元前 2070 年，夏部落建国。前 1600 年左右，商部族首领汤率众讨伐夏后桀，灭夏朝，建商朝。其疆域北到今天的辽宁、南到湖北、西到陕西、东到海滨，延续 500 余年。商朝是中国第一个同期直接进行文字记载的王朝。据文献记载，商朝已建立较完备的国家机构，为了管控疆域，实行里邑制度，规定一邑一里；乡邑、县邑为较大居民点，邑中居民按一定编制划分为里。商朝发明的里邑制度，为后世王朝所仿效。中国的社区土地保障，随之进入户控阶段，[①] 并持续到中华民国时期国民党实行的保甲制度。20 世纪上半时期，南京国民政府为维护其反动统治，在县以下的农村地区，对村民进行以户为单位的保甲编组。每户，设户长；十户为甲，设甲长；十甲为保，设保长。[②] 从商朝到中华民国，各种乡民控制制

---

① 《国语·齐语》记载：管子制国，五家为轨，十轨为里；制鄙，三十家为邑。《周礼·地官·遂人》记载：五家为邻，五邻为里。秦汉实行乡里制，以五家为伍，以十家为什，百家为里，里之上为乡。魏晋南北朝实行三长制，以五家为一邻，二十五家为一里，百二十五家为一党。隋朝实行里乡二级制，以百家为里，以五百家为乡。唐朝实行邻保制，四家为邻，五家为保，百家为里，五百家为乡。宋朝实行保甲制，十家为一保（甲），五十为一大保，十大保为一都保。元朝实行村社制度，县下设村社和里甲，由蒙军驻村社实行军事统治。明清实行里甲制，十户为一甲，一百一十户为一里。

② 当时的南京国民政府的保甲制度规定，户长由家长担任，保甲长由保甲内各户长、甲长公推。户长须签名加盟于保甲规约，并联合甲内户长共具联保连坐切结，联保各户，实行连坐。保甲长受区保长指挥监督，负责维持保甲内安宁秩序。联保主任受区长指挥监督，承担各保安宁之总责，但各保应办事务由各保长负责。保甲工作包括清查户口，查验枪支，实行连坐切结；办理保学，训练壮丁；创立合作社，测量土地；设立地方团练，实行巡查、警戒等。

度，都是统治者以家庭为单位对老百姓进行管控的统治手段，无本质差别。在户控阶段，中国各朝各代以农立国，以农为本，朝廷给农业家庭分配一定的土地，同时也会设法阻止农户家庭变成足以对抗官府的大地主，引致农户实行以地为生的小农经济模式。据卜风贤先生研究，秦汉时代，中国农民人均耕地 13.62 亩，到了唐朝，农民人均耕地 10.2 亩，说明维持农户小规模经营是各朝各代的统治策略。尤其是北魏朝廷将其变成均田制，培育均田小农，发展小农经济。后来的各朝各代也都推行均田制，将小农经济作为王朝统治的经济基础，并对富豪权贵的土地兼并行为进行严厉打击，以此建构国家政治体系。如唐朝建立的政治体系是"均田—租庸调—户籍"三位一体的政治体系，建构均田小农生活世界的基本制度框架，以均田制和小农经济成就了帝国盛世。[1] 在均田小农制度框架下，户控阶段的农户土地生计状况是难维持生计的。据商兆奎、邵侃介绍，唐朝以一丁为主的核心家庭占有的土地为 40 亩左右，亩产一般在 1.5 石左右。假定 40 亩耕地全部种植粟米，每户土地年收入为粟 60 石。这便是唐朝前期农户一年的主要土地收入。[2] 从一个有五口人的农家一年开支分析，就会发现唐朝前期农户土地保障的功能非常弱。唐朝前期一个五口之家的一年的基本支出情况如表 8 - 1 所示。

表 8 - 1 唐朝前期均田农户的基本支出情况统计

类别	租	庸	调	地税	户税	口粮	衣服	种子
数量	粟 2 石	绢 1.5 匹	绢 1 匹	粟 0.8 石	250 文	米 24.5 石	粟 3.2 石	粟 4 石
总计			米 24.5 石　粟 10 石　绢 2.5 匹　钱 250 文					

----

[1] 商兆奎、邵侃：《共生与变异：唐代国家和均田小农的关系演进》，《中南民族大学学报》（人文社会科学版）2011 年第 6 期。

[2] 商兆奎、邵侃：《共生与变异：唐代国家和均田小农的关系演进》，《中南民族大学学报》（人文社会科学版）2011 年第 6 期。

商兆奎、邵侃根据掌握的文献资料认定，唐前期米价在 50～200 文区间浮动，取其均值 125 文；米粟比价约为 5∶3，粟价在 30～120 文，取其均值 75 文；绢价为 400 文左右，那么，唐朝前期均田农户一年的基本支出为：米 24.5 石 + 粟 10 石 + 绢 2.5 匹 + 钱 250 文 = 24.5 × 125 + 10 × 75 + 2.5 × 400 + 250 = 5062.5 文，而 60 石粟合 4500 文。显然，在唐朝前期，农户一年的土地收入，无法维持家庭的基本生计开支。况且，农具、生活必需品、子女教育、婚丧嫁娶、人情费用等消费还未计算在内。[1] 纵观中国农村社区土地保障制度运行历史，可以发现，户控阶段的农村社区土地保障水平比较低，是种常见现象。为了满足一家人的生活开支，各朝各代的农户必须另谋办法，如采用精耕细作、套种复种等农作技术，提高耕地单位产量；或通过发展家庭副业、外出做手艺活、做点小买卖等办法，增加家庭收入，以弥补土地保障之不足，维持家庭基本生活开销。

鸦片战争以降，新中国诞生之前，是中国的近代社会，也是中国遭受帝国主义殖民侵略的屈辱时代，更是国外和国际市场影响中国农业经济运行的时代。据陈翰笙于 1930 年对河北定县 134 个村进行的调查，当时中国农村土地分配数量悬殊，极少数地主占有大量的土地，而广大农户则无立锥之地，直接导致中国农村经济的崩溃。1931 年，陈翰笙在《中国的农村研究》一文中指出，19 世纪中叶以来，随着外国工业资本的侵入，尤其是后来金融资本的侵入，确实已逐步促使中国经济工业化，这种影响甚至渐次深入农村，导致农产品的商业化。[2] 中国农民受到殖民者、买办阶级、地主阶级的剥削，租佃制度具有更大剥削性，租佃关系变化更有利于地主。地主豪绅利用权势，大肆鲸吞农民劳动成果。从广东一些县的情况来看，地主每年向佃农收的租额是相当高的。在梅县农村分租的比例一般为"主四佃六"，即地主收四成，农民留六成，但也有对分的，甚至还

---

① 商兆奎、邵侃：《共生与变异：唐代国家和均田小农的关系演进》，《中南民族大学学报》（人文社会科学版）2011 年第 6 期。

② 丁利冈、赵善阳：《陈翰笙与中国农村社会学研究》，《复旦学报》（社会科学版）1985 年第 4 期。

有"主六佃四"的，如当时的中山县的分租比例就是"主七佃三"。在广东农村的不少地区，参加分租的人除掉地主和佃农外，还有包税的商人、更夫以及临时需索者。若以占比计算，则地主所得是48.5%，佃农所得42.4%，税商所得6.1%，更夫所得3%。租佃制度的巨大剥削性使自耕农需要依靠自己的强壮与勤劳、聪明能干以及家庭所有具有劳动能力的成员参加农业劳动，才能维持人均之上的生活，但佃农和雇农变得更加贫穷。可见，对于近代社会的广大农民而言，土地也是难以发挥生活保障功能的，只能生活于水深火热之中。

5. 集体生产阶段的社区土地保障

1949年10月1日，中华人民共和国成立。从此，中国进入由中国共产党领导的社会主义建设的新时代。中国共产党实行的土地政策使中国农民真正实现"耕者有其田"的愿望，土改后，在毛泽东亲手推动下，中国农村开展农业互助合作运动，形成农业集体化体制。1950年代后期，全国农村成立生产队，其户数和辖域约10户，绝大多数最初由高级农业社过渡而来，之后进入"大跃进"阶段，以生产队为基础建立人民公社。人民公社设立大食堂，所有农户及其家庭成员在生产队所设的"公共食堂"就餐，劳动不计报酬。食堂建立之初，吃饭不记账、不受定量限制。实行公共食堂期间，由于出现全国性饥荒，生产队的公共食堂于1961年解体。1962年，时任国家主席的刘少奇开始推行"三自一包""四大自由"，后来生产队成为基层农业生产单位和行政编组。1962年9月27日，中国共产党第八届中央委员会第十次全体会议通过《农村人民公社工作条例（修正草案）》，决定在农村实行人民公社、生产大队、生产队三级组织管理体制。人民公社是政社合一的行政组织，是我国社会主义社会在农村中的基层单位，又是我国社会主义政权在农村中的基层机关。农村人民公社是在高级农业生产合作社的基础上联合组成的，是社会主义的互助、互利的集体经济组织，实行各尽所能、按劳分配、多劳多得、不劳动者不得食的原则，不过，人民公社的基本核算单位是生产队。

公社管理委员会的职责：一是面向生产队，发展农业、畜牧业、林业、副业、渔业等生产事业。二是进行水利建设、植树造林、水土保持、土壤改良等基本建设。三是督促生产队完成国家规定的粮食和其他农副产品的征购、派购任务。生产大队管理委员会，在公社领导下，管理所属生产队的生产工作和行政工作，其职责：一是指导、检查、督促、帮助生产队做好生产计划、生产工作、财务工作分配工作；二是领导、兴办、管理大队水利建设和农田基本建设；三是管好、用好大队所有的大型中型农业机具和运输工具、山林和企业；四是督促生产队完成国家规定的粮食和其他农副产品的征购、派购任务；五是帮助生产队安排好社员生活。生产队是人民公社中的基本核算单位，实行独立核算，自负盈亏，直接组织生产，组织收益的分配。生产队的土地以及社员的自留地、自留山、宅基地、大牲畜、农具、山林、水面等归生产队所有。生产队的职责：一是完成国家征购粮食、棉花、油料和派购农副产品的义务；二是发展粮食、棉花、油料和其他经济作物生产；三是发展畜牧业、林业、渔业和其他副业生产；四是开展农副产品加工作坊、手工业、养殖业、运输业、采集、渔猎等多种经营；五是分配好生产经营收益，保养繁育集体耕畜、保管农具；六是积厩肥、土杂肥、绿肥等。

在集体生产阶段，受人民公社三级管理体制制约，生产队的社员及其家庭的生计及其土地保障，通过集体分配土地经营收入的方式来体现。1962年公布实施的《农村人民公社工作条例（修正草案）》，对人民公社社员及其家庭的生活有明确的规定。第一，生产队逐步实行劳动定额管理，不能推行定额管理的地方，搞好评工记分的工作，实行同工同酬。第二，社员的口粮，应该在收获以后一次分发到户，由社员自己支配。生产队适当留些储备粮，以便备荒防灾，互通有无，有借有还，并对困难户、五保户、加以适当的照顾。第三，生产队用公益金对于生活没有依靠的老、弱、孤、寡、残疾的社员，遭到不幸事故、生活发生困难的社员，实行供给或者给以补助；对于生活有困难的烈士家属、军人家属和残废军人，应该给以适当的优待。第四，鼓励社员利用剩余时间和假日，发展家庭副业，包括耕种由集体分配的自留地、自留山；饲养猪、羊、兔、鸡、鸭、鹅等家畜家禽，也可以饲养母猪和大牲畜；进行编织、缝纫、刺绣等家庭手工业生产；从事采集、渔猎、养蚕、养蜂等副业生产；经营由集体分配的自留果树和竹木，在屋前屋后或者在生产队指定的其他地方种植果树、桑树和竹木。社员家庭副业的产品和收入，都归社员所有，都归社员支配。第五，要保障社员个人所有的一切生活资料，包括房屋、家具、衣被、自行车、缝纫机等和在银行、信用社的存款，永远归社员所有，任何人不得侵犯。要保障社员自有的农具、工具等生产资料，保障社员自有的牲畜，永远归社员所有，任何人不得侵犯。

在集体生产阶段，土地和财产属生产队集体所有，所有社员编成生产队，由生产队长安排组织集体劳动，其劳动收入由生产队进行统一分配。1961年，人民公社解散公共食堂，并吸取其教训，要求生产队发给社员口粮，社员以家庭为单位进行生活。在进行口粮分发之前，生产队必须先完成国家规定的粮食和其他农副产品的征购、派购任务，只能就其剩下的部分进行分配。受当时国家执行的征购粮政策以及工农业价格剪刀差政策的影响，[1] 加上当时农业生产力水平较低和一些社员劳动积极性不高，出工不出力，消极怠工，生产队一年的粮食收成不多，能剩下来的可供全生产队所有社员分配的口粮较少，许多生产队会出现吃返销粮现象。案例

---

① "剪刀差"概念是对不合理的工农业产品比价关系的概括，说明了国家征购价格和农产品实际价值之间的差距。"剪刀差"概念产生于20世纪20年代的苏联。苏联在1921年初走上和平建设轨道后，为加快积累工业化资金，认为得压低农产品收购价格，使部分农民收入在工农业产品交换过程中转入政府支持发展的工业部门。当时人们把农业和农民丧失的这部分收入称为"贡税"或"超额税"。1923年，苏共中央召开政治局会议和九月中央全会，在斯大林的主持下第一次把农业流入工业的超额税，正式称为"剪刀差"，并且在中共委员会设立剪刀差委员会，专门从事研究和调整剪刀差工作。苏联的剪刀差政策于20世纪30年代被介绍到中国。由于工农生产在战争中遭受的破坏程度不同，恢复的速度不一样，以及恢复发展工业所需资金和人力资源的短缺，使工农业产品的比价在十几年间扩大许多。1951年4月中国召开第二次全国物价工作会议专门讨论工农业产品"剪刀差"问题。1952年至1978年，中国剪刀差逐步扩大。价格与价值相背离，到1978年，工农业价格剪刀差比1955年扩大44.65%，达到364亿元，相对量上升到25.5%，农民每创造100元产值，通过剪刀差无偿流失25.5元。剪刀差政策的功效是为国家的工业和城市建设积累了大量建设资金。

8-1能反映这种情况。

案例8-1 人民公社时代一些生产队吃返销粮情况①

1963年春天，国家从外地给家乡调拨了大量土豆、木薯干、燕麦、荞麦等返销粮，还有蔓菁、苤蓝、藕、豆饼、花生饼等，生产队作为口粮分给各家各户。1970年，俺生产队相继遭受风灾、雹灾和旱灾，导致粮食大幅度减产。虽如数完成粮食征购任务，但社员们的口粮成了问题。后来，公社派工作组到俺队核实情况，决定春节后向我队供应返销粮。正月下旬一个夜晚，生产队召开群众大会，已上初一的我跟着母亲到文化室。队长安排生产后，会计公布并给各家各户分发返销粮供应证。我替母亲领的返销粮供应证，上面写着我家6口人，每人每月供应10斤粮食，合计60斤。母亲算后说，按5分钱一斤得3块钱。母亲愁眉不展。是啊，父亲去汝河治理工地了，爷爷当饲养员走不开，她带着几个孩子，平时连吃盐、灌煤油的钱都没有，哪有钱买返销粮呢？散会后，母亲和我随韩叔去他家借钱，但韩婶不借。母亲从韩家出来，走到俺家门口时，抱头就哭。此时，在汝南高中工作的李维轩正好路过我家门口，听到有人哭，得知事情缘由后，给了我妈3元钱。第二天一大早，我拿着布袋、购粮本和钱，去水屯粮管所买返销粮。水屯粮管所大门外排很长队，都是买返销粮的。太阳偏西，我终于排到交钱窗口，接着去西侧大仓领粮食。到仓库门口，粮管所工作人员说，小家伙儿，好粮食没了，只剩下发霉的玉米，你要不要？我说，要！当称够60斤下磅后，我系好布袋口，扛着往家走。第二天晚上，我和三姐到生产队磨坊推磨。用返销粮玉米面做的窝头呈金黄色，嚼起来像沙子，仍有霉味，吃到嘴里又苦又涩，难以下咽。这年夏天，老队长有病，让年轻的辛凤林当了队长。辛凤林上任后讲得最多的话是，都是共产党领导，人家好多生产队给国家交那么多爱国粮，咱还吃国家的返销粮，丢人哪！吃着不是味呀！从此，在他的带领下，俺生产队学

---

① 王太广：《苦涩的返销粮》，http://www.zmdnews.cn/showinfo-160-276994-0.html。

习大寨人自力更生、艰苦奋斗的精神，大搞平整土地、挖沟排涝、打井抗旱、科学种田、发展副业等多种经营活动，使农业基础条件得到大大改善，粮食年年获得丰收，集体经济发展壮大，不仅不吃"返销粮"，1976年夏季还向国家交售 10 万斤爱国粮，连续几年成为当时全县有名的粮、棉、油生产先进单位。

案例 8－1 呈现的情况，是我国在农业集体化时代一些生产队吃返销粮的事实。在当时，吃返销粮是生产比较落后的生产队常见的现象，也是一些生产队社员家庭渡过生活难关的主要途径。其实，这也是党中央下决心在 20 世纪 80 年代初期实施农村土地家庭联产承包责任制的依据所在。

6. 承包经营阶段的社区土地保障

30 余年的农业集体化导致的一些生产队社员家庭生活困难，引发生活困难社员对农业集体化生产制度的生活保障功能的质疑。1977 年，安徽固镇县曹老集公社刘台生产队自发搞起包产到户，并为周边生产队所仿效。1980 年，安徽省 70% 以上的生产队都实行双包到户。与此同时，川、贵、蒙、甘等省区的一些生产队公开或秘密地实行包产到户。到 1983 年底，全国有 95% 以上的生产队实行包产到户，且全国农村劳动力人均创产值 893 元，比 1978 年增长 30.6%。① 其间党中央给予农村生产队实行包产到户的支持和肯定，有力地促进了农村包产到户的发展。② 鉴于包产到户生产模式产生的巨大经济效益，1983 年，中央下文指出家庭联产承包责任制是在党的领导下我国农民的伟大创造，是马克思主义农业合作化理论在我国实践中的新发展。1991 年，中共十三届八中全会通过《中共中央关于进一步加强农业和农村工作的决定》，指出把以家庭联产承包为

---

① 闻海涛：《关于农村家庭联产承包责任制确立的过程》，《鞍山师范学院学报》2001 年第 4 期。

② 如 1979 年党的十一届四中全会通过《中共中央关于加快农业发展若干问题的决定》，充分肯定家庭联产承包责任制。1982 年中央 1 号文件肯定家庭联产承包责任制的社会主义性质，并全面部署完善社会主义承包责任制。

主的责任制作为一项基本制度长期稳定下来，并不断充实完善。自此，我国广大农村社区进入全面实施土地家庭联产承包责任制的发展阶段。这种以家庭为单位向村集体承包土地等生产资料和生产任务的农业生产责任制形式，是农户通过承包村集体土地谋生的社会经济背景，是农村社区土地保障发挥特殊的强大功能的政策基础。

在家庭联产承包责任制背景下，中国农民获得了对土地的承包权、经营权、支配权、转让权，使利用土地谋生的方式发生了很大变化。一是土地承包户有了极大的土地经营自主性，可以根据市场行情自行决定土地经营方向、结构、规模，以便减少农业经营的市场风险，增加土地经营收益。二是土地承包户有了极大的土地经营积极性，受多劳多得规则的激励，农民为了获得更多土地经营收入，将尽全力投入劳动，克服农业生产内卷化现象，提高劳动边际效率，将家庭多余劳力用于非农经营，开拓家庭增收新领域。三是土地承包户利用土地发展农业新型业态，促进农业与非农业的融合。此阶段，在中国广大的农村地区，一些农户将农业与旅游业结合，发展旅游农业项目；将农业与教育结合，发展教育农业项目；将农业与服务业结合，发展服务农业；将农业与健康产业结合，发展养生农业；将农业与能源产业结合，发展能源农业；将农业与香料产业结合，发展香料农业；将农业与草药产业结合，发展药材农业；将土地上的生态资源与旅游业结合，发展生态旅游业等。形成许多新型的农户土地经营业态，一定程度上增加了土地和农业的附加值。四是土地承包户盘活或充分利用土地上的经营资源，如承包土地上的水资源、植被资源、景观资源、生态资源等，开发新型农业服务产品或生态产品，提高资源利用率，获取承包土地的额外收益。五是土地承包户采用多功能经营方式发展功能农业，如采用有机化经营方式，发展有机农业、自然农业；采用生态化经营方式，发展生态农业；采用创意化经营方式，发展创意农业，生产优质的有机农品、生态农品、创意农品，提高农产品的市场竞争能力。六是土地承包户出让土地使用权，获得土地流转收入。七是土地承包户采用专业化和规模化方式经营土地，成立农业经营专业合作社，或发展成家庭农场，引进先进技术从事专业生产和规模经营，借助团体力量和技术手段提高农业经营的市场竞争能力。

这些变化都是农村社区提高土地保障效果的有效途径。自实施农村土地家庭联产承包责任制以来，绝大多数中国农户通过承包土地、经营土地、流转土地，摆脱了贫困，并发家致富，将土地的谋生功能和生活保障效果提升到前所未有的高度。

（二）农村社区发展土地保障的缘由

1. 土地是解决温饱问题的前提条件

土地是人类赖以生存的最基本的资源，农民通过耕种土地，可以为自己及其家庭提供食物资料。在古代，有土地就意味着有劳动的机会，就有男耕女织的条件，就能种植粮食作物、经济作物和饲养家禽家畜，就能满足一家人的生活需要。中国古代农民的生存逻辑就是：有土地，就有农业；有农业，就有恒产；有恒产，就有恒心，就能安居乐业。所以，在古代，土地是农民的命根子，农民不遗余力地为土地而战斗。为江山巩固计，各代朝廷也愿意实行均田制度，保证耕者有其田，让农民安居乐业。20 世纪 80 年代初，中国的土地家庭联产承包责任制的实践充分证明，承包土地是农民谋生的可靠手段，农户通过承包村集体土地，不仅可以解决温饱，还可发家致富。经营土地可保障农民的基本生活。用社会保障的理论观点看，农民承包和经营土地在弥补城乡社会保障差距上发挥了特殊作用。可以说，土地保障仍是中国农民最重要、最可靠、最有效的生活保障，具有无以替代的价值。正如英国古典经济学家威廉·配第所说，劳动是财富之父，土地是财富之母。没有土地就没有劳动、没有劳动就没有财富、没有财富就没有稳定的生活。现在看来，这个观点是对的。

2. 土地是农民提高生活水平和改善生活福利的重要资本

对于广大农民而言，承包土地是其进一步提高生活水平、改善生活福利的重要资本。农民可以通过对承包的土地进行投资，开展集约经营，如进行套作轮作、立体种植等，不断提高单位面积的农品产量；通过发展生态农业、有机农业、自然农业，生产有机农品，为家庭和市场提供优质和安全的食物，提高食物等级；通过发展旅游农业、创意农业、能源农业、养生农业、生态旅游业、生态产业等新业态，不断提升农业经营收入水平。总之，通过集约高效经营、一体化经营、设施化经营、特种化经营，农民可以从增加产量、提升品质、提高效率等途径创造更多的财富。承包土地不仅是处于生活救助和生活保险阶段的农民满足其基本生活需要的物质保障，而且也是处于生活福利阶段的农民不断提高生活水平的生活资本。而且，还能在一定程度上避免物价上涨造成的食物消费资源贬值风险；还可生产出足量农产品并获得与物价上涨相匹配的货币收益，也具有克服养老替代率风险的特殊功能。站在提高生活水平和改善生活福利的高度看，实施土地家庭联产承包责任制，让亿万农民拥有土地支配权，是党和国家解决农民安身立命、世代生存问题的根本策略，具有战略眼光。

3. 土地买卖能获得大笔生活收入

土地是特殊商品，可以进入土地交易市场进行买卖。自古以来，就有土地买卖行为。当今中国农民获得了土地承包权、经营权，而且允许农民将承包的土地流转出去，让土地产生更大经济效益，等于让农民获得土地交易收入。当今中国社会出现的征地补偿现象，其实就是一种土地买卖行为。一旦农民承包的土地被征收，就将获得一定的土地补偿，能维持较长时期的家庭生活开支。现行的政府征地补偿原则是"耕地产值原则"，其补偿标准是"耕地被征收前三年平均年产值的六至十倍"。其依据是新版《中华人民共和国土地管理法》之规定：征收耕地的土地补偿费为该耕地被征收前三年平均年产值的六至十倍。这个补偿标准考虑到了土地的经济价值，让失地农户获得土地交易的当期收益。卖出土地的农户可以用这笔钱生活一阵子，甚至可以用这笔钱做一点生意，谋取更长远的生活条件。土地买卖能产生一定的生活保障效果。

4. 土地为人类提供丰富的生活资源

土地上有河流、水域、耕地、山林、草地、空地等自然要素。这些要素的组合能为人类提供生活所需的物质资源，如野生食物资源、生态资源、农业资源、景观资源、能源资源等。这些物质资源，有的直接就是人类的生活资料；有的为人类利用起来变成人类生活的支持条件。

野生食物资源是直接为人类提供野生蔬菜食品、野生禽鸟食品、野生兽类食品、野生水生产食品、野生瓜果食品、野生菌类食品等的生活资源。野生食品对于人类的生活价值体现在：丰富人类饮食结构，增加多种营养元素，增强人类体质；多数野生蔬菜有一定的药用价值，很多野菜还是良好的滋补佳品，① 能调节人类生理机能，增强人类抵抗疾病的能力；野生食品能弥补人类食物短缺，丰富人类生活资料，使人类渡过灾荒时期，延续人类生命；野生食品具有较高卫生安全性，是有机保健食品；野生肉类食品无激素，无食品添加剂，使人类免受"问题食品"的侵害，有效防止"病从口入"现象的发生。

生态资源是直接为人类提供新鲜空气、洁净饮水等天然生活资料的生活资源。新鲜空气对人类的生活价值主要体现在空气是人类存活的必要条件，负氧离子空气是生命气体，人类无时无刻不在吸收负氧离子，这为人体神经系统、心血管系统、血液系统、呼吸系统、免疫系统提供诸多正能量。正常成人每次呼吸空气量在 400～600 毫升，成年人每天呼吸 2 万多次，每人每天需吸入氧气达 750 克。② 洁净饮水对人类的生活价值主要体现在：成人体重的 60%～70% 是水分，儿童体重的 80% 是水分，人类每天需要的水分约为体重的 3%。人体内的水液统称为体液，它集中分布在细胞内、组织间和各种管道中，是构成细胞、组织液、血浆等的重要物质。人体内的任何一个细胞都要靠它才能正常地发挥作用。水也是人类的日常生活必需品。水是我们每天必须喝的一种物质。人对水的需要仅次于氧气。若一个人长期处于缺水状态，那么他的健康肯定要受到严重威胁，

---

① 汤庆伍：《野生食物——天赐有机食品》，《农产品加工》2005 年第 3 期。

② 《人一个小时需要吸收多少氧气》，http://www.zybang.com/question/cff844391c3587ad9f43bbea0a6d0d87.html。

而且由于缺水，很容易导致脱水，一旦脱水，人类就有生命危险。一个正常人每天应该喝3000ml左右的水。

农业资源、景观资源、能源资源等是人类从事农业生产、发展农业旅游产业和生物质能源的物质资料。人类通过开发利用这些物质资源，生产出农产品、旅游服务产品、生物质能源产品。销售这些土地经营产品，经营者可获得可观的经济收入，能提高自己及其家庭的生活水平。

5.土地保障具有较大社会价值

土地保障就是让农民用土地谋生。实施土地保障，就要先授地于民，让农民利用土地从事农业生产。农民发展农业生产能产生巨大的社会价值。

第一，为国家提供食物保障。食物生产是人类生存和一切生产管理的首要条件，食物是人类最基本的需求，是维持我们生命、高于一切的需求以及最基本的生存方式。只有食物才有可能使人继续生活，食物的缺乏会带来痛苦、灾难、疾病和死亡。从这个角度看，农业生产的社会价值是最重要的。纵观人类历史，农民给人们提供食物的能力越来越强，养活的人口越来越多。公元前5000年左右，世界人口约为2000万人；公元元年达到2.3亿；20世纪中期达到24.86亿。农业生产基本上保证了日益增长的人口对食物的需求。[①] 20世纪后半期，因世界人口急剧增长和城市化、工业化，人均耕地面积大大减少，农民无法保证世界人口的食物安全了。即便如此，进入21世纪后，农民每年为全世界提供了5.76317亿吨小麦、5.98852亿吨稻谷、5.90791亿吨玉米、1.61993亿吨大豆、0.40193亿吨油菜籽、0.34507亿吨花生、4.75141亿吨水果、11.73651亿头屠宰生猪、3.05638亿头屠宰牛、7.94976亿头屠宰羊、0.50678亿吨鸡蛋、

---

① 1996年世界食物大会（WFS）签署的《世界食物安全罗马宣言和行动计划》（*Rome Declaration on World Security and Plan of Action*）将"食物安全"定义为："任何人在任何时候都能得到食物，并且在数量、质量和种类上都保证充分营养，在既定的文化中能被接受。"

4. 84895 亿吨牛奶、1. 22139 亿吨水产品。①

第二，支持工业发展。一是为发展工业积累建设资金。一个国家要从农业社会进入工业化社会，就要大力发展工业。工业相对农业来说是资金密集型产业，需要大量的资金投入。如果在发展工业的初级阶段没有外部资金的支持，工业是不可能发展起来的。发展工业的原始资金只有依靠农业。就以中国为例，据官方统计，从 20 世纪 50 年代到 1978 年，我国农业部门为国家工业化提供的全部资金为 6058 亿元。② 我国正是通过农业部门资金支持建立了比较完整的工业体系。二是为轻工业的发展提供了丰富的原材料。农业为轻工业发展提供丰富的原材料主要表现在如下方面：为服装工业提供棉花、蚕丝、麻、兽皮、树皮；为食品工业提供生产饼干、酒的各种粮食，提供生产软饮料和果脯的水果；为糖业提供甜菜、甘蔗、粮食；为医药工业提供药材；为造纸工业提供植物原材料；为橡胶工业提供胶汁；为家具业和建筑业提供木材。总之，没有农业提供的原材料，轻工业难以运行。比如，湖南在"八五"计划期间，70% 以上的轻纺工业原料和利润都来自农业和以农产品为原料的加工业；在 20 世纪 80年代的苏联，也有 52% 的农产品成为工业加工的原材料。

第三，为国家提供财源。在农业社会，其他产业没有得到充分发展，农业成为国民经济的主要部门。中国古代社会，由于以农为本，其他行业如采盐、开矿、商业都不发达，每代朝廷都是把农业作为主要的财政来源。如唐朝德宗年间来自农业的"岁敛钱 2500 余万缗，米 400 万斛，以供外；钱 950 余万缗，米 1600 余万斛，以供京师"。北宋至道末年，来自农业税收总计 78903000 贯。元朝中统年间来自农业的"丝 712171 斤，钞56158 锭"；到泰定初年"天下岁入粮数，总计 12114700 石"。明朝弘治年间，"官民田总 6228000 公顷。夏税，米麦 4625000 余石，钞 56300 余

---

① 数据来自 2001 年出版的《中国农村统计年鉴》。

② 不过杜润生对 6000 多亿元的计算持怀疑态度，说算低了，因为当时市场价格定得较低，算来恐怕有 1 万多亿元。

锭，绢 22000 余匹；秋粮，米 22166000 余石，钞 21900 余锭"。清朝来自农业的"总计全国赋额，其可稽考：顺治季年，岁征银 21500000 余两，粮 6400000 余万石；康熙中，岁征粮 24400000 余两，粮 4300000 余万石；雍正初，岁征银 26300000 余两，粮 4700000 余万石；高宗末年，岁证银 29900000 余两，粮 8300000 余万石"。① 整个封建社会，农业成为支撑国家和王室家族运转的财政保障。新中国从农业获得财政收入的途径主要有收取征购粮、征收各种农业税②和实行工农业价格剪刀差政策。仅从工农业产品价格剪刀差政策从农业获得的财政收入一项来说，"国家从 1949 年至 1978 年在农产品价格剪刀差形成的隐蔽的农民总贡献在 6000 亿元以上"。③

三　社区土地保障的发展范型

农业具有公益性、公共性、正外部性以及对国家和社会发展具有特殊作用，决定着政府、社区、农户都非常关注土地的谋生功能和生活保障功能。在利用土地发展农业问题上，政府、社区、农户都力所能及地实施了发展措施。

（一）政府建立"耕者有其田"的土地制度

在农村社区实施土地保障，首先政府要保证以地为生者的农民拥有土地。因为耕田的人没有田，就无法做到以地为生。因此，建立"耕者

---

① 关于唐、宋、元、明、清的有关来自农业的财政收入分别见《新唐书卷第 52 卷·食货二》《宋史第 174 卷·食货上二》《元史第 93 卷·食货一》《明史第 82 卷·食货六》《清史稿第 121 卷·食货二》。

② 由于历史上农民的收入都是以农产品的产量来加以衡量的，所以，在我们国家建立征收制度的时候，就将农业税列为所得税。只要在农业上有农作物产量，农民就可以获得收入，就要缴税。农业各税包括耕地占用税、农林特产税（1994 年改为农业产品税）、农业税、牧业税和契税。

③ 舟莲村：《谈农民的不平等地位》，《社会》1990 年第 1 期。

有其田"的土地制度是实施土地保障的前置条件。其实，对于土地保障而言，土地制度比农业技术更为根本。在古代社会的早期，国家统治者采用分田、授田办法实现"耕者有其田"；中期以后，国家统治者打击土地兼并，实行"均田"制度，让农户拥有土地。我国新民主主义革命实践证明，武装革命与土地革命结合是动员广大受剥削、受压迫的无地农民参加革命的有效机制，说明农民非常看重土地。新中国成立之后，尤其是完成农村社会主义改造之后，推行农业集体化运动，将土地与农民分隔开来，取消农民对耕种土地的直接支配的权利，结果出现消极怠工、出工不出力的劳动积极性不足、劳动效率不高的现象，导致土地产出和劳动收获无法养活农业人口。20 世纪 80 年代，我国实行土地家庭联产承包责任制，在人民公社时期建立的"三级所有、队为基础"的土地经营制度被农户分散经营的家庭联产承包责任制取代，在较短的时间内就确立了土地的家庭农场制经营方式，给予亿万中国农民土地承包权、土地经营权，让农民直接与土地结合，形成了土地的居住经营模式，农民可以直接支配土地经营活动。在新的土地制度下，农户交足国家的，剩下的都是自己的，充分掌握了农产品的剩余所有权，使农民真正成为土地的主人，调动了农民的生产积极性，真正建立起"耕者有其田"的土地制度。近些年来，为了治理农村土地撂荒、土地闲置现象，提高土地的利用率和产出效率，推行农村土地流转制度，完善"耕者有其田"的土地经营机制，改变了土地和农业的经营制度、优化了农村社区土地保障的制度环境，为新时期农业的发展、增强农民土地保障功能，提供了强有力的制度保证。

（二）政府帮助农户降低土地经营成本

引导农民积极采用新技术发展现代农业，需要降低新技术运用成本和土地经营成本、增加农业收益，使土地保障在农村社区发挥强大功能。我国从 20 世纪 90 年代改革了农产品的价格体制和农业生产要素的流通体制；从 21 世纪初开始取消农业税、实行农业补贴政策。

我国政府从 20 世纪 80 年代开始对农产品的价格体制和农业生产要素的流通体制进行了以市场化为取向的变革。改革初期，政府提高了农产品的收购价格，消除通过工农产品"价格剪刀差"给农业发展带来的负面效应，提高了农民的农业生产积极性。与此同时，国家逐步放开了对农药、化肥等主要生产资料的政府管制，农业生产要素市场空前活跃，农民在增产增收的激励下也纷纷将现代型农业生产要素用于土地的生产经营。在政府扶持与市场激励的双重效应下，农户经济在 20 世纪 80 年代中期获得了相当大的发展，农民的收入不断增多，农村社会出现了欣欣向荣的局面。[1]

在自然经济时代，农户经营土地和农业，目的是满足家庭生活消费需要，家庭生活消费需要多少就生产多少。这是农业经营供需达到高度均衡的小农经济模式。但是，现代社会是市场经济社会，农户经营土地和农业，必须走商品经济模式，参与市场竞争，除要面对自然风险之外，还会面对市场风险。必须采用新技术、新手段、新策略，降低生产成本、生产出价廉物美的农产品，才能不断增加经营收入。农户难以应对大市场，需要政府和国家帮助他们降低土地经营成本、增加农业生产收入。降低土地经营成本的途径就是取消农业税，增加农户农业收入的途径就是对农业经营进行必要的补贴。

我国之所以要取消农业税，一是因为农业属于弱势产业，取消农业税可以直接减轻农户负担，提高农户的农业生产的盈利水平，扭转农业劳力结构恶化态势，稳定农业职业群体、巩固农业基础地位。二是为了提高农户参与市场竞争的能力。我国于 2001 年加入 WTO，在世贸组织成员内，各主要农产品生产国，不仅不向农民征税，而且给农户大量补贴，增强农产品在国际市场竞争力。我国农户的农产品生产成本本来较大，征收农业税无形中又提高了农民的生产成本。取消农业税，可直接降低农户的生产

---

① 赵晓峰：《舒尔茨的农业经济思想及其对中国的适用性》，三农中国网，2007 年 6 月 27 日。

成本，提高我国农产品在国际市场上的竞争力。三是为了缩小城乡收入差距，早日实现城乡居民共同富裕。自 1996 年建立市场经济体制以来，城市居民人均收入是农村居民的 2 倍多，要实现城乡居民共同富裕，就必须让农民群体富裕起来。为此，要取消农业税，甚至对农业生产进行补贴、加大农业生产基础设施建设。四是向西方国家学习。根据西方经济发达国家的经验，当工业产值超过农业产值时，国家应将"以农补工"税收政策改为"以工补农"税收政策。1990 年，我国工业总产值超过农业总产值 58%；1995 年，我国工业总产值超过农业总产值 66%；2004 年，全国农业税收入 232 亿元，占全国财政收入不到 1%。

2000 年，农村税费改革试点在安徽开始，随后试点范围逐步扩大。2005 年 12 月 29 日，第十届全国人大常委会召开第十九次会议，会上决定，自 2006 年 1 月 1 日起废止《农业税条例》。2006 年，中央一号文件规定在全国范围内全面取消农业税（包括农业税、屠宰税、牧业税、农林特产税）。从此，中国农民彻底告别"皇粮国税"，在中国实行 2600 年、在新中国实行 47 年的农业税制度消失，[①] 中国的农业税终于摆脱了"黄宗羲定律"怪圈。[②] 财政部表示，全面取消农业税后，农民负担将大幅度减轻，与农村税费改革前的 1999 年相比，农民每年减负总额将超过 1000 亿元，人均减负 120 元左右。取消农业税调动了亿万农民经营土地和发展农业的积极性，又促进了农业发展，增加了农民收入，增强了农村社区土地保障的实际功能。[③]

---

① 1958 年 6 月通过的《中华人民共和国农业税条例》规定，全国农业税的平均税率为常年产量的 15.5%。至此，新中国农业税费制度诞生。公开资料显示，从新中国成立初期的 1950 年，农业税占全国财政收入的 41%；到 2004 年，全国农业税收入 232 亿元，占全国财政收入不到 1%；而到 2005 年，全国农业税收入减少到 15 亿元。

② "黄宗羲定律"指中国历史上每次税费改革，因当时社会政治环境的局限性，农民的税收负担在下降一段时间后又涨到一个比改革前更高的水平。明清思想家黄宗羲称之为"积累莫返之害"。清华大学秦晖教授将黄宗羲的这个看法称为"黄宗羲定律"。

③ 正因为全面取消农业税，意义重大，国家邮政局于 2006 年 2 月 22 日发行了一张面值为 80 分的、命名为"全面取消农业税"的纪念邮票，以示庆祝从 2006 年 1 月 1 日起废止《农业税条例》。

为了降低农户农业生产成本、农户农业经营收入、提高农业生产机械化水平，保障国家粮食安全和促进农业持续发展，国家在取消农业税的同时，实施农业补贴政策，通过财政转移支付手段，对农业生产活动进行补贴。包括农业生产资料综合补贴、种粮直接补贴、农作物良种补贴和农机购置补贴四项。2002年，国家在安徽来安、天长，吉林东丰进行种粮直接补贴政策试点，随后，于2004年在除青海、西藏外的大陆29个省份推广，并于2006年在全国范围内实行。2002年，国家在内蒙古和东北三省进行农作物良种补贴政策试点，先是对高油大豆进行补贴，之后扩大到高油大豆、玉米、油菜、小麦、棉花等10余个农作物品种。2004年，国家实施农机购置补贴政策，地方财政部门将中央财政和地方财政农机购置补贴款发到农机具经销商手中，农户通过农机购买申请后，只需支付扣除补贴款后由自己承担的部分金额。2006年，国家实施农业生产资料综合补贴，主要是对农户在农业生产活动中所投入的薄膜、柴油、化肥等生产资料进行补贴。补贴方式与种粮直接补贴方式相同，将补贴款一次性全部发放给农户。农业补贴是国家对农业生产的支持与保护政策，给农民带来了较大的实惠，与取消农业税一道，使农村社区土地保障产生了实际效果。

（三）农户提高农业生产市场竞争能力

农业经营户采取发展家庭农场和组建专业合作社的办法，提高市场竞争能力。

1. 开办家庭农场

家庭农场是农村种养大户的升级版，是以家庭为生产单位，从事农业规模化、集约化、商品化经营的新型农业经营主体。这是农户参与市场竞争、应对农产品市场的主要策略，也是农户发展农业经济的主要方向。2008年，党的十七届三中全会报告首次提出家庭农场是农业规模经营的主体。2013年，《中共中央、国务院关于加快发展现代农业进一步增强农村发展活力的若干意见》提出发展新型规模化农村经营主体的总体要求，并通过土地流转制度的创新为发展新型规模化农村经营主体提供制度保障。据相关媒体报道，截至 2016 年底，全国已有各类家庭农场 87.7 万家，其中，经农业部门认定的达到 41.4 万户，平均每个种植业家庭农场经营耕地 170 多亩。[①] 各类家庭农场年销售农产品总值 1481.9 亿元，平均每个家庭农场 33.3 万元。其中，年销售总值在 10 万元以下的家庭农场 15.4 万个，占家庭农场总数的 34.6%；10 万~50 万元的占 44.5%，50 万~100 万元的占 14.4%、100 万元以上的占 6.5%。各类家庭农场购买农业生产投入品总值 660.2 亿元，平均每个家庭农场 14.8 万元。平均每个家庭农场毛收益约 18.5 万元。[②] 农户兴办家庭农场的目的就是扩大生产规模，办好家庭农场主要是通过合理配置土地、劳动力、资本、技术、管理等生产要素，达到实现劳动效益、技术效益和经济效益的最佳结合；通过适度扩大经营规模，降低生产成本，提高劳动效率，在产品市场上获得竞争优势，增加经营收入。

2. 组建专业合作社

农民组建的专业合作社是以家庭承包经营为基础，通过提供农产品的生产、加工、贮藏、销售、运输以及与农业生产经营技术、信息等服务，来实现成员互助目的的农业经济组织。2006 年 10 月，全国人民代表大会常务委员会通过《中华人民共和国农民专业合作社法》，2017 年 12 月进行了修正，并于 2018 年 7 月 1 日正式实施。该法是农民组建专业合作社和加入专业合作社的法律依据。农民专业合作社一般由同类农产品的生产经营者或者同类农业生产经营服务的提供者、利用者，自愿联合，进行民主管理。目前，全国各地农村社区，既有养殖类专业合作社，又有种植类专业合作社。每种农民专业合作社都有组织章程、组织结构，成员享有一定权利，同时负有一定责任。就我国农民专业合作社的运行情况来看，农

---

① 龙新：《2016 年我国新型农业经营主体总量达 280 万个》，中国产业经济信息网，http：//www. cinic. org. cn/index. php? m = content&c = index&a = show&catid = 38&id = 386909。

② 《2016 年家庭农场发展情况是怎样的?》中国网，http：//guoqing. china. com. cn/zhuanti/2018 - 04/23/content_ 50953219. htm。

村的农民专业合作社将原来由农户家庭独自开展的购买生产资料、生产、加工、贮藏、销售、运输环节，改为统一的合作经营，按照统一的技术要求和市场信息进行生产；统一进行加工、贮藏、运输，按统一的价格购买生产资料和进行销售。由此杜绝乡内或村内同业、同产品的恶性竞争，实行"一村一品"或"一乡一品"生产经营，节约生产经营成本，塑造本土品牌，提高产品质量，开辟市场，由此获得更大发展空间。据相关媒体报道，截至 2017 年 8 月底，全国农民专业合作社数量有 193.3 万家，平均每个村有 3 家合作社，入社农户超过 1 亿户，占全国农户的 46.8%，超过半数的合作社提供产加销一体化服务，服务总值 11044 亿元。而且，通过共同出资、共创品牌、共享利益等方式，组建联合社 7200 多家。其合作水平显著提升，开始向三次产业融合、多种功能拓展，向生产、供销、信用业务综合合作演变。[①] 现在的农民专业合作社还在带动农户发家致富、脱贫攻坚等方面发挥了较大作用。

（四）政府实施耕地保护措施

耕地保护指政府运用法律、行政、经济、技术等手段，对全国耕地的数量和质量进行保护的行为。保护耕地是实施土地保障的前提条件。

我国是一个缺乏耕地资源的国家，国土面积达 960 万平方公里，但山地、高原、丘陵占了 65%，有 55% 的地域不适宜生产。截至 2003 年底，全国实有耕地面积 18.51 亿亩，人均耕地面积只有 1.43 亩，仅为全球人均耕地面积（5.5 亩）的 26%；在全世界 26 个人口超过 5000 万的国家中，人均耕地面积为倒数第三。在全国 1500 多个县级行政区中，有 600 多个县人均耕地面积低于联合国粮农组织规定的 0.8 亩警戒线。[②] 我国耕地减少是违法、违规批地、随意占用耕地造成的。大量占用耕地，不仅威

---

① 董峻、洪伟杰：《全国农民专业合作社数量达 193 万多家》，新华网，http://www.
　　xinhuanet.com/2017 - 09/04/c_ 129695890.htm。

② 潘蜀健：《关于中国耕地资源的思考》，《南方》2004 年第 5 期。

胁着粮食安全，影响社会经济的健康发展，而且严重损害农民利益，破坏农村土地保障。如浙江省 1999 年至 2001 年征用耕地 57.7 万亩，造成了 87.8 万人失业，平均每征用一亩地，就有 1.5 名农民失业，[①] 使失地农民丧失了土地保障条件。

　　为了有效遏制耕地资源的流失，国家出台了一系列治理整顿措施。一是规范商业性用地出让方式。2002 年 7 月 1 日国家出台并实施《招标拍卖挂牌出让国有土地使用权规定》，该政策规定商业性用地必须以招标、拍卖或者挂牌方式出让。二是严格控制土地供应总量。2003 年 2 月，国土资源部发布《紧急调控土地市场的通知》，要对各类用地均进行统一计划、统一供应、统一管理；清理各类园区；控制住宅和写字楼用地供应量和停止别墅类用地供应。接着，国土资源部颁布《进一步治理整顿土地市场秩序工作方案》，重点整顿各类园区、非法圈占集体土地、违法违规交易、土地管理松弛等问题。2003 年，国务院办公厅先后发布《关于暂停审批各类开发区的通知》《关于清理整顿各类开发区，加强用地管理的通知》《关于加大工作力度，进一步治理整顿土地市场秩序的紧急通知》，治理整顿土地市场秩序。2003 年，开展全国清查行动，共查处土地违法事件 13.83 万件。三是实行土地垂直管理体制。2003 年，为了遏制地方政府空前膨胀的土地寻租行为，中央政府决定在全国省以下实行土地垂直管理体制。四是开展基本农田保护检查活动。2004 年 2 月，国土资源部和农业部联合进行为期一年的基本农田保护现状的检查活动。包括基本农田保护基础性工作落实情况、基本农田利用和变化情况及基本农田保护制度建立与执行情况等。五是建立耕地保护责任目标考核制度。2005 年，国务院办公厅下发《省级政府耕地保护责任目标考核办法》，该办法规定，各省、自治区、直辖市人民政府对本行政区域内的耕地保有量和基本农田保护面积负责，省长、主席、市长为第一责任人。同时规定，从 2006 年起，每五年为一个规划期，在每个规划期的期中和期末，国务院

---

　　① 潘蜀健：《关于中国耕地资源的思考》，《南方》2004 年第 5 期。

对各省、自治区、直辖市各考核一次。六是实施土地整治行动。2012 年，国务院批准实施《全国土地整治规划（2011～2015）》，提出土地整治目标：高标准基本农田建设成效显著，补充耕地任务全面落实，农村建设用地整治规范有序推进，城镇工矿建设用地整治取得重要进展，土地复垦明显加快，土地整治保障体系更加完善。规划期内建设旱涝保收高标准基本农田 4 亿亩，经整治的基本农田质量平均提高 1 个等级，补充耕地 2400 万亩，确保全国耕地保有量保持在 18.18 亿亩，粮食亩产能力增加 100 公斤以上，整治农村建设用地 450 万亩。经过 10 多年的耕地保护行动，我国的耕地得到较好的保护，为广大农民利用土地发展农业生产、增强生活保障能力提供了基本的物质条件。

（五）建立土地流转与征收制度

土地流转是农村拥有土地承包经营权的农户将土地经营权转让给其他农户或经济组织的行为。土地流转之所以发生，是因为近些年农村出现让渡土地经营权和购进土地经营权的供求关系。让渡土地经营权的农户，一般是农村外出务工者、经营非农产业者；购进土地经营权的人，一般是农村的专业户、家庭农场、产业园区。土地经营权的买卖行为，对于出让者而言，可以获得一笔可观的转让收入；对于购进者而言，获得扩大经营所需要的大片土地，为创造更多经营收入奠定了基础。对国家而言，解决了土地闲置问题，提高了土地使用效率。所以，政府也是顺势而为，为土地使用权的买卖创造政策环境。2004 年，国务院颁布《关于深化改革严格土地管理的决定》，指出"农民集体所有建设用地使用权可以依法流转"。同时，在广东、浙江、江苏、上海、安徽、天津等地进行农村建设用地使用权流转试验。2005 年 1 月 7 日，农业部审议通过《中华人民共和国农村土地承包经营权流转管理办法》，并决定从 2005 年 3 月 1 日实行。该办法全面规范了农村土地使用权买卖行为，较好地促进了农村土地使用权的交易。截至 2007 年末，全国农村土地承包经营权流转总面积达 6372 万亩，比 2006 年增长 14.8%。特别是 2008 年以来，土地承包经营权流转明

显加快，截至 2008 年 8 月底统计，全国土地承包经营权流转面积达到
1.06 亿亩，比上年增长 66%，比 2007 年提高 3.5 个百分点。①

为了进一步推动农村土地使用权交易，2014 年，中共中央办公厅、
国务院办公厅印发了《关于引导农村土地经营权有序流转发展农业适度
规模经营的意见》，并发出通知，要求各地区各部门结合实际认真贯彻执
行。意见要求五年内完成承包经营权确权，为发展农村土地流转创造条
件。现在我国农村社区在土地流转方面发明了一些交易方式。①土地互
换，即农户为方便耕种和各自的需要，对各自土地的承包经营权进行的简
单交换，以便进行规模化、产业化、集约化经营。②土地出租，即农户将
自己的承包土地经营权出租给大户、业主或企业法人等承租方，出租的期
限和租金支付方式由双方自行约定，承租方获得一定期限的土地经营权，
出租方按年度以实物或货币的形式获得土地经营权租金。③土地入股，即
在承包户自愿的基础上，将承包土地经营权作价入股，建立股份公司，农
户凭借土地承包权拥有公司股份，享受按股分红。④宅基地换住房、承包
地换社保，即农民放弃农村宅基地，宅基地被置换为城市发展用地，农民
在城里获得一套住房；农民放弃农村土地承包经营权，享受城市社保。
⑤股份合作，即按照"群众自愿、土地入股、集约经营、收益分红、利
益保障"的原则，引导农户以土地经营权为股份，共同组建合作社，并
按土地保底和效益分红的方式进行年度分配，一般是先支付社员土地保底
收益，留足公积公益金、风险金，然后，按股进行二次分红。这些土地使
用权交易方式极大地提高了农村土地使用效率，使土地发挥更大的生活保
障效能。

对于农地征收方面，也建立了相应的补偿制度。农村土地征收是国家
因公共利益的需要，根据法律规定的权限和程序，通过政府对农村集体所
有土地进行强制有偿征收的行为。《中华人民共和国土地管理法》规定，

---

① 《2017～2018 年土地流转发展现状分析和发展趋势预测》，https：//www.tuliu.com/read -
70550.html。

国家为了公共利益的需要，可以依法对集体所有土地实行征收或者征用。自己承包的土地被政府或商家永久征收的农户称为失地农民。为了解决失地农民的生活保障问题，就必须给予失地农民一定经济补偿，这叫作失地补偿。如何补偿，学界有研究。如何传新提出要从保险、就业、创业、培训、补偿等途径解决失地农民后续生活保障问题，建立由保障对象、保障形式、资金筹措、资金管理等要素构成的失地农民基本生活保障制度。①王继宽主张通过制定合理的补偿和增收机制、构建再就业机制、完善社会保障机制等方案解决失地农民的长远生计问题。②谢明家认为工业化、城镇化以及土地流转制度的实施是造成失地农民生活保障问题的宏观原因，主张通过坚持以"土地换保障"的原则、建立健全土地补偿机制、实现城乡社会保险全覆盖和建立健全就业服务体系等措施来解决失地农民后续生活保障问题。③《宪法》第10条规定：国家为了公共利益的需要，可以依照法律规定对土地实行征收或者征用并予以补偿。《中华人民共和国土地管理法》对征地补偿做了明文规定：土地征收的补偿费用分为土地补偿费、安置补助费以及青苗的补偿费。土地征收的土地补偿费，为该耕地被征收前三年平均年产值的六至十倍。土地征收的安置补助费，按照需要安置的农业人口数计算。需要安置的农业人口数，按照被征收的耕地数量除以征地前被征收单位平均每人占有耕地的数量计算。每一个需要安置的农业人口的安置补助费标准，为该耕地被征收前三年平均年产值的四至六倍。但是，每公顷被征收耕地的安置补助费，最高不得超过被征收前三年平均年产值的十五倍。青苗补偿费标准是对刚刚播种的农作物，按季产值的1/3补偿工本费；对于成长期的农作物，最高按一季度产值补偿；对于粮食、油料和蔬菜青苗，能得到收获的，不予补偿；对于多年生的经济林

① 何传新：《泰安新城区失地农民基本生活保障问题及就业途径的探讨》，自主创新与持续增长第十一届中国科协年会论文集，2009年9月。

② 王继宽：《失地农民"可持续生计"问题系统性解决方案探析》，《湖南科技学院学报》2012年第5期。

③ 谢明家：《东北失地农民生活保障现状及对策研究》，《北方经贸》2017年第7期。

木，要尽量移植，由用地单位付给移植费；如不能移植必须砍伐的，由用地单位按实际价值补偿。这些规定一定程度上保证失地农民得到一定的经济补偿，为失地农民的生活提供一定资金。

四　社区土地保障之不足与促进策略

虽然土地保障是人类实践历程最长的生计保障模式，虽然当今中国农村社区在开展土地保障活动、在利用土地发展农业方面，取得很多经验和成就，但是，我国发展土地保障和利用土地经营农业领域，还存在诸多不足。

（一）现行农村土地保障模式之不足

1. 农业人力资本投资不足

新中国成立以后，我国选择依靠工业化发展模式，不仅将经济发展的重点放在工业上，而且以农业支持工业。1953 年，国家确立重工业优先发展战略。国家推行农业合作化改造和人民公社化制度，通过严格的户籍制度和限制流通的强制性粮食统购统销政策，从农村大量提取有限的农业剩余用于城市工业发展。这种战略安排，客观上帮助中国在 1970 年代末期建立了比较完整的国民经济体系，也的确使国家的工业发展实现了比较高的增长，但人民的生活并没有太多改善。在 20 世纪五六十年代，农民的生活水平较低，到 70 年代末，农业发展仍然落后，不少农民生活在温饱线下。分析其致因，影响因素不少，如长期征收农业税、执行工农业价格剪刀差政策、分配的征购粮指标过高、农业生产性公共设施投入不足、农业天生具有弱质性、农业抵御自然风险和市场风险能力较低、农业生产方式落后，等等。但关键因素是农民没有接受技能培训的机会和接受教育的机会很少，导致利用土地谋生的能力较差。按照美国经济学家舒尔茨的观点，人力资本是农业增长的主要动力。舒尔茨认为，资本不仅包括作为生产资料的物，而且包括作为劳动力的人。农业引进新的生产要素，就要引进有现代科学知识的劳动者，需要农业劳动者具有运用现代科学知识的能力。这需要对农业人力资本进行投资。但是，长期以来政府对农业人力资本投资不足。不仅没有从提高土地保障水平的角度，加大农村基础教育，培育好新生的农业劳动大军，也缺乏对现有的农业劳动力进行技能培训，导致绝大多数农民长期以勤奋、蛮力、经验从事农业生产，在长期的农业经营中，整个农村社区的农业生产技术状态、持有和获得作为收入流来源的农业要素的偏好长期保持不变，农业生产要素的生产者与供应者长期处于均衡状态，农民使用现代农业科技的动机不足、能力低下、效果较差，知识、技术、先进工具在农业增长中所发挥的作用比较少。农业生产方式长期没有变化，基本维持简单再生产的、长期停滞的小农经济。我国多数农民以土地保障生活、以农为生，需要加大农业人力资本投资力度。

2. 农户农业内卷化经营现象比较严重

"内卷化"是美国人类文化学家利福德·盖尔茨在《农业内卷化》（*Agricultural Involution*）一书中提出的概念，指一种社会或文化模式在某一发展阶段达到一种确定的形式后，便停滞不前，长期停留在一种简单重复、没有进步的轮回状态和无法转化为另一种高级模式的现象。黄宗智在《长江三角洲小农家庭与乡村发展》中，把"内卷化"这一概念用于中国农业经济发展与农村社会变迁的研究，认为小农经济，如家庭农场，既是生产单位又是消费单位，其生产是为了满足消费而不是为了利润。由此导致农户在劳力报酬少于劳力生存所需的情况下仍旧投入劳力的经营行为。他把中国农户在有限的土地上投入大量的劳动力以此获得总产量增长的边际效益递减的农业经营方式，称为农业内卷化经营现象。内卷化经营属于没有发展的增长现象。我国许多农村社区的农户经营都呈现内卷化经营的某些特征。村集体土地分配给每家承包户，必然会造成家庭经营的耕地不足，农户就无法通过规模经营增加总产量，只能通过精耕细作、复种轮作、多投入劳动时间等办法增加产量。一些农民为了在有限的耕地上增加产量，一年四季，三百六十五天，天天在地里劳作，甚至披星戴月地干，根本没考虑劳动的边际效率，往往在边际效率为零的情况下，从事劳作。

正是我国农村社区的土地资源匮乏、消耗性使用引起的土地疲劳、低技术的劳动密集、精耕细作、低廉的农产品销售价格，造成了农户生产的内卷化。

3. 农产品价格严重扭曲

在商品经济模式下，商品价格直接决定劳动者收益状况。1986 年后，我国大宗农产品已经自给有余，可是，农户的农产品就是卖不上价格，农民增产不增收。这标志着我国农业进入价格体系建设阶段。否则，农村的土地保障是无效的。事实上，从 20 世纪 80 年代末直至 21 世纪的今天，各地政府没有对农产品市场价格体系建设问题引起足够的重视，一些地方仍然存在农民种粮赚不到钱的现象。案例 8 - 2 就是因农产品价格体系存在问题，农户种粮没有赚到钱的典型案例。

案例 8 - 2　黑龙江省五常市民乐乡农户种植的有机水稻价格低廉

黑龙江省五常市有机水稻生产，稻农与加工企业获利悬殊。五常有机大米，中等包装的大米，四五十元一斤；精包装的大米超过百元；抗氧化大米，每斤 199 元。但稻农种出的水稻，卖给当地大米加工企业，每斤不到 2 元。

五常市民乐乡稻农张宏雷说，种 20 亩有机稻的总成本超过 2.2 万元，总产量 2.5 万斤，按高价 2.0 元一斤出售，共收入 5 万元。去掉种植成本，一家人忙活一年种这么多粮食也得不到 3 万元。稻农反映，许多大米加工企业低价把自己种植的水稻收去，一加工就卖十元甚至几十元一斤。按水稻出米率 60% 计算，如果加工企业大米每市斤卖 50 元的话，水稻价格应该是每市斤 30 元。可是企业收购价平均还不足 2 元，去掉企业加工费、包装费，也得十倍利润。一位大米加工企业经营总监无意中透露，除了水稻收购价，还有收储、烘干、水电、设备折旧以及销售等费用，这些加工、流通成本每吨在 150～200 元。据此推算每市斤大米的加工成本仅为 0.2 元左右。五常市绿色食品办公室主任姜大伟说，五常大米贵，主要是水稻种植模式好，大米的加工工艺都差不多。企业包装即使按包装最好的 199 元一斤的大米，包装成本占不到价格的 1/20。加工费稍多一点，也达不到价格的 1/10。由于五常水稻质量好，一些国内外知名米业巨头纷纷在此设厂，不仅国内上市公司北大荒、中粮集团、东方集团等企业在五常收水稻，甚至外资企业益海粮油也来五常市收购水稻。在有关部门注册的经营五常大米的企业多达 222 家，这些企业几乎消化了五常市全部 186 万亩稻田所产的 25 亿斤水稻。按常理，超过 200 多家的加工企业在此争夺稻源，稻农应该待价而沽，但实际情况恰恰相反，水稻根本卖不上价。

五常市安家乡双喜村稻农老李说，他去年和一家公司签了订单，公司承诺如果买其公司的稻种，再把水稻卖给该公司，水稻价格就比市场价每斤高 7 分钱。可秋收时公司却不收粮，稻农用车把粮都送到公司也不让卸，多家公司联起手来"憋稻"，农民哪能卖上高价。民乐乡一位妇女说，与她家签订单的公司本来承诺收了稻就按高于市场价的标准付款，可却迟迟不付款，直到 2011 年 11 月底才通知她家水稻价格，结果每斤稻还比市场价低 1 角钱。部分稻农反映，多数企业不是用高价格和守信用来拴住农民，而是用"非常手段"来控制住稻农与其续约。民乐乡稻农老张说，他家 2010 年跟一家企业签了订单，在卖完稻结账时，按每亩地 100 元钱的标准扣了他家的稻款；如果 2011 年不跟这家企业续约，被扣的稻款就别想要回来了，无奈 2011 年又续了约。

五常水稻产业基本是订单农业，订单水稻占 90% 以上。最开始是为了稳定米源，让农民卖粮不愁，然而，实际运行中，一些粮企把市场风险推给农民，在订单中"做手脚"，而有关部门也没有为农民争取更多权益，致使当地农民粮食根本卖不上高价。[①]

案例 8-2 显示，农业经营分为初级产品生产、初级产品加工、加工产品销售等环节。我国农产品价格在产业链上失衡，价格在每个环节的差

---

① 孙英威、程子龙、管建涛：《大米最贵一斤 199 元，农民不得利，水稻价格一斤不足 2 元》，新华网，2012 年 1 月 2 日。

距较大，严重违背价值规律。要解决农民增收问题，就政府方面来说，需要政府加紧农产品价格体系建设，应进行农户与加工企业、销售公司的利益协调机制建设，要把富民产业、把土地保障的效能释放出来；就农户来说，小农只有组织起来，才能获得农产品议价、定价的权利。

4. 农村社区劳动力结构恶化

由于我国农村地区生产公共设施比较缺乏、农产品物流体系尚未建立起来、农产品市场价格机制尚未形成，农户利用土地创收的能力较弱，多数农户家庭在生活上收不抵支，为了弥补生活开支上的缺口，更是为了解决家庭建房、娶媳妇、送子女上学，2亿多农村剩余劳动力背井离乡，远赴外地打工。外出务工谋生的农民都是优质劳动力。据笔者2016年8月在武陵山区某县某镇就农民跨区流动就业情况进行的调查发现，第一，进城务工的农民都是中青年人，大多是16~35岁的年轻劳动力，占同龄劳动者的76%；留守在家乡务农的年轻人只占同龄劳动力的24%。第二，进城务工的农民都是初高中文化，有初中文化的农民79.41%外流了；有高中文化的农民83.3%外流了；有大专文化的农民100%进城务工了。第三，进城务工的农民多为男性，外流劳动者男性占总流出劳动力的66.67%，外流女性只有33.33%。从年龄结构来看，该镇留守农村的劳动力50%~60%在51岁以上；从文化结构来看，留守农村的劳动力86%是小学文化和文盲；从性别结构来看，留守农村的劳动力60%是妇女。所以，我们进村看到的村民是儿童、老人、妇女、文盲、残疾人。所以，学者戏称现在的农村劳动力结构为"99386154"部队，即由老人、妇女、儿童、残疾人组成的劳动力。显然，这种素质的劳动力结构，难以使土地发挥生活保障功能、担当起发展现代农业的责任。

5. 农地征收补偿制度难以发挥生活保障功能

第一，现行政府征地补偿原则是"耕地产值原则"，其补偿标准是"耕地被征收前三年平均年产值的六至十倍"。看似合理，实则难以达到保障失地农民生活的效果。这种征地补偿原则，不仅没有考虑到土地的增值和溢价收益，更没有考虑到克服失地农民养老替代率风险和土地的生活保障价值，难以满足失地农民对未来生活的基本需求和解决失地农民的生活保障问题。因为失地农民的养老保险、合作医疗保险、土地经营收益等都是依附于所承包的耕地，而现行征地补偿标准只以年收益的固定倍数为限，没有充分考虑失地农民的生活保障。征收农民承包土地就等于抽走了农民追求美好生活的土地资本，使其失去不断提高生活保障水平的物质手段。研究表明，失地农民生活水平较征地前提高的不到 10%，而失去收入来源、生活水平降低的占到 60%。① 第二，现行土地征收补偿标准相对较低。新版《土地管理法》规定：征收耕地的土地补偿费为该耕地被征收前三年平均年产值的六至十倍。这个补偿标准虽然考虑了土地的经济价值和"当期收益"，但没有考虑到土地的外部价值和土地对于农民的生活保障价值，更没有考虑到土地的"长期收益"和土地的级差地租。实际上，按照"当期收益"的征收方式只对买者有利。无视土地增值、溢价、保障价值及养老替代率风险等因素，严重损害了土地承包与经营权出让者的利益。按此标准，1 公顷土地的补偿款只有 10 万元左右，根本无法补偿失地农民的生计，更谈不上克服失地农民的养老替代率风险。第三，现行安置补偿费计算不合理。农民土地被征收意味着农民失去稳定的生活来源。在市场经济环境里，政府解决失地农民就业问题难度较大，只能选择发放安置补助费的方式进行处理。政府的这种理性选择虽然无可厚非，但安置补助费的计算存在不当之处。一是没有按被征家庭人数计算安置补助费。《土地管理法》第四十七条规定，计算享受安置补助费的人数，"按照被征收的耕地数量除以征地前被征收单位平均每人占有耕地的数量计算"。在农民被征耕地数和村总耕地数固定不变的情况下，被征耕地的行政村人口数越多，享受征地安置补助的人口数就多；被征耕地的行政村人口数越少，享受征地安置补助的人口数就少。这种不按家庭耕地面积和家庭人口数的安置补偿费计算方式明显不合理，因为耕地一经承包 30 年不变，但是家庭成员结婚生子后的新添人口没法分到承包耕地。人多地少的

---

① 吴玲：《我国征地制度的制度悖论与创新路径》，《宏观经济研究》2005 年第 10 期。

家庭耕地被征收后得到的安置补偿相对较少，这类家庭的生活压力无疑会增大。二是没有按被征耕地的生活保障价值确定安置补助费标准。《土地管理法》规定，"被征耕地的安置补助费最高不得超过被征收前三年平均年产值的十五倍。如果支付土地补偿费和安置补助费，尚不能使需要安置的农民保持原有生活水平的，经省（区、市）人民政府批准，可以增加安置补助费。但土地补偿费和安置补助费的总和不得超过土地被征收前三年平均年产值的三十倍"。这种按被征耕地的当期产值确定安置补助费标准的做法显然不尽合理。因为农户主要靠承包土地为生，即使按承包地当期产值的十五倍或三十倍计算安置补助费，仍难以满足被征家庭的长期生活费用。而且征地安置补助费的计算规定，并没有明示是否考虑了物价上涨因素。因此，仅按被征耕地当期产值计算安置补助标准不太合理。第四，部分失地农民的征收补偿不到位。依据《土地管理法》及其实施条例，土地所有权属于集体，承包户只有承包权和经营权，土地征收补偿费归农村集体经济组织所有。也就是说从承包户手里征收耕地后，征地补偿费一般直接拨付给村集体经济组织，被征农户不能直接获得征地补偿费。被征地的农村集体经济组织应当将征地补偿费主要用于对失地农民的补偿，并将征收土地的补偿费用的收支情况向本集体经济组织成员公布，接受监督。严禁侵占、挪用被征收土地单位的征地补偿费用和其他有关费用。但一些地方的村集体经济组织往往违反专款专用的财务管理原则，没有将征地补偿费用于对失地农民的补偿，而是用来支付业务招待费、村干部工资、办公用房建设费，甚至借给其他单位和个人营利，拖欠被征农户征地补偿款的现象时常发生。如2006年长春市绿园区政府为建设经济技术开发区，强征大营子村无公害菜田180公顷，当时只付安置补助费，直到2013年因村民信访和上级政府督查才得以解决。[①] 如果接受征地补偿费的村集体经济组织不将征地补偿费发给农户，失地农民不仅失去当期生活消费资金，还会因无力缴纳农村社会养老保险费和社会医疗保险费而失

---

① 梁士斌：《土地补偿费至今未发给村民》，《法制日报》2015年4月25日。

去后续生活保障资金。

6. 传统农业的弱质性制约土地保障功能发挥

农业对自然环境的高度依赖、农业生产设施化程度很低、农业生产家庭经营、农产品市场定价机制尚未形成、农村的农产品生产者与城市的农产品消费者的分隔等因素，使农业具有弱质性。农业的弱质性严重制约着土地的生活保障功能的发挥。具体表现在六个方面。第一，传统农业抵御自然风险能力较弱，生产中可能会遭遇洪涝、干旱、沙尘暴、病虫害和瘟疫等灾害，造成农业收成的不稳定，甚至颗粒无收，使以土地为生的农户出现危机。第二，传统农业抵抗市场风险能力较弱，农产品需求和消费弹性较小，农产品供过于求，会出现"谷贱伤农"现象，致使农民放弃以地为生的策略，流入非农领域谋生；分散经营的农户对农产品市场供需变化和市场价格变化反应比较迟钝、调整比较困难，甚至束手无策、无能为力，会蒙受较大经济损失，造成以地为生不能满足生活需要现象。第三，农业的劳动时间与生产时间不一致，无法提高单位时间的劳动收益，甚至会出现劳而无功的现象，使土地保障效率低下。第四，农业生产投资回报率低，存在资金周转缓慢、固定资产利用率偏低、投资回收周期较长、资本利润率不高的情形，因而，对逐利资本缺乏足够的吸引力，甚至出现农业资源外流现象，使土地保障缺乏持续性。第五，农产品不能久贮，不能保鲜，短时间内必须售罄，否则，会烂掉，不值一分钱，使一年的或一季的劳动白费了。第六，农户难以获得农业的正外部效益，尤其是农户个人根本无法获得农业生产过程中产生的生态价值和生态收益，使农户损失部分劳动收益。

（二）农村土地保障的促进策略

如上分析我国农村社区土地保障存在的一些不足，政府、社区、农户都应针对性地采取相应的策略，克服我国农村社区土地保障存在的不足。

1. 加大农技推广和技能培训力度

农村社区实施土地保障，就要大力发展农业。从古及今的实践证明，农业是农村家庭利用土地保障生活的最可靠途径和方式。对于绝大多数农户而言，经营土地足以解决家庭温饱问题；对于少数农户而言，经营土地，不仅满足了一家的温饱需要，还发了家、致了富。现在要使土地保障产生发家致富效能、产生提高生活水平和改善生活福利的效能，就需要改造农业的传统经营方式，要引入新的农业生产要素，将传统农业经营方式变成现代农业经营方式。改造传统农业，关键不是扩大经营规模，而是要实现生产要素的均衡。技术变化是改造传统农业所需要的低价的持久收入流来源。如何通过技术变化来改造传统农业，需要从供求的角度来解决。供给是农户引进新技术的关键，政府和农业科学研究院要研究出适合本国条件的生产技术，并通过农技推广机构将其分化出去。从需求角度看，要使农户接受新生产技术，就必须使新生产技术有利可图。这取决于新生产技术的价格和产量。新技术的价格越低，农户越有可能使用新生产技术；新技术带来的产量越大，农户越有可能使用新技术。当然，农户使用新技术要有一定的知识，即要求农户有一定的人力资本。所以，人力资本是农户增收的主要源泉。许多农村社区的经验表明，农民的知识水平和技能与其生产率之间存在正相关。限制农户增加农业收入、提高土地保障效能的关键要素不是缺乏生产形式的资本，而是缺乏采用新技术生产的人力资本。要增加农户农业收入就要进行人力资本投资，包括接受教育、参加培训、掌握卫生健康知识。土地肥沃不一定能生产更多食物；勤俭节约无助于改变贫困状况。为了生产更多农产品，就要使农民掌握使用有关土壤、植物、动物、机械的科学知识。因此，农村社区实施土地保障，就要针对我国农村社区农业人力资本投资不足的问题，加大农技推广和技能培训力度。一要向农民宣讲大力发展农业的重要意义和国家惠农政策，把有文化的青年农民稳定在农村。二要分析发展现代农业的经济效益，帮助青年农民展望开发现代新型农业的美好前景，使他们认识到从事现代农业生产是完全可以发家致富的。三要开展农业发展趋势教育，把先进的农业经营方式、农业科技、农业经济管理、市场经济知识等提高农户经营能力的知识传输给青年农民。四要在农村普及

12 年义务教育，增加未来农村劳动者受教育的年限，提高农村社区教育系数。五要实施农业技术推广、培训、示范措施，提高农业科技入户率，使现在的农民和潜在的农业劳动者具备面对市场的应变能力和对新的生产要素的利用能力。

2. 探索去内卷化经营的机制

农业内卷化是劳动边际效率递减状态下的生产行为，是农户劳动回报极低甚至等于零的生产行为。改变农户的这种经营行为，就要提高劳动生产效率。将农户家庭经营模式改变为企业化经营模式是根本条件。其措施，第一，在村内或乡内进行土地流转，鼓励农户把家庭经营变成家庭农场，或将农户组合起来，利用股份合作机制兴办村集体农场，并按照现代企业管理方式从事农业经营，以此提高农业劳动效率，克服农业内卷化现象。第二，大力发展农产品加工业，并以此为关键组建村集体农业公司，利用产业链的经营机制将农业生产、加工、销售三个环节结合起来，用加工企业的管理措施改变农户内卷化经营行为。第三，充分开发和利用农村社区的土地资源、景观资源、生态资源，大力发展农业旅游产业和乡村生态旅游产业，成立村集体农业旅游公司、乡村生态旅游公司，将土地、景观、生态转变为旅游资源，将农业生产变成旅游项目，使土地经营进入效率管理模式。通过这些措施使农户的农业生产转变为效率农业，增强农村土地的生活保障功能。

3. 建构合理的农产品交易价格体系

加强农产品物流体系的建设，为农产品打开省内、国内交易市场，提供物流条件。推行一村一品、一乡一品、一县一品农户生产模式，以县为单位组建农产品贸易公司，开展农产品国际贸易业务，把农户生产的农产品卖到国际市场上去。打破不义商家对农户交易的操控。深入开展农产品流通体制改革，为农户跨过村级零售商、乡级县级分销商甚至直接与全国性生产厂商合作提供便利，使农户能够分享农产品流通领域的正当利润。兴办农产品批发市场，开拓农村现代流通网络，大力发展"互联网＋"，加速农产品流通现代化。

4. 着力改善农村社区劳动力结构

民工流动负外部性效应属非过错行为，是由社会缺乏合理跨区流动机制和环境造成的。现在要改变其状况，必须由政府出面制定相应措施，制定合理的农民流动政策，才有可能引导农村剩余劳力合理地、正常地流动，改善农村社区劳动力结构。第一，合理组织农村剩余劳动力外流，避免因劳动力过量外流削弱农户生产和农业发展实力，为农业生产保留足够数量的优质劳动力，以健康持续地进行农业生产。第二，采取有力措施引导农村智力回流，即促使有知识和技能的劳动者把知识、技能带回到农村，为此要积极引回三类人：大中专毕业生、部队转业人员，以及伴随各级部门进行的"科技扶贫""三下乡""农村志愿者服务"等活动而暂时流动到农村的各类知识型人才；企业界人士和外出打工者利用外出所学的手艺、技术、经商能力及赚到的资金回乡创业的人才；外出打工增长了见识者。推动农村智力回流显然要从增加农村吸引力、加大外界推力两方面着手，即在大力发展农村社区经济、提高农村自身吸引力的同时，也要通过各种政策、制度的创新来适当加大推力。智力回流是消除农民跨区就业流动负外部效应和改善农村社区劳动力结构的最根本的措施。

5. 增强农地征收补偿制度的生活保障功能

首先，应按照生活保障原则设计征地补偿方案和补偿标准，给失地农民一张生活安全网。按此法操作，才有可能将失地农民家庭的未来生活成本和生活风险纳入失地农民征地补偿计算依据，这样制定出来的补偿方案和计算出来的补偿金额才能消除失地农民的生活保障困难、解决失地农民生活保障上的后顾之忧。按此法操作，才能保证失地农民获得与土地保障等值的补偿金，才能建立起失地农民生活保障的长效机制，才能帮助农民避免"因失去土地而失去生活"的人为风险。按照生活保障原则对失地农民进行土地补偿有将失地农户家庭变成城镇户口或保持农村户口不变这两种补偿方案。将失地农户家庭变成城镇户口，土地补偿须包括失地农民家庭变成城镇户口之前的生活费、落实城镇户口之后的城镇职工社会保险费、失地农民进城求职及其技能培训费、失地农民子女在城市接受教育费用。因为农民承包土地被征收意味着其失去农民身份，政府就应该在落实其家庭城镇户口之前发放足够生活费。落实城镇户口之后，应按城镇自由职业者身份代其缴纳城镇职工社会保险。失地农民在城镇寻找谋生机会，政府须为其发放就职活动费和参加技能培训费，并为其子女提供中小学教育费用。如果失地农民保持农村户口不变，应尽量提供其家庭以下费用：失地农民家庭本代生活费用、子女就学费用、被征耕地上的附着物价值和青苗补偿费。其次，完善现行失地农民安置办法。根据《土地管理法》，征收耕地的补偿费既包括土地补偿费，还包括安置补助费。安置补助费按需要安置的农业人口数计算，每一个需要安置的农业人口的安置补助费标准为该耕地被征收前三年平均年产值的 4～6 倍，但每公顷被征收耕地的安置补助费最高不得超过被征收前三年平均年产值的 15 倍。如果安置补助费不能使需要安置的农民保持原有生活水平，经省、自治区、直辖市人民政府批准，可以增加安置补助费，但安置补助费与土地补偿费的总和不得超过土地被征收前三年平均年产值的 30 倍。显然这些规制没有考虑到失地农民生活保障需求，尤其是对失地农民家庭未来生活及其发展没有顾及，农地生活保障权缺位。同时，在安置上只有货币补偿方面的规定，这难以解决失地农民家庭的生活保障问题。即便按 30 倍的标准发放失地安置补助费，也只能满足失地农民家庭一定时期的生活消费，不能提供长期的生活保障兜底机制。因此，必须进一步改进现行失地农民安置办法。国务院《关于推进社会主义新农村建设的若干意见》明确要求，加快征地制度改革步伐，拓展安置途径，拓宽就业安置渠道，健全对被征地农民的社会保障。鉴此，笔者认为应基于失地农民生活保障，从以下层面创新和完善安置办法。一是将物价上涨率、失地农民未来增加的生活成本、重新就业成本、生活保障成本等因素纳入安置补助范畴，以便保障本代失地农民的未来生活需求。二是将提供失地农民就业岗位设为征地前置条件，要求征地企业安置一定数量的失地农民就业。三是从被征土地增值收益中提取一定比例资金建立失地农民就业安置基金，为失地农民谋生、谋职以及自主创业提供补助。四是实施留地安置政策，即在对失地农民一次性买断补偿的基础上，按征地数量的一定比例从原有征收土地或从其他土地中划出一块，作为村集体和失地农民经营性生产、生活配套用地，由村集体或失地农民经营非农生意。五是实施异地移民安置政策，将失地农民集中安置在移民地区，为其提供生产用地和生活条件。六是为失地农民提供自谋职业及其接受职业技能培训费用。因为失地农民没有耕地可种，就必须另谋职业，政府应该为其提供自谋职业及其接受职业技能培训的费用。最后，保证失地农民分享商用征地增值收益。征收的农村集体土地部分是用于国家工程建设，部分是用于商用开发。前者是基于公共利益征地，失地农民无须分享土地增值收益；后者是满足开发商需要的征地，失地农民则应该分享土地增值收益。当前商用征地的实际操作流程中存在着两级市场，即所有权让渡市场和使用权让渡市场。现行的"买断式"的一次性征地补偿做法，只给予失地农民分享集体土地所有权让渡收益的机会，割断了失地农民分享土地使用权让渡收益的联系，将失地农民排除在商用征地增值收益的分享之外，给失地农民造成巨大经济损失。农村征地一次性买断的做法令失地农民无法分享征地补偿费与市场交易之间的巨大差价收益。从土地被征开始就割断失地农民与承包土地的联系，使之面临新的生计和基本生活保障等问题。所以，要探索如何使失地农民分享到被征土地增值收益的长效机制。我们认为地方政府实施如下让失地农民分享被征商用土地交易增值收益制度：第一，将现行的"买断式"征地补偿规则修改为土地使用权转让补偿与被征土地交易增值收益分享规则，使失地农民获得被征土地增值收益分享权；第二，建立被征土地转手交易信息披露制度，帮助失地农民跟踪每宗被征商用土地交易过程，并及时披露被征商用土地转手交易信息，为失地农民分享被征商用土地交易增值收益提供信息服务；第三，大力推行土地年租制和土地股份制，土地年租制就是土地转让者每年向土地使用者收取土地使用费的土地交易制度。此种土地交易制度产生于房地产交易，用在农地征收补偿领域，能保证失地农民在土地出让期限内年年获得土地收益，为失地农民获得土地交易增值收益打开了一扇大门，为失地农民营造了土地保障回归机制。土地股份制是农户以承包地入股农业龙头企业或农业合作社的土地经营制度。我国的《农村土地承包法》第42条规定，承包方之间为发展农业经济，可以自愿联合将土地承包经营权入股，从事农业合作生产。现将土地股份制移植到农地征收补偿领域，可保证失地农民长期地、持续地、稳定地从转让的土地上获得生活保障收益。目前，广东、江苏、浙江、上海、四川等省市的一些地方政府都终止农村土地征用一次性补偿的做法，推行了土地入股分红制度，将补偿费与安置费或土地使用权作价入股，投入土地开发运营，较好地保障了失地农民的生产生活。①

6.建立用集体力量克服农业弱质性机制

农业弱质性导致农民收入低和以地为生的风险。其可行办法是发展农民专业合作社和设施农业。

建立农民专业合作社能将分散经营的农户组合起来，用群体的力量应对自然风险和市场风险。在规模上，将村级农民专业合作社组合起来，建立乡级农民专业合作联社；将乡级农业专业合作联社组合起来，建立县级农民专业合作联社，直至建立全国农民专业合作总社。在类型上，组建农业保险合作社，以应对农业生产的自然风险，要保证农民的权益，增强农民以地为生的可靠性，就必须建立农业生产的保险机制，在一定意义上，这比粮食直补更加重要和紧迫；组建农产品销售合作社，以增强农产品销售的话语权和议价权，改变农户在销售环节被操控和任人宰割的局面，保证农产品以正常的、合理的价格销售，确保农户得到应有的经营利益，改变农民以牺牲生活水平为代价维持经营的现状；组建农户金融合作社，克服农户缺乏经营资金的困难，加强农户自身对农业生产经营的投资能力，采取措施吸纳农民手中的闲散资金，让农民以自愿入股的形式创建农民金融合作组织。各种合作社应将经营利润的一部分返还给社员，剩余的利润用于扩大再生产。农民合作社都应适应当地农户的要求发展起来，都不以

---

① 谷中原、尹婷：《中国失地农民生活保障问题及其应对——基于征地补偿和安置视角的分析》，《湖南农业大学学报》（社会科学版）2018年第2期。

营利为目的，主要是为农户提供便利的服务。合作社的发展需要社员和合作社工作者共同努力，需要政府的大力支持。政府应设立合作社指导协调机构。一方面向政府反映合作社的要求和建议，另一方面协调政府各部门采取有效的政策和措施，对合作社提供有力的支持和服务。政府对合作社在各方面给予大力支持，尤其在投资、税收上实行优惠政策。

农户发展设施农业是利用现代工业技术装备农业，在可控环境条件下，采用工业化生产方式，实现集成高效及可持续发展的现代农业生产与管理方式。这种经营方式是农业经营者使用人工设施、人工控制农作物生长环境或因素，能完全或部分地摆脱有限功能农业生产受自然气候和土壤等条件制约，使动植物获得最适宜的生长条件，从而延长生产季节，使农业产品实现工厂化连续作业、周年生产，获得高产高效农产品，满足社会对优质农产品的需求，促使农业和农民增产增收。设施化生产，首先要采用工业化的设施装备和生产手段，用固定的生产车间（温室）、产成品加工车间和生产设施、工具装备组织有机农业生产；按工业化作业流程组织生产，像工业生产那样按计划、采用生产工艺和技术标准组织生产；采用工业化的组织与管理方式管理农业生产，在单个生产企业内部建立产、供、销系统，实行独立的成本核算制度。其次，采用现代科学技术进行生产。以蔬菜生产为例，所需要的现代科学技术包括：设施工程技术（结构材料、覆盖新材料技术、生产环境自动化控制技术、传感监测技术、计算机管理技术等），种子种苗工程技术（育种技术、组培快繁脱毒技术、种子加工及配套设施技术等），种植栽培技术（栽培工艺、营养液配置技术、病虫害综合防治技术、节水灌溉及配套设施技术、施肥技术、小型农机具加工生产技术等），采后加工技术（采摘技术、质量检测技术、冷藏技术、加工包装及配套设施技术、运输技术等）。

五　基本结论

社区土地保障是人类最早的生计保障方式，基本上与人类历史共始终。相对社区营生保障、社区就业保障、社区生活救助、社区生活福利等生计保障方式而言，社区土地保障具有地域性、依赖性、生产生态生活统一性，以及经营水平决定土地的生活保障价值、经营主体必须拥有特定技能、注重提高劳动效率等特点。就以地为生的发展规律和中国的实际情况而论，社区土地保障经历迁徙阶段、暂居阶段、定居阶段、户控阶段、集体生产阶段、承包经营阶段。人类之所以要以地为生和发展土地保障，主要原因是土地是温饱之母、是农民提高生活水平和改善生活福利的重要资本，同时土地具有商品属性，土地买卖能获得大笔生活收入，而且土地为人类提供了丰富的生活资源、产生了较大社会价值。在土地保障发展过程中，中国政府、社会、农民共同形成了实行"耕者有其田"的土地制度、帮助农户降低土地经营成本、提高农业生产市场竞争能力、实施耕地保护措施以及土地流转与征收制度等基本经验和发展范型。

就现今中国农村社区而言，中国农民以地为生和土地保障制度在运行过程中还存在农业人力资本投资不足、农户农业内卷化经营现象比较严重、农产品价格严重扭曲、农村社区劳动力结构恶化、农地征收补偿制度难以发挥生活保障功能、传统农业的弱质性制约土地保障功能发挥等不足，需要政府、社会力量和广大农户共同治理，一要加大农技推广和技能培训力度，二要积极探索和建构去内卷化经营的机制，三要建构合理的农产品交易价格体系，四要着力改善农村社区劳动力结构，五要增强农地征收补偿制度的生活保障功能，六要利用集体力量克服农业弱质性。

中国农村土地家庭联产责任制的实践证明，农户通过承包村集体土地不仅可以解决温饱问题，还可以发家致富。承包的土地具有保障农民基本生活的特殊功能。农民的承包土地在弥补城乡社会保障差距上发挥了特殊作用。可以说，土地保障仍是中国农民最重要、最可靠、最有效的生活保障，具有无以替代的特殊作用。

第九章 社区生计保障体系的建设

社区生计保障是由社区营生保障、社区就业保障、社区生活救助、社区生活福利、社区土地保障等五大谋生类型构成的生计体系。这些谋生类型有不同的服务对象和受益主体以及生活保障功能,共同发挥着解决社区不同主体生计困难的特殊作用。加强社区生计保障体系的建设,有利于增强这五大谋生类型的特殊机能和生活保障功能,促进社区居民生活状况的改善。建设社区生计保障体系的主要任务是做好社区生计问题的防治、确立社区生计保障体系建设要求和建设原则、选择适宜的社区生计保障体系建设模式等。

一 社区生计问题的防治

所谓社区生计问题,是指如下三种情形:第一种情况是对于社区的生活困难家庭而言的,指因无生计来源而使家庭生活出现难以为继的状况;第二种情况是对于社区的生活弱势群体而言的,指因无福利性生活服务而使个人生活出现停滞状况;第三种情况是对于社区生活富裕家庭而言的,指因无福利计划实施而使家庭生活水平难以提高、生活品质难以改善。因此,社区应该在治理现有生计问题时,积极建立生计问题的预防机制。从社会问题防治规律来看,其防治体系可从规划引导、运行预警、防治教育等途径来建构。因此,我们可以借鉴这种经验,建构社区生计保障问题防治体系。

（一）制定并实施社区生计保障发展规划

社区生计保障发展规划是社区对生计保障发展所做的总方向、大目标、主要步骤和重大措施的设想，是社区发展理念、发展规划的重要领域，是社区生计体系建设的指路灯。社区生计发展规划统筹社区生计发展工作的全局，有了科学合理的社区生计发展规划就能约束和引导社区主体按照生计保障发展规划开展工作，能预防社区生计体系建设出现主观随意行为，克服生计保障体系建设短期行为，使社区对生活保障体系运行有了外在的调控依据。我国许多社区没有专门的生计保障发展规划，致使社区生计建设没有明确的发展方向，生计保障运行难以形成良好发展态势，甚至出现生计问题。改变这种局面的有效办法就是制定并按照社区生计保障发展规划建设社区生计保障体系。

社区生计保障发展规划的基本内容包括：①社区生计保障发展目标，由社区生计保障发展的总目标和分目标构成。②社区生计保障发展指标，由能够精确科学地监测社区生计保障发展水平和发展过程的科学范畴、概念、数值构成。③社区生计保障发展内容，包括营生保障、就业保障、生活救助、生活福利、土地保障等。④社区生计保障发展的步骤、措施和方法。社区生计保障发展规划是社区根据过去和现在生活保障运行状况所提出的一种未来的生计保障发展目标，因而社区生计保障发展规划的制定是一个主观正确反映客观，主观与客观有机结合的过程。所以先搞好社区生计状况调查、把握社区生计实情，进行科学决策，广泛听取各方面意见是十分必要的。只有生计保障发展规划制定得科学、合理，才能保证它在社区生计保障运行中产生良好的引导作用，才能起到防治社区生计问题出现、促进社区生计健康发展的作用。

社区生计保障发展规划应该具有如下特点。第一，具有战略性，对社区生计保障发展从总体上、客观地做出科学的战略性部署。第二，具有综合性，社区生计保障是由营生保障、就业保障、生活救助、生活福利、土地保障等构成的生活保障事业，制定的社区生计保障发展规划要包含这五大领域。第三，具有人文性，要以提高社区居民的生活质量、改善生活状况以及为社区居民创造优美的生活环境为目标。第四，具有可操作性，在社区生计保障发展中既要克服"无指标"建设的"无头苍蝇"状态，更要避免"高指标"建设的"空中楼阁"状态，指标制定要做到定性与定量统一，长期、中期、近期指标融通，各项发展指标要协调。最关键的问题就是一定要按照制定的科学发展规划开展生计保障工作，否则无法保证社区不出现新的生计问题。

（二）建立并实施社区生计问题预警机制

社区生计问题预警是对可能影响社区生计保障正常运行和社区生活机能正常发挥的破坏性因素实行提前预报和动态监测，做到未雨绸缪，科学地、前瞻性地将这些破坏因素及时化解的一种有效防治机制。社区是一个组织化程度比较低的底层社会，所以，在生计保障中不可能不出现偏离正轨的现象和具有破坏性的因素，因而建立社区生计问题预警机制是很必要的。社区生计预警是社区生计问题的曲突徙薪的治理措施，它通过事先辨识社区生计保障中各种不稳定因素，化被动为主动，在破坏性因素产生作用前解决生计问题。建立并启用社区生计问题预警机制是防治生计问题出现、保证生计系统良性运行的有效措施。一些西方国家在社会许多方面和许多领域建立了自己的运行预警机制，并适时地用它来监控各领域的运行，减少了社会系统不良现象的发生。如英美的预警研究机构对该国社会不稳定因素如恶意消费、暴力犯罪、种族冲突、恐怖主义等，进行动态监测，为他们的战略决策、经济运行、社会发展、危机应对等方面提供了有效服务。党的十六届四中全会提出要建立健全社会预警体系，所以，社区应该建立生计保障预警体系。

社区生计保障预警体系具有如下特点。第一，应具有可操作性，社区生计保障预警体系的最终目的是预防生计保障系统出现破坏性因素，维护社区生计系统的健康发展，因此，可操作性是检验社区生计预警体系的实用性的重要指标之一。为了保证社区生计保障预警体系的可操作性必须为其准备相应的财力、人力、物力等物质条件。第二，应具有全面性，要使社区生计保障预警体系发挥应有效能，这个系统要全面掌握相关环节和因素，协调各社区主体、各生计保障领域、各生计活动，形成综合的预防、控制体系。第三，应具有公开性和民主性。社区生计保障预警方法要求其决策必须是公开的、民主的，社区居民可以参与讨论各种可能的潜在影响。

设计社区生计保障预警体系，首先选择一组反映社区生计保障发展状况的敏感指标，运用有关的数据处理方法，将多个指标合并为一个综合性指标，然后通过一组类似于交通信息符号信号红、黄、绿灯的标识，利用这组指标和综合指标对当前的社区生计保障运行状况发出不同的报警信号，以此来判断社区生计保障发展运行的趋势。一般选择红色表示社区生计保障发展和运行状态混乱；用黄色表示社区生计保障发展和运行状态呈现轻微的动荡；用绿色表示社区生计保障发展和运行状态稳定；用浅蓝色表示社区生计保障发展和运行状态短期内有转稳或动荡的可能；用蓝色表示社区生计保障发展和运行状态处于明显地向稳定或动荡转折的可能。设计反映社区生计保障发展和运行状况的指标是十分重要的。社区生计保障预警体系的指标应该来自长期追踪社区居民的生活态度变化的调查。因为居民的生活态度反映了个体的生活现实，又主导个体的生活行为。通过对社区居民的生活态度调查，可以预测社区居民在某种生活情境下可能采取的行为。基于对社区居民的生活态度的预测比考察宏观统计数据更直接、更灵敏、更及时地预警社区生计保障不稳定因素。社区居民生活态度调查要采取科学的问卷、抽样和统计方法进行，这样才能在很短时间内发现社区生计保障的共性问题。一般而言，预警界限包括四个序列数值，以此确定预警的红灯、黄灯、绿灯、浅蓝灯、蓝灯五种信号。当监测的数值超过某一检查值时，就分别亮出相应的信号。对不同信号给予不同的分数：红灯5分，黄灯4分，绿灯3分，浅蓝灯2分，蓝灯1分。生计保障预警界限的设定，一般以总指标数的百分比加以衡量，总分的80%为红灯与黄灯的分界线；总分的70%和50%作为蓝灯的上下分界线，总分的40%作为浅蓝灯与蓝灯的分界线，然后通过综合分数值的大小来综合判断当前及未来信号的报警情况。①

问题是有社区生计保障预警体系就要真正应用起来，这就要在社区成立相应机构，配备相应的工作人员，专门开展社区生计保障问题监测和预报工作。这样才能产生防治社区生计保障问题出现的功效，保证社区生计保障良性运行和持续健康发展。

（三）持续开展社区生计保障问题防治教育

如果社区居民、社区家庭、驻区企业、驻区单位、社区社会组织、基层政府等各种相关主体关心和支持社区生计保障事业，可以肯定地说，不会因主体行为失误而出现社区生计保障问题。那么，如何保证社区生计保障相关主体积极参与和支持生计保障事业呢？根本办法就是在社区持续开展社区生计保障问题防治教育。

教育是革新居民生计观念的最好方法，是预防社区生计保障问题发生的最可靠途径。社区生计保障问题防治教育包括谋生技能教育、生活保障观念教育、生计理念教育、就业创业观念教育、生活自立观念教育、生活救助与生活福利知识教育等。社区生计保障问题防治教育，城乡社区由社区党支部和居委会（村委会）组织实施，主要利用社区学院或其他教育平台定期举办培训，介绍风险社会情况、树立社区居民生活风险意识；宣讲建设生计保障的意义、措施、规则、要求；介绍生计保障途径、方式方法；分解家庭与社区集体生计责任等。另外，利用社区宣传栏、板报、宣传册等社区宣传工具介绍社区就业、创业、参加志愿活动、捐款捐物的优秀人物、优秀事迹；介绍社区劳动者发家致富、经济能人发展社区经济的成功经验。

社区开展生计保障问题防治教育主要针对谋生比较困难的、收入来源不稳定的生活困难家庭和居民、生活弱势群体、失业人员和无业人员展开。首先，掌握社区家庭及其居民的谋生能力、谋生渠道、谋生困难以及

---

① 鲍宗豪、李振：《社会预警与社会稳定关系的深化——对国内外社会预警理论的讨论》，《浙江社会科学》2001 年第 1 期。

生活开支情况；其次，分期分批举办生计保障问题防治教育专题；最后，将生计保障问题防治教育与措施生计保障项目结合起来，针对性地开出生计保障问题预防清单，将困难家庭的生计保障问题解决在萌发阶段。

二 社区生计保障建设要求与建设原则

（一）社区生计保障建设的基本要求

社区生计保障建设是一种积极向上的由社区开展实施的推动生计保障发展的促进形式，是通过社区有计划地施以各种措施促使生计系统整体进步的建设过程。社区生计保障建设的内涵包括：第一，是社区实施的旨在推动生计保障事业进步的发展计划，为社区家庭和居民提高生活水平奠定必要的物质基础。第二，社区生计保障建设的核心是为社区家庭和居民开辟稳定的收入渠道，包括为社区家庭开辟发展集体经济的谋生渠道；为社区失业人员和无业人员开辟就业创业的谋生渠道；为贫困家庭开辟生活救助的谋生渠道；为生活弱势群体和行动不便居民开辟生活帮扶渠道；为所有社区居民开辟提升生活质量的福利供给渠道。第三，社区生计保障建设的目的是不断改善社区家庭和居民的生活状况，即通过开辟谋生渠道，为各类生活群体及其家庭提供生活收入，促使其生活状况得到有效改善。

社区是特定地域内的生活共同体，建设社区生计保障应该以满足社区居民的生活需要为根本目的，应按如下基本要求进行。

1. 以人为本地进行生计保障建设

以人为本地建设生计保障就是要求：第一，增加社区居民的生活快乐感，为社区居民创造幸福生活，提高社区居民的幸福指数。[1] 第二，重视

---

[1] 幸福指数是衡量民众对生活满意程度的主观指标数，是衡量民众幸福感的标准。幸福指数概念最早由不丹国王于 20 世纪 70 年代提出，现在成为世界发达国家衡量善治水平的一个评价指标。

社区居民的人生价值。承认人与人之间存在生活和发展上的价值关系，既要求社区给居民提供生活和发展条件，也要求居民为社区生计保障做奉献，更提倡在生计保障建设中实现自我价值。第三，尊重居民的首创精神。提倡居民创造，肯定居民的现实成就。第四，重视居民的民主权利。建立公正、平等的社区生计保障制度，为居民提供自由而全面发展的生活环境。第五，把居民满意作为衡量社区生计保障建设成果的标准。以群众最关心、最直接、最现实的生活利益问题为重点，着力解决群众需要解决的生活问题。

2. 对谋生领域施以差异化建设

从各地社区实施的生计保障措施来看，我国各地城乡社区的生计保障项目可归纳为营生、就业、救助、福利、土地保障等五大谋生领域，每一类谋生领域的谋生主体、谋生属性、谋生功能、谋生目标、谋生形式、谋生趋势、谋生方式、受益主体、保障性质等，有相同之处，也有不同特点。具体情况如表9-1所示。

表9-1　社区谋生类型的特质分析

谋生类型	谋生主体	谋生属性	谋生功能	谋生目标
社区营生保障	集体谋生	发展	提高生活水平	品质生活
社区就业保障	家庭谋生 个人谋生	发展	保障基本生活	基本生活
社区救助保障	困难群体 弱势群体	消耗	保障基本生活	基本生活
社区福利保障	集体谋生	消耗	改善生活状况	品质生活
社区土地保障	集体谋生 家庭谋生	发展	保障基本生活 提高生活水平	基本生活 品质生活

谋生类型	谋生形式	谋生趋势	谋生方式	受益主体	保障性质
社区营生保障	自主	扩大	创造财富	全体居民	普惠性
社区就业保障	自主	扩大	增加财富	劳动群体 家庭成员	选择性
社区救助保障	依赖	减少	分配财富	困难群体 弱势群体	选择性

谋生类型	谋生形式	谋生趋势	谋生方式	受益主体	保障性质
社区福利保障	依赖	扩大	分配财富	全体居民 特殊群体	普惠性 选择性
社区土地保障	自主	扩大	创造财富	劳动群体 家庭成员	普惠性

表 9-1 显示，五大谋生类型在某些元素上相同，在另一些元素上不同，由此说明不宜用统一方法、统一标准、统一措施建设五大谋生类型，应该根据每类谋生领域的特质进行差异化建设，以便增强建设的效果。

3. 因地制宜地进行生计保障建设

由于城乡存在差别，而且城市地区的每个社区、农村地区的每个社区，分布在特定的具体的地理空间，其经济条件、社会条件、生活条件、文化传统、人口结构等都不一样。所以，要因地制宜地建设自己的生计保障。要根据社区实际情况，综合考虑，确定谋生领域，建构社区的谋生领域建设组合。如果社区没有贫困家庭和生活弱势群体，就只要开展营生、就业、福利领域建设，形成社区营生、就业、福利建设组合；如果社区没有失业人员和无业人员，社区只要开展营生、救助、福利领域建设，形成营生、救助、福利建设组合。即便是建设某种谋生类型，也要根据社区实际情况建设和实施具体生计项目，不搞"一刀切"，力求反映社区特色。

4. 按照社区生计保障发展规划进行生计保障建设

社区生计保障建设是由许多具体项目构成的一个系统工程，而且社区生计保障也要根据时代的进步不断发展，所以，建设社区生计保障不能盲目，需要根据社区生计保障发展规划来制订建设计划，才能保证社区生计保障建设与时俱进，才能适应社区现代化建设发展潮流。为此，每个社区在实施生计保障建设之前，必须制定出社区生计保障发展规划，然后按照此规划进行建设。即便在实施谋生领域建设之前，也要制定一个建设方案，然后论证、审查通过建设方案，才能进行生计项目建设，以便减少项目建设的盲目性，保持项目建设的持续性。

（二）社区生计保障建设的原则

根据科学发展观的要求，社区生计保障应坚持可持续性建设、和谐性建设、低代价性建设、包容性建设等基本原则。

1. 社区生计保障的可持续性建设原则

可持续性建设原则是社区生计保障建设的首选原则，社区生计保障只有坚持这个原则才能避免半途而废的结局，才能达到生计保障的改善居民生活状态、提高居民生活水平的目标。

可持续性建设是人们在实施社会发展过程中从失误和教训里走出来的理性选择。社区生计保障可持续建设具有如下特征。第一，共同性。一是把社区看成所有居民共同的生存家园，坚持所有居民、所有家庭、所有主体共同发展、相互支持观点。二是共同承诺、共同承担生计保障建设责任。三是共同参加生计保障建设。所有社区主体共同实现社区生计保障持续发展的目标，共同治理生活问题、生计问题。第二，整体性。从主体角度来看，社区生计保障可持续建设以社区为整体，以社区居民为出发点和归宿。从客体角度来看，社区生计保障持续发展，应该把城市社区营生保障、就业保障、生活救助、生活福利看成城市居民生计保障统一体，应该把农村社区营生保障、就业保障、生活救助、生活福利、土地保障看成农村居民生计保障统一体，将社区各个群体、各个家庭、每位居民的生活利益诉求整合起来，通盘考虑，一体建设，综合平衡。第三，持续性。社区生计保障可持续建设要求把社区群体的当前利益与长远利益统一起来；把当代人的利益和后代人的生活利益结合起来、统一起来；把建设的社区生计保障的微观目标和宏观目标结合起来、统一起来；把社区生计保障发展与生活资源的永续利用结合起来。第四，协调性。社区生计保障可持续建设，要求在人口、资源、环境、发展等要素之间寻找最佳的平衡，社区生计保障各领域、各利益主体相互依存、相互促进、协调发展。第五，公平性。社区生计保障可持续建设原则要求公平对待社区的各个主体、每一代人的生活利益；各个主体、每一个社区居民都应该公平地共同承担生计保障建设责任；社区生计保障可持续建设所带来的生活利益为全体社区居民共同享受。

按照社区生计保障可持续性建设原则，首先，要坚持发展观念。发展是硬道理，发展是社区生计保障持续发展的前提。开展生计保障事业，不能停滞不前甚至出现倒退趋势。我国属于中低收入的国家，多数老百姓的生活水平还比较低，西方国家所讲的低增长或零增长都不适合中国社区生计保障的实际情况，也不利于后代人的发展，所以，我国社区生计保障事业必须保持较快的发展速度。只有这样才能让老百姓过上无忧无虑的生活。其次，要转变生计保障增长方式，这是社区生计保障实现持续发展目标的根本措施，转变社区生计保障增长方式主要是实现增长指数和效益指数统一、近期效益与远期效益的统一、经济效益与社会效益统一，要探索和创新生计保障建设方法，建构具有持续发展效能的新机制。

2. 社区生计保障的和谐性建设原则

和谐发展是党中央和国家在新时代提出的社会建设要求，是人类生活质量提高的人文保证，和谐性建设是社区生计保障走上科学发展道路、质量发展道路的一个标志。社区生计保障和谐性建设就是能有效协调社区各种主体利益、促使社区各种主体友好互动和社区内部各种主体相互依存、相互促进的发展机制。这是一种讲民主法治、公平正义、诚信友爱、安定有序、人与人和谐相处的一种安全稳定的生活状态。

社区生计保障和谐性建设具有突出生活性的建设特点。因为追求安逸生活、追求品质生活是社区居民的共同目标，是促进居民和谐的切入点。在社区生计保障和谐性建设过程中，要把居民素质提高、住户生活改善、满足居民和家庭日益增长的物质生活和精神生活需要、维护社区群体的生活权益，作为社区生计保障建设的出发点和落脚点。只有居民整体素质的不断提高、生活不断改善，才可能推动社区人力资本不断积累，最终为整个社区协调、持续发展提供不竭动力。社区生计保障和谐性建设也具有强调共生性的建设特点。通过实施生计保障措施，使社区每个家庭、每个居民都有安定的生活条件，都有改善生活的机会和空间，而且生活差距不断缩小，生活水平趋于一致，形成合理共生的和谐社区。社区生计保障和谐性建设还具有秩序性的建设特点。社区不同家庭、不同居民的生活利益得到协调、不同生活需求得到满足、不同生活困难得到克服，利于社区居民建立友好关系，形成和谐相处的生活环境，整个社区表现出有序运行和协同发展状态。

社区生计保障之所以需要和谐性建设原则，一是需要利用和谐性建设原则协调社区居民的生活利益。随着社区发展和转型，社区原有生活利益格局被打破；社区主体和群体发生分化，社区也形成了多元化的生活利益格局。因而，社区不同利益主体、利益群体之间的生活矛盾尤其是生活利益矛盾大量出现，使社区的物质生活利益矛盾日益复杂。因而需要通过和谐性建设方式协调社区各方面的生活利益关系，化解社区生活利益矛盾，维护和实现社区公平，调动社区一切积极因素，增强社区生活创造活力。二是需要利用和谐性建设原则改善社区民生状况。我国城乡社区发展不平衡，各个城市社区、农村社区的生活贫富差距较大。然而，农村社区公共产品供给不足，社区生活保障事业相对落后，农村社区就业、养老保障、医疗保障、收入分配等问题比较突出，一些贫困家庭生活比较困难，需要建立和谐发展机制来解决这些问题。三是需要利用和谐性建设原则克服市场经济的弊端。市场经济能促进经济效率的提高和生产力的发展，使大批家庭富裕起来，但也有生产上的盲目性，造成社区的一些公益事业没有人管。社区的就业问题、生活保障问题、收入分配问题、公共设施供给不足问题等，都是市场经济无法解决的。所以需要和谐建设原则来克服市场经济的这些弊端，建设社区生活公共设施、创造就业机会、提供生计保障。

按照社区生计保障和谐建设原则，首先，将社区建设成生活民主社区。让社区居民当家做主，尊重居民的独立人格和民主权利，在民主得到充分发扬的基础上，将社区的生活消极因素转变为积极因素，广泛调动社区积极因素，激发居民建设社区生计保障的积极性、创造性。同时以法施策，自觉把社区生计保障行为纳入规制范围，使社区生计保障的运转服从法制的权威，依法治理生计问题。其次，将社区建设成和谐分配生活资源的社区。和谐的生活资源分配制度应是公平、合理的分配制度。合理的生活资源分配制度就是按照不同主体承担任务的轻重、难度大小、原有基础和条件来分配相应的生活资源。不能出现非法占用公共生活资源、野蛮侵占公共生活资源的现象。公平的生活资源分配制度就是按照社区各种生活主体都能接受的规则进行的、促使社区生计保障事业得到发展、给各种主体平等发展机会、最终形成均衡发展状态的社区生活资源分配机制。再次，将社区建设成和谐分配生活利益的社区。从生活利益分配角度看，和谐社区是化解生活利益冲突，实现生活利益大体均衡的社区。和谐的生活利益和收入报酬分配制度是一种能刺激劳动者积极参与财富创造并保障他们获得公平待遇、使收入分配与劳动绩效一致的分配制度。只有保证绝大多数社区劳动者积极参加生产劳动，并依法通过自己的劳动获得与普遍需求相匹配的生活利益，才能促进社区家庭、居民和谐生活。最后，将社区生计保障建设成认同程度较高的社区。从管理学意义上说，和谐社区是社区的多元利益主体通过价值的认同和行为选择的协调而形成的一种共识社区。要使所有社区居民认识到社区的生计保障发展理念、发展规划、集体决策和管理制度，对社区生存与发展、对自己的生活与发展具有重要价值，才有可能提高社区居民的生计保障认同度。故建构和谐社区、提高生计保障认同度，要将生活的主流价值观与社区居民的生活诉求结合起来。在主流生活价值观的引导下，借助宣传手段，构筑社区群体生计保障认同体系。此外，还可通过社区沟通和共同决策等措施提高社区居民的生计保障认同度。这个措施可满足社区居民的自尊心，增强其生计保障责任感，使他们理解、接受并自觉执行社区生计保障决策。

3. 社区生计保障的低代价建设原则

低代价建设是根据世界发达国家和一些发展中国家在进行现代化过程出现的高成本低收效的建设教训提出的一个社区生计保障建设原则。这个建设原则是实现社区生计保障高质量发展的基本要求，但是它可以保证社区生计保障获得更快更好的发展。

代价作为一个科学概念最早出现于经济学中。经济学的一个基本原则是：人们在经济活动中以最小的代价谋取最大的利益。哲学将代价解释为人类在实现社会进步的实践过程中所付出的努力和牺牲特别是所造成的一系列消极后果。[①] 从发生根源分，代价可分为必然性代价和人为性代价。必然性代价是完成某种活动必定要付出的代价，它可分为积极的必然性代价和消极的必然性代价。前者是社会活动能带来回报的应然成本；后者是行为主体不希望发生但必然发生的损失。人为性代价是行为主体自身造成的代价，它可分为中性人为性代价和恶性人为性代价。必然性代价是合理的代价，对社区生计保障建设有积极的促进作用，而人为性代价是一种不合理代价，对社区生计保障建设具有破坏作用。

社区生计保障低代价建设就是在社区生计保障建设过程中，能杜绝人为性代价发生、尽量降低消极的必然性代价、只付出积极的必然性代价的建设机制。社区生计保障建设是要付出代价的，没有成本的社区生计保障建设是不可能的。一般是有高投入才有高回报，我们习惯将与之相反的做法嘲笑为"想马儿跑得好，不想马儿吃草"。我们认为取得对等回报的代价是值得付出的。我们讲社区生计保障要实现低代价发展，就是指愿意支付取得对等回报的发展代价，避免出现没有回报的甚至产生消极作用的发展代价。

按照社区生计保障低代价建设原则，第一，社区要做到以人为本地建设生计保障。实现生计保障高质量发展、保证社区居民的生活利益是社区生计保障低代价发展的最高追求，是社区生计保障发展的最终目的。社区居民在社区里生活，不断实现自我创造、自我发展，只有做到利于社区居民自我创造、自我发展，满足居民生活需求的社区生计保障建设方式才是低代价的发展方式。损害社区居民的社区生计保障建设行为必然要付出沉重的人为性代价。第二，社区要做到效率与公平统一地进行社区生计保障建设。效率与公平是一对矛盾，在社区生计保障建设中，单纯追求其中某一方面最终都会付出高额代价。因为单纯追求生计保障效率意味着只能照

---

① 邱耕田：《低代价发展论》，人民出版社，2006，第84页。

顾代表效率的一部分社区居民的生活利益；单纯追求生计保障公平意味着失去积累财富的机会。只有在重视社区生计保障效率的同时，关注社区生计保障建设进程中的公平问题，才能实现社区生计保障资源的最优配置，才能获得最高回报。第三，农村社区要做到五大谋生领域的协同建设。由于社区生计保障是由社区营生、社区就业、社区生活救助、社区生活福利、社区土地保障等五大领域构成的有机系统，其中每个领域、每个社区主体都要有发展机会，都应拥有社区生计保障发展资源，才能使整个社区生计保障发展得更快、更好。一些没有集体经济基础的社区选择实施一些生活保障项目是严重缺乏生活保障资金情况下的权宜之策，造成的消极影响其实是很大的。如果社区财力有保障，生计保障资金充足，应该协同建设农村社区五大谋生类型，满足不同家庭和居民的生活需求。相对而言，城市社区应协同建设好社区营生保障、社区就业、社区生活救助、社区生活福利等四大领域的建设，满足市民家庭的生活需求。

为什么社区生计保障必须坚持低代价建设原则呢？一是因为社区占用生计保障资源能力较弱，无法承受"走弯路"之重。在工业化和整个国民经济的发展过程中，社区比政府、企业、事业单位在经营资源分配上占有绝对劣势，因而政府、企业、事业单位在社会资源的分配过程中，比社区容易取得优先权，能优先获得可满足的发展条件和发展机会，从而使政府、企业、事业单位得到快速增长，进而使它们的整个社会资源占有率迅速上升。相反社区的社会资源占有率则迅速下降，成为国家的社会资源占用弱势主体。因而，社区开展生计保障事业只能选择低代价发展道路。二是因为社区是一种弱势主体，是一个需要保护的社会单元。首先，社区抵抗生活风险能力较弱。其次，社区参与社会竞争的能力较弱。中国经济百强村具有一定市场竞争力，但是它们与所有社区一样缺乏社会竞争力，社区属于草根社会，在科层制社会，处于国家底层。任何一个高一层的社会主体都比社区在占用社会资源方面有优势。社区是生活共同体，主要职责是为其居民提供生活援助，创造良好的生活环境。社区的构成要素在生活功能上比较突出，在参与社会竞争方面，功能很弱。更主要的是社区居民的素质较低，尤其是农村社区的居民大多没有接受中等以上的教育，缺乏科技素质。小农经济模式和以家庭为轴心的交往模式，使农民的交往活动具有封闭性、生产生活具有自给自足性，凡事以自我、以家庭角度思考问题、处理事情，没有养成换位思考、角色借用的思考与工作习惯，缺乏与外界打交道的经验和控制社交局面的能力。因而，农村社区的人力禀赋质量较差，参与社会竞争和瓜分社会资源的能力较弱。所以，社区在发展生计保障过程中，只能处处小心，自始至终采取低代价建设与发展策略。

社区发展生计保障事业，坚持低代价建设原则，一要树立低代价发展观。把社区集体经济发展和集体财富的增长与人的全面发展结合起来；把生计保障发展速度与质量、效益统一起来。二要优先开发社区人力资源。人力开发的投入，虽然周期长，却是一项高产出、高效益的投入。所以，社区要改变不愿在开发人力资源上花钱的做法。三要尽力发展社区集体经济，为社区生计保障奠定经济基础，表面上看来，这是走弯路，实际上是彻底解决社区生计保障缺乏财力的根本措施，从长远来看，这是低代价发展策略。

4. 社区生计保障的包容性建设原则

在当今市场经济社会，社区家庭及其居民谋生能力存在较大差异，谋生机会和谋生资本也不一样，社区存在一定的生活差异。如果按照生活富裕程度分层，至少可以将社区居民分成生活富豪阶层、生活中资阶层、生活贫困阶层等三个层次。作为一个生活共同体，实现生活互帮互助，让生活贫困阶层过上中资阶层的生活，再使中资阶层过上富豪阶层的生活，就能通过"先富帮后富"，最终实现共同富裕的生活保障目标。这就是社区生计保障包容性建设的逻辑。

所谓包容就是一个社会共同体容纳各种主体并给予同等的生存待遇和发展机会的过程。包容性就是指社会共同体所具有的兼容共生、共享共赢的特性。包容性建设原则就是公平对待各种主体、平等给予发展空间、帮助弱者快速发展，最终实现成果共享的发展原则。包容性建设原则是克服文明社会发展中出现的根本性困境和不足的新发展理念，是一种共享式增长和共享式发展机制。

社区生计保障之所以要采用包容性建设原则，主要因为，一是当今中国各阶层、各群体间的收入差距越来越大。从基尼系数来看，根据世界银行最新数据显示，中国的基尼系数已经从改革初期的 0.20 跃升至 0.48。当前，我国收入差距呈多层次递增：城乡居民收入比达到 3.3 倍；不同行业职工工资差距最高的与最低的相差 15 倍左右；上市国企高管与一线职工的收入差距在 18 倍左右，国有企业高管与社会平均工资相差 128 倍。[①]这些有身份的人生活在社区内，使社区出现生活差距。需要社区对生计保障实行包容性建设，缩小社区居民和家庭的生活差距，使生计保障惠及全体居民。二是各种社会共同体缺乏分配公平机制，包括收入分配不公平、各类公共服务供给不可及、一些福利政策缺乏公正性等，在按劳分配的基础上没有关注特殊群体的需求，没有向生活弱势群体倾斜，贫富差距在拉大，有损老百姓的劳动积极性。需要社区建立公平分配生活福利资源的包容性生活保障制度。三是我国的各种社会共同体还大量存在不公平的工作机会和发展机会。需要社区为社区居民营造公平的就业机会和发展机会，弥补市场上出现的不公平发展现象。

按照社区生计保障包容性建设原则，第一，要求社区建立公平的生计保障制度。正如胡锦涛同志指出的，我们应该坚持社会公平正义，着力促进人人平等获得发展机会，逐步建立以权利公平、机会公平、规则公平、分配公平为主要内容的社会公平保障体系，不断消除人民参与经济发展、分享经济发展成果方面的障碍。[②]倡导社区就业机会均等和生活保障的公平正义，有效调节社区居民的生活资源分配。防止社区资源出现垄断和权力恣意扩张，减少因收入差距的扩大和利益的受损产生的矛盾和怨恨，避免出现社会动荡与不安。第二，要求社区整合区内各种主体利益。当前，

---

① 新华社调研小分队：《我国贫富差距正在逼近社会容忍"红线"》，《经济参考报》2010年5月10日。

② 胡锦涛：《深化交流合作实现包容性增长——在第五届亚太经合组织人力资源开发部长级会议上的致辞》，《人民日报》2010年9月17日。

各利益主体日益多样化、各阶层间的差距和不信任日益扩大化，围绕具体利益的纷争越来越多。如何协调各阶层之间的关系，化解各阶层之间的矛盾，整合各阶层多方利益关系成为社区必须面对的现实问题。包容性建设原则要求，在承认差异性的前提下，寻求彼此间的有机对接与和谐交融，通过利益的整合来有效控制和调解社区的分化与冲突。[①] 第三，要求社区关照弱势群体的生活利益和保护弱势群体的生活权益。给予生活弱势群体更多发展机会、提供更实效的发展平台，减少生活风险，帮助社区生活弱势群体发展，使社区集体经济发展的实惠更多地为社区居民特别是生活弱势群体所享受，使所有居民的生活得到实质性的提高和改善，消除社区生活弱势群体与生活优势群体的生活差距。

三　社区生计保障的建设模式

社区生计保障建设模式是社区为了实现生计保障发展目标而选择和实行的方式、方法、措施、策略的统一体。它是由主体、客体和手段等要素组成的完整系统，具有合规律性、多样化、系统化、互补性、动态性等特征。社区生计保障发展模式在社区生计保障建设中至关重要，社区对其选择正确与否直接关系到社区生计保障事业的成败。

（一）社区生计保障建设的类型模式

开展社区生计保障需要财力、物力等物质基础。由于我国农村行政村和城市居委会的运行体制不同，城乡社区奠定生计保障物质基础的方式方法也不同。由此造就了我国城乡社区生计保障建设模式的差别。

梳理我国城乡社区的生计保障实施情况，可以发现，我国农村社区在生计保障上，实行经济基础建设模式；城市社区在生计保障上，实行自行

---

① 倪明胜：《共享式改革与包容性发展——利益整合时代的现实逻辑》，《天津行政学院学报》2013 年第 5 期。

筹资建设模式。

1. 农村社区生计保障的经济基础建设模式

此类建设模式是农村社区利用自有资源，发展社区经济，增强社区财力，以此为经济基础，从营生保障、就业保障、生活救助、生活福利、土地保障等五大谋生类型中，选择适宜的谋生类型进行重点建设的实践模式。我国经济发达的农村社区都选择此类建设模式发展社区生计保障事业。江苏省无锡市江阴周庄镇的三房巷村和江苏省江阴市夏港镇的长江村的实践都属于其范例。

案例 9 - 1　三房巷村以集体经济为基础发展多种生计保障

位于江苏省无锡市江阴城东周庄镇的三房巷村，全村共有 38 个自然村，村域面积 7.85 平方公里，总人口 10064 人。1980 年，该村贷款 80 万元办起了江阴县合成纤维厂，当年就获利 49 万元。之后，又建成了江阴县染整厂、江阴县涤纶树脂厂、江阴县化纤布厂和化纤纺织厂，形成从化纤原料进厂到成品面料出厂的一条龙生产格局，产品畅销全国 29 个省份，远销欧美和东南亚。2005 年，该村的工业总产值达到 143 亿元，实现利润 5.52 亿元，上缴利税 7.45 亿元，人均收入 12045 元。目前，三房巷村已形成集纺织、化工、建材、冶金、商贸、服务于一体，工、农、副、商全面发展的综合性国家级乡镇企业集团。在三房巷村经济实力不断发展壮大的同时，该村村民也享受到了更多的实惠，走上了共同富裕的道路。1983 年，村里采用补贴的方法为各户安装彩电；1989 年全村统一安装空调；1998 年投资 1.8 亿元建造 398 幢别墅给村民居住；2000 年村里开始免费供应粮、油、煤气，村民每月退休金提高到 200~800 元；2001 年，村里给每位村民发股金 3 万元，按股分红，作为村民的生活费用。如今三房巷村民每人每年都享有 840 元口粮补助。三房巷村不但致富本村村民，还积极带动周边村民共同富裕。2003 年 3 月，三房巷村和邻近的刘长巷、刘家桥、分水墩、谢巷村合并，统一规划建工业区、农业区、生活区，实行"一村一制"，让并入村村民享受到同等待遇。目前已有953户新村民住进新公寓房。村民大病医疗保险金、农民财产保险金由村里全部承担；学生学费也全部由村里承担；水电煤气费享受优惠价。为了解决并入村庄的社区劳动者的就业问题，三房巷村逐步安置并入的4个村的劳动力，优先安排特困户进三房巷村村办企业上班。[①]

案例 9 - 2 长江村以集体经济为基础发展多种生计保障

位于江苏省江阴市夏港镇的长江村，全村总面积6.5平方公里，拥有5.1公里长江黄金岸线，有1167户，4445人，27个村民小组。

该村有位经济能人叫李良宝。1972年，当了10年生产队会计的他，走上村副业办公室主任岗位。揣着大队凑出的700元经费，带领6名农民以搞副业为名，在老夏港河畔筹建2座小砖窑烧砖起步创业。1973年，李良宝带着副业队搞运输、办窑场积累下来的资金，挑选村里7名农民，在夏港联益窑厂旁搭起7间草房做车间，购买10台仪表车床，办起长江五金厂，当年即盈利8000多元。1978年，李良宝当选长江工业总厂厂长，办起了螺帽厂、江阴化工一厂长江分厂、长江砖瓦厂、农机队。1983年，全村工副两业产值突破500万元。1993年，产值突破亿元大关。从办2只小窑起家，到现在村集团公司跻身中国企业500强第270位，从10多万元年产值到现在突破200亿元。2004年，投资10亿多元在江阴经济开发区靖江园区创办长强钢铁有限公司，并以长江钢管有限公司为核心，构建市场"总部经济"，相继在武汉、徐州、靖江、泰州、江阴投资建设了各500亩的物流市场，为全村保持又好又快发展增添了强劲动力。2008年，实现开票销售超200亿元，到"十一五"期末突破300亿元。

从1995年起，长江村党委从企业积累中，先后投入3亿多元，经10年建设，为村民建起了818幢别墅楼，使全村818户村民全部住进了新居。与此同时，投入1.8亿元，把新村水、电、路设施全面贯通，新村

---

① 边纪：《中国经济发展强村——三房巷村》，《新农村》2010年第11期。

6000 米主干道、12000 多米区间通道路面实施硬化、亮化、绿化、美化，家前屋后全面绿化，并在村区建设 480 亩生态林。从 2005 年起，村里给每个村民 2 万元作为入股股金，给每个村民职工补贴每年 1500 元工龄费作为入股股金参加股金分红，又给每个村民 1 万元作为土地股入股股金参加分红，保障长江村民从工资性收入和股金分红两大收入中得到最大的实惠。2006 年，村里拿出近 1 亿元给村民资产分红，使村民户均达到 10 万元。同时，村民享有养老金、入学补助、免费医保、水电费补贴等多项福利，每年春节前还能领到丰盛的"年货"。2008 年，长江村实现"家家住别墅，户户有存款，人人有股份"的富民强村目标。①

从案例 9 - 1、案例 9 - 2 可以看出，三房巷村、长江村以集体经济为基础发展了营生保障、就业保障、生活福利保障。这是从五类谋生类型中选择了三类谋生类型进行重点建设。其实，我国经济强村如江苏的华西村、山东的南山村、陕西的东岭村、河南的南街村等，都是从五大谋生类型中，选择营生保障、就业保障、生活福利三大谋生类型，形成社区营生—就业—福利生计保障组合，进行重点建设。农村社区的生计保障建设模式，可简称经济建设模式。它们都是通过发展社区集体经济，保证充分就业，积累雄厚的社区财力，为全体社区居民提供品质生活待遇。不过，对于尚处于温饱状态的农村社区、还没有脱离贫困状态的农村社区，其生计保障建设类型，就另当别论了。

2. 城市社区生计保障的自行筹资建设模式

此类建设模式指城市社区根据筹资情况和社区居民的生活状况，从营生保障、就业保障、生活救助、生活福利等四大谋生类型中，选择适宜的谋生类型进行重点建设的实践模式。城市社区生计保障的自行筹资建设模式可简称筹资建设模式。我国城市社区都选择此类建设模式发展

① 李克勤：《江阴长江村：依靠集体经济实现了有尊严的城镇化》，察网，www.cwzg.cn/politics/201906/49751.html。

社区生计保障事业。湖南省长沙市芙蓉区东湖街道龙马社区的实践经验就属此类模式。龙马社区是湖南省长沙芙蓉区东湖街道下辖的城市社区，主要由湖南省农科院、中科院亚热带农业生态研究所、湖南省信息工程学校、湖南省畜牧研究所四家单位组建而成，社区有轴承厂、石材料厂、油墨厂、麻纺厂、锻件厂，于2005年12月挂牌成立。龙马社区每年通过争取政府部门拨款、获取驻区企业和单位捐款、向社区居民筹资等方式，筹集大量生计保障服务资金和物资，便于开展生计保障服务工作。

案例 9－3 龙马社区利用筹资开展多项生活保障①

湖南省长沙芙蓉区东湖街道龙马社区利用筹资积极开展生活保障工作，切实为辖区家庭和居民办实事、办好事，解决他们的生活困难。

以2018年的工作为例，龙马社区开展了如下生活保障工作。一是开展就业服务工作，对有就业意愿和就业能力的低保户开展就业培训、指导，组织参加招聘会，促进就业，增加他们自强、自立的信心。二是为低保户提供生活救助。首先进行生活救助政策宣传，调查低保家计，清查不实情况，让每个真正困难家庭都能享受最低生活保障。为28户低保家庭，按每月人均362元标准，发放低保金。三是为不能维持基本生活的重症居民提供医疗救助，为7户大病救助对象提供14829元生活救助金；帮助7名精神残疾居民获得从芙蓉区红十字医院免费取药机会和全年2次体检机会，减轻家庭经济压力。四是开展残疾生活保障工作。社区有残疾居民88人，为他们引进社工组织"孝为先"，与辖区残疾人、居民和志愿者举办"心不妥协，行不受限"的主题助残活动；落实残疾人生活补贴，4位三、四级残疾人享受每月120元的生活困难补贴，25位重度残疾人享受每月200元的重残护理补贴和生活困难补贴；开展春节帮困活动，对23户残疾人给予每户1000元的现金救助，为14户残疾人给予200元的物资

---

① 案例资料由笔者根据媒体信息进行整理而成。

救助，端午和中秋对困难残疾居民送米、油等慰问品。五是开展住房保障工作，宣传保障性住房政策，为社区 10 户住房困难家庭，按每人每月 160 元的标准，提供廉租房租赁补贴。六是开展生活福利项目，全年发放过节费 8760 元、发放慈善助困金 160000 元、发放慈善助贫金 25000 元；发放慈善助学金 13964 元、发放慈善助老金 22600 元，全年共计 459933 元；春节期间，还为 359 位老人送上 146000 元的生活慰问金。七是开展福利性生活服务项目，组织 20 余名有一技之长的志愿队伍，创造性地每月 2 次举办 "乐助集市"，为孤寡、高龄等行动不便的居民提供生活服务。此外，组织社区能人为生活不便居民提供日常帮扶，包括 "义诊"、"义剪"、义务维修等服务项目。

案例 9-3 显示，城市社区根据自身筹资能力和社区居民的生活状况，从营生保障、就业保障、生活救助、生活福利等四大谋生类型中选取了就业保障、生活救助、生活福利三大谋生类型开展工作。为全体社区居民提供了生活福利；为社区失业人员提供就业培训；为生活困难家庭和生活弱势群体提供生活救助和生活服务，有效改善社区居民的生活状况。

生计保障类型建设上，农村社区之所以选择经济建设模式，而城市社区之所以选择筹资建设模式，是由两个因素决定的。一个因素是社区的资源禀赋，另一个因素是社区居民的生活状况与生活追求。就前者而论，农村社区拥有劳力、耕地、山林、水资源、矿资源、森林资源、自然景观、生态资源、农耕文化等经济资源，具有发展社区经济的资源基础。中国经济百强村的实践告诉我们，只要村内出现经济能人，只要经济能人出面，就能建立起具有较大规模的社区集体经济。这为社区发展生计保障事业，提供了经济基础，由此建立了 "营生—就业—福利" 组合生计保障建设模式。而城市社区相对缺乏发展集体经济的经济资源，只能通过筹资方式形成开展生计保障事业的物质基础。由于受资金和物资规模的限制，城市社区只能选择社区就业、社区生活救助、社区生活福利等谋生类型进行建设，形成 "就业—救助—福利" 组合生计保障建设模式。就后者而论，由于农村社区发展社区经济，社区家庭和居民能够获得就业岗位，不仅有劳动收入，还有股份分红收入，村里还会提供生活补贴资金，因而，经济发达的农村社区基本上不存在生活困难户，其生活都比较宽裕。所以，集体经济发达的农村社区一般没有开展生活救助项目，因而形成"营生—就业—福利"组合建设模式。但是，城市社区居民和家庭的生活状况就不同，由于城市社区自己没有集体企业，无法安置来自企业的下岗人员以及社区的残疾人、无业人员，就存在生活非常困难的家庭，必须提供生活救助保障。因而形成"就业—救助—福利"组合建设模式。

（二）社区生计保障建设的动力模式

在社区生计保障建设动力上，我国城乡社区存在外源发展和内源发展两种建设动力模式。

社区生计保障建设外源动力模式指社区的生计保障项目是在外力作用下开展起来的，并依靠外部力量提供经营资源而发展起来的建设动力模式。我国的城市社区在生计保障建设动力上都是此类模式。分析其原因，一是城市社区的主要生活保障工作都是政府民政部门、社保部门、残联和街道办事处通过行政方式布置而开展起来的，包括社区服务、社区救助、社区就业、残疾人生活保障、最低生活保障等。二是企业下岗人员、机关事业单位退休人员都要回到城市社区生活，需要城市社区为他们提供相应的生活服务，退休人员要将党组织关系转入社区，参加社区党支部的组织生活。三是城市社区需要承接或配合实施政府民政部门、人社部门的一些生活保障业务。四是城市社区的事业运转经费、社区工作人员的编制和薪酬都是城市区政府以及街道办事处提供和管理的。如湖南省长沙市雨花区街道办事处给社区提供事业运转经费，拥有1万居民的社区，核定编制11人，每年拨给35万元左右的事业经费，其中包括社区工作人员的薪酬；少于1万居民的社区，核定编制9人，每年拨给30万元左右的事业经费，其中包括社区工作人员的薪酬。湖南省益阳市赫山区桃花仑办事处给社区提供事业运转经费，拥有1万居民的社区，核定编制9人，每年拨给 30 万元左右的事业经费，其中包括社区工作人员的薪酬；少于 1 万居民的社区，核定编制 7 人，每年拨给 25 万元左右事业经费，其中包括社区工作人员的薪酬。五是受社区生计保障建设的类型模式影响。这也是最关键的原因。城市社区在生计保障建设类型上，属于自行筹资建设类型，而筹资的最大也是最可靠的对象就是当地政府。而政府之所以给所在社区拨款，就是给城市社区分配了相关行政任务。

社区生计保障建设外源动力模式强调外部因素是社区生计保障发展的关键，期望政府、企业、社会组织、慈善机构等社区外部主体帮助建设社区公共生活设施、提供生活保障资金和物资、开展生活服务。

社区生计保障建设内源动力模式指为了改善居民生活，社区自发开展生计保障项目，并凭借集体经济和自有财力发展生计保障事业的建设动力模式。我国集体经济发达的农村社区的生计保障事业都属此类建设模式。在改革开放前，我国广大农村地区的生产大队都比较贫穷，没吃没穿，日子过得非常艰难。正是所谓穷则思变，一些农村生产队，乘我国 20 世纪 80 年代的改革之东风，开始兴办社队企业，在没有相关政策的支持下，如银行不提供账户、计划部门不批指标、物质部门不划拨建材、贸易部门不提供销售渠道，在村内经济能人的带领下，闯市场、跑销路、找关系、走"后门"，艰苦奋斗，白手起家，硬是将村办企业办起来了。不过 10 年时间，一些农村社区将村办下企业办成了国家级企业集团。社区经济发达起来了，村集体有财力了，应村民的要求，开始兴办各种生活福利项目。这就是农村社区生计保障建设内源动力的形成过程。

农村社区生计保障建设内源动力模式强调内部因素是社区生计保障发展关键。这正如联合国提出的一样，社区居民应依靠自己的首创精神提高生活水平，政府应鼓励社区居民首创、自助和互助促进社区发展。改变农村社区生活状态的最好做法是赋权于社区及其居民，让其管理和经营生计所需的资源。可以说，社区居民的致富欲望、社区精英的带动示范、社区居民的配合支持才是农村社区生计保障事业发展的内源动力。甚至可以说，农村社区生计保障事业的持续发展就应依赖于农村本身的生命力。落后的农村社区树立内生发展观念，挖掘社区的内生元素，强化和提高社区居民自我发展的能力，大力发展集体经济和社区生计保障事业。

（三）社区生计保障建设模式的发展方向

如果城乡社区在生计保障建设上相互学习和借鉴，就可将社区生计保障建设的类型模式和动力模式结合起来，进行组合对比分析，如表9－2所示。

表9－2　社区生计保障建设模式比较分析

社区生计保障建设的类型模式	社区生计保障建设的动力模式
经济建设模式	内源动力模式
筹资建设模式	外源动力模式

将城乡社区的生计保障四种建设模式进行交叉组合，可以形成"经济建设模式＋内源动力模式""经济建设模式＋外源动力模式""筹资建设模式＋内源动力模式""筹资建设模式＋外源动力模式"等四种建设模式组合。由此可见，社区生计保障建设模式组合有四个发展方向。

从目前我国城市社区和农村社区开展生计保障的实践模式来看，农村社区的生计保障建设属于"经济建设模式＋内源动力模式"组合；城市社区的生计保障建设属于"筹资建设模式＋外源动力模式"组合。前者是农村集体经济发达社区自行选择的生计保障建设模式的发展方向；后者是城市筹资能力较强社区自行选择的生计保障建设模式的发展方向。一般而言，已进入运行轨道的社区生计保障建设模式，就难以改弦易辙了，只能持续地运转下去。所以，集体经济发达的农村社区和筹资能力较强的城市社区就会保持现行的社区生计保障建设模式。至于经济不发达的农村社区和筹资能力较弱的城市社区，可以从四种建设模式组合中选择任何一种建设模式组合开展社区生计保障事业。

四 基本结论

农村社区生计保障是由社区营生、社区就业、社区生活救助、社区生活福利、土地保障等五大谋生领域或谋生途径构成的生计体系。这些谋生领域有不同的服务对象和受益主体以及生活功能，共同发挥着解决社区不同主体生计困难的特殊作用。建设社区生计保障体系的主要任务是建设社区生计问题的防治体系、确立必要的社区生计保障体系的建设要求和建设原则、选择合理的社区生计保障体系的建设模式等。

建立社区生计问题防治体系的主要措施是制定并实施社区生计保障发展规划、建立并实施社区生计保障问题预警机制、持续开展社区生计保障问题防治教育等。

需要确立的社区生计保障建设要求主要包括以人为本地进行生计保障建设、对谋生领域施以差异化建设、因地制宜地进行生计保障建设、按照社区生计保障发展规划进行生计保障建设。需要坚持的社区生计保障建设原则主要包括社区生计保障的可持续性建设原则、和谐性建设原则、低代价建设原则、包容性建设原则。

社区生计保障的建设模式分为建设类型模式和建设动力模式。由于我国农村行政村和城市居委会的运行体制不同，城乡社区奠定生计保障物质基础的方式方法不同，我国城乡社区生计保障建设的类型模式和动力模式存在明显差别。就社区生计保障建设类型而言，我国农村社区在生计保障上，实行经济基础建设模式；城市社区在生计保障上，实行自行筹资建设模式。就社区生计保障建设动力而言，我国农村社区在生计保障上，选择了内源发展动力模式；城市社区在生计保障上，选择了外源发展动力模式。

将城乡社区生计保障的四种建设模式进行交叉组合，形成"经济建设模式＋内源动力模式""经济建设模式＋外源动力模式""筹资建设模式＋内源动力模式""筹资建设模式＋外源动力模式"等四种建设模式组合。从目前我国城市社区和农村社区开展生计保障的实践模式来看，农村社区的生计保障建设属于"经济建设模式＋内源动力模式"组合；城市社区的生计保障建设属于"筹资建设模式＋外源动力模式"组合。前者是农村集体经济发达社区自行选择的生计保障建设模式的发展方向；后者是城市筹资能力较强社区自行选择的生计保障建设模式的发展方向。对于经济欠发达的农村社区和筹资能力较弱的城市社区来说，四种建设模式组合都有可能成为它们开展社区生计保障事业的发展模式。

参考文献

一 著作

孙学玉：《当代中国民生问题研究》，人民出版社，2010。

青连斌：《中国民生建设的路径》，中共中央党校出版社，2013。

杨雪燕、罗丞、王洒洒：《生计与家庭福利》，社会科学文献出版社，2018。

李何春、李亚锋：《碧罗雪山两麓人民的生计模式》，中山大学出版社，2013。

约翰·梅纳德·凯恩斯：《就业利息和货币通论》，中国社会科学出版社，2009。

琼·罗宾逊：《就业理论导论》，商务印书馆，2018。

张再生：《中国城市社区就业促进研究》，天津大学出版社，2007。

张暄等：《国外城市社区救助》，中国社会出版社，2005。

托尔、夏洛特：《社会救助学》，三联书店，1992。

威廉姆 H·怀特科等：《当今世界的社会福利》，法律出版社，2003。

谢若登：《资产与穷人：一项新的美国福利政策》，商务印书馆，2005。

阿瑟·赛西尔·庇古：《福利经济学》，华夏出版社，2007。

康子：《社会福利基础理论》，华中师范大学出版社，1998。

卢海元：《土地换保障》，群众出版社，2012。

贺雪峰：《地权的逻辑——中国农村土地制度向何去处》，中国政法大学出版社，2010。

黄东东：《征地补偿、制度变迁与交易成本：以三峡移民为研究对象》，法律出版社，2016。

傅晨：《农村社区型股份合作制研究》，中国经济出版社，2003。

新望：《苏南模式的终结》，三联书店，2005。

周怡：《中国第一村：华西村转型经济中的后集体主义》，牛津大学出版社，2006。

李文治、江太新：《中国宗法宗族制和族田义庄》，社会科学文献出版社，2000。

乌尔里希·贝克：《风险社会》，译林出版社，2004。

乔启明：《中国农村经济学》，商务印书馆，1946。

二 论文

吴文藻：《现代社区实地研究的意义和功用》，《社会研究》1935 年第 66 期。

李友梅：《从财富分配到风险分配：中国社会结构重组的一种新路径》，《社会》2008 年第 6 期。

白永秀、刘盼：《全面建成小康社会后我国城乡反贫困的特点、难点与重点》，《改革》2019 年第 5 期。

曹文宏：《民生政治：民生问题的政治学诠释》，《社会主义研究》2007 年第 6 期。

陈丰：《国家保障、单位保障、社区保障三者的关系变迁及功能整合》，《华东理工大学学报》（社会科学版）2006 年第 3 期。

郝时远：《先秦文献中的"族"与"族类"》，《民族研究》2004 年第 2 期。

夏建中：《社会学的社区主义理论》，《学术交流》2009 年第 8 期。

陈宪：《发展城市社区经济的思考》，《上海经济研究》2000 年第 7 期。

孙莉、耿黎：《农村社区股份合作制经济组织管理和运作模式探析》，《农业经济》2010 年第 5 期。

王卫平、黄鸿山：《清代江南地区的乡村社会救济——以市镇为中心的考察》，《中国农史》2003 年第 4 期。

王君南：《基于救助的社会保障体系——中国古代社会保障体系论纲》，《山东大学学报》2003 年第 5 期。

杨团：《中国的社区化社会保障与非营利组织》，《管理世界》2000 年第 1 期。

张晓霞：《社区经济发展现存问题及创新思路》，《区域经济》2010 年第 7 期。

左鹏：《村庄经济与村民福利——一个中部村庄社区福利制度的实证研究》，《北京科技大学学报》（社会科学版）2003 年第 2 期。

彭华民、黄叶青：《福利多元主义：福利提供从国家到多元部门的转型》，《南开学报》（哲学社会科学版）2006 年第 6 期。

杨蓓蕾：《看一种新型的养老模式——英国的社区照顾》，《探索与争鸣》2000 年第 12 期。

夏学銮：《社区福利与社区公益协同共进》，《社会与公益》2010 年第 9 期。

江立华、李洁：《城市社区福利及其可行性分析》，《广西大学学报》（哲学社会科学版）2004 年第 3 期。

赵定东、李冬梅：《中国社区福利的逻辑及实践问题》，《社会科学战线》2012 年第 12 期。

谢志平：《日本的社区福利模式》，《中国劳动》2013 年第 4 期。

谷中原、尹婷：《中国失地农民生活保障问题及其应对——基于征地补偿和安置视角的分析》，《湖南农业大学学报》（社会科学版）2018 年第 2 期。

谷中原、李亚伟:《论社区实现基本生活保障目标的双轨流程》,《甘肃社会科学》2015 年第 3 期。

丁利冈、赵善阳:《陈翰笙与中国农村社会学研究》,《复旦学报》(社会科学版) 1985 年第 4 期。

谢明家:《东北失地农民生活保障现状及对策研究》,《北方经贸》2017 年第 7 期。

吴玲:《我国征地制度的制度悖论与创新路径》,《宏观经济研究》2005 年第 10 期。

Borgatta, Edgar F. , Rhonda J. V. Montgomeng (eds), *Encyclopedia of Sociology*, New York: Macmillan Reference USA, 5 vols. 2nd edition, 2000.

Safley, T. M. (ed.), *The Reformation of Charity: the Secular and the Religious in Early Modern Poor Relief*, Boston: Brill Academic Publishers, 2003.

Ditchfield, G. M. , "English Rational Dissent and Philanthropy, C. 1760 – 1810", in Cunningham, H. and Innes, J. (eds.), *Charity, Philanthropy and Reform, from the* 1690s *to* 1850, New York: St. Martin's Press, 1998.

Laqueur, T. W. , *Religion and Respectablity: Sunday Schools and Working Class Cultury*, 1780 – 1850, New Haven: Yale University Press, 1976.

L. Salamon, "The Rise of Nonprofit Sector", *Foreign Affairs* 73 (4), 1994.

Uphoff, Norman T. , *Learning from Gal Oya: Possibilities for Participatory Development and Post-Newtonian Social Science*, London: Intermediate Technology Publications, 1996.

Barnes M. , Blom A. , Cox K. and Lessof K. , "The Social Exclusion of Older People: Evidence from the First Wave of the English Longitudinal Study of Ageing", Office of the Deputy Prime Minister, London, 2006.

后　记

2000 年，中国进入民生保障时代，民生保障已经成为国家执政主旋律。重视民生成为中国共产党的最大政治、改善民生成为执政者的最大政绩。党中央要求政府及其为政者"顺民意、谋民利、得民心"，必须实实在在地保障民生、改善民生、增进人民福祉。

社区不是政府，但是，社区是生活共同体，是国家的基层单元和构成细胞，更主要的是国民的生活家园，是政府落实党中央民生保障政策的主体。毫无疑问，社区应该承担起协助政府落实党中央民生保障政策的义务和责任，在党中央领导下、在政府指导下，自觉地、能动地、创造性地开展民生保障事业。

当前，我国正处在加速发展的战略机遇新时代，人民日益增长的美好生活需要和不平衡不充分的发展之间的矛盾非常突出，大量的、现实的、具体的社会矛盾集中在与老百姓日常生活直接相关的谋生、就业、生态治理、贫富差距、贫困救助、生活服务、福利改善、教育公平、安全隐患、精神生活等方面。故而，社区应该积极参与这些生活问题的治理，用足用好党中央的民生保障政策，争取公共财政投入，充分挖掘内外资源，开展社区生计保障、社区生态保障、社区服务保障、社区教育保障、社区精神生活保障、社区生活安全保障。以便体现自身在落实党中央民生保障政策上的社会价值；增强党中央民生保障政策在基础社会的实效性；递增城乡居民的生活幸福感、获得感、安全感；充分展现自身的民生保障能量。为了促进社区生计保障、社区生态保障、社区服务保障、社区教育保障、社区精神生活保障、社区生活安全保障等民生保障事业的发展，我们组织力量用社会保障理论和相关社会科学研究方法深入研究社区生计保障、社区生态保障、社区服务保障、社区教育保障、社区精神生活保障、社区生活安全保障问题，出版社区民生保障研究丛书。

《社区生计保障》是中南大学社区民生保障研究书系的一种，主要研究社区生计保障的特质、发展历程、发展类型、发展模式，尤其着重从特质分析、繁发缘由、运行范型、促进策略等四个维度，探索社区营生保障、社区就业保障、社区生活救助、社区生活福利、社区土地保障等生计保障发展规律。以便推动民生社区的建设、生计社区的建设，使社区把民生做实，让社区工作者、居民以及社会各界人士认识到社区是为民生而建的，社区应该做到一切为了居民、一切代表居民、一切为居民谋福利。社区工作应该从居民最关心、最直接、最现实的生计问题出发，以提高居民生活水平和生活质量为宗旨；以居民是否满意为民生保障项目的唯一评价标准，解决好居民的谋生问题、就业问题、生活贫困问题、生活改善问题、土地保障问题，让每个居民过上幸福生活。本书构筑了较完整的社区生计保障体系，突出地强调了逻辑性与系统性的统一、理论性与实践性的结合、传承性与创新性的贯通。适用于高校劳动与社会保障专业的本科生、研究生以及相关实际工作者研习社区生计保障理论和基本知识。

感谢中南大学公共管理学科的大力支持、感谢社会科学文献出版社张超同志及其同仁为编辑此书付出的劳动。

欢迎高校师生及其他读者提出批评意见，以便不断修订和完善。

谷中原

2019 年 7 月 30 日于中南大学通泰·梅岭苑

图书在版编目（CIP）数据

社区生计保障／谷中原著. —— 北京：社会科学文
献出版社，2019.9
（中南大学社区民生保障研究书系）
ISBN 978 - 7 - 5201 - 5691 - 2

Ⅰ.①社…　Ⅱ.①谷…　Ⅲ.①社区 - 社会保障 - 研究
- 中国　Ⅳ.①D669.2

中国版本图书馆 CIP 数据核字（2019）第 216536 号

· 中南大学社区民生保障研究书系 ·
社区生计保障

著　　者／谷中原

出 版 人／谢寿光
责任编辑／张　超

出　　版／社会科学文献出版社·皮书出版分社（010）59367127
　　　　　地址：北京市北三环中路甲 29 号院华龙大厦　邮编：100029
　　　　　网址：www. ssap. com. cn
发　　行／市场营销中心（010）59367081　59367083
印　　装／三河市尚艺印装有限公司

规　　格／开　本：787mm × 1092mm　1/16
　　　　　印　张：21.75　字　数：322 千字
版　　次／2019 年 9 月第 1 版　2019 年 9 月第 1 次印刷
书　　号／ISBN 978 - 7 - 5201 - 5691 - 2
定　　价／98.00 元